GitOps Cookbook

GitOps Cookbook:
커스터마이즈, 헬름, 텍톤, Argo CD를 활용한 쿠버네티스 CI/CD 구축하기

초판 1쇄 발행 2024년 11월 26일 **지은이** 나탈리 빈토, 알렉스 소토 부에노 **옮긴이** 이병준 **펴낸이** 한기성 **펴낸곳** (주)도서출판
인사이트 **편집** 정수진 **영업마케팅** 김진불 **제작·관리** 이유현 **용지** 월드페이퍼 **출력·인쇄** 예림인쇄 **제본** 예림원색 **등록번호**
제2002-000049호 **등록일자** 2002년 2월 19일 **주소** 서울시 마포구 연남로5길 19-5 **전화** 02-322-5143 **팩스** 02-3143-5579
이메일 insight@insightbook.co.kr **ISBN** 978-89-6626-453-7 책값은 뒤표지에 있습니다. 잘못 만들어진 책은 바꾸어 드립
니다. 이 책의 정오표는 https://blog.insightbook.co.kr에서 확인하실 수 있습니다.

프로그래밍 **인사이트**

GitOps
Cookbook

커스터마이즈, 헬름, 텍톤, Argo CD를 활용한
쿠버네티스 CI/CD 구축하기

나탈리 빈토, 알렉스 소토 부에노 지음 | 이병준 옮김

인사이트

차례

6장 클라우드 네이티브 CI/CD — **125**

7장 Argo CD — **193**

내 인생에 가장 아름다운 두 챕터, 알리시아와 소피아에게 이 책을 드립니다.
— 나탈리

방금 진흙 속에서 나왔어도 빛날 에이다와 알렉산드리아에게 이 책을 드립니다.
— 알렉스

옮긴이의 글

이 책은 쿠버네티스 배포를 자동화하는 기술에 관심이 있는 엔지니어를 위한 책이다. 서비스 및 제품 개발팀이 운영 또한 책임진다는 DevOps 원칙, 그리고 컨테이너 중심적 서비스 운영 기술이 널리 받아들여지기 시작하면서 배포 자동화, 즉 CI/CD의 무게중심은 자연스럽게 쿠버네티스 기반의 컨테이너 운영 환경으로 이동하였고 그 기술에 관심을 갖는 개발자의 수도 늘었다.

거기에 GitOps, 즉 운영상의 모든 변화 또한 소프트웨어 형상과 다름없이 Git 저장소를 통해 관리해야 한다는 철학이 받아들여지면서 CI/CD 자동화는 자연스럽게 다음 단계로 진화하기 시작하였다. 즉, 쿠버네티스 클러스터상에 운영되는 모든 서비스의 형상은 Git 저장소에 보관된 정보와 완전히 일치해야 하며, 모든 자동화 기술은 그 정보의 변화를 추적하고 그 정보의 변화를 인프라에 온전히 반영하는 데 초점을 맞추어야 한다는 것이다.

이 책은 그 이상을 실현하는 데 사용되는 다양한 기술을 소개하며, 그 실질적인 구축법을 안내한다. 이 책에 실린 예제를 따라하면 서비스 변경 내역을 컨테이너로 만드는 방법(3장), 환경별로 달라지는 서비스 설정을 템플릿화하는 방법(4장, 5장), 그리고 클라우드 중심적 CI/CD 구축 전략(6장), GitOps 실현에 가장 보편적으로 사용되는 도구인Argo CD(7장), 보안, 웹훅, 카나리 배포 등의 고급 주제(8장) 등을 일별할 수 있다. 해당 기술들이 워낙 빠르게 진화하는 만큼 최신 동향을 전부 섭렵하였다고 하기에는 부족할 수도 있으나, GitOps 실현에 사용되는 기술들에 입문하기에는 괜찮을 것이라 믿는다.

새로운 기술을 배우는 것은 두렵지만 한편으로는 즐겁다. 직접 돌려볼 수 있는 예제가 많으면 더욱 그렇다. 다행히 이 책에는 예제가 많다. 그런데 원서가 출간된 후 시간이 제법 지나서 번역을 시작한 탓이었는지 그중 상당수는 제대로 돌지 않았다. 그 예제들을 디버깅하는 시간이 나름 즐거웠다. 앞으로도 그런 경험을 할 기회를 놓치지 않고 싶다는 생각도 했다. 여러분도 이 책을 읽으며 비슷한 감정을 느낄 수 있기를 소망한다.

시애틀에서
이병준

추천사

몇 년 전 레드햇(Red Hat) 이벤트 참석차 밀란을 방문했을 때 이탈리아 지사에서 근무하는 동료 한 명을 만난 적이 있다. 이탈리아 고객들이 오픈시프트(OpenShift) 환경에서 컨테이너를 사용해 애플리케이션 개발 속도를 어떻게 높이고 있는지 한참이나 얘기를 나누었다. 그때 헤어진 뒤 아쉽게 이름을 잊었음에도 그 엄청난 열정, 그리고 진짜 커피가 뭔지 보여주겠다며 사무실 근처 에스프레소 바로 나를 끌고 간 친절함은 잊을 수 없었다. 그리고 시간이 흘러 어느 날 한 미팅에서 오픈시프트 파이프라인, 오픈시프트 GitOps 등 그 시기에 우리 팀이 개발한 제품에 대한 강연을 맡은 개발 지원(Developer Advocate) 조직 소속 연사를 만났는데, 마주치자마자 나는 그가 밀란에서 만난 바로 그 사람, 나탈리(Natale)임을 알아볼 수 있었다. 당시 그의 강연을 들은 많은 사람들은, 고객에게 제품을 제공하면서 그가 일선에서 겪은 어려움과 기술에 대한 실무적 접근법에서 통찰을 얻을 수 있었다고 평했다.

애플리케이션 배포는 이해당사자 사이에 수많은 손바꿈(handoffs)을 수반하는, 많은 시스템과 팀이 관련된 복잡한 프로세스다. 손바꿈 지점마다 속도는 느려지고, 많은 대화가 필요하다. 자동화는 오랫동안 이 프로세스를 개선하는 데 핵심적인 역할을 해 왔으며, 특히 DevOps 진영에서 많은 인기를 누렸다. 지속적 통합(Continuous Integration, CI), 코드 기반 인프라(Infrastructure as Code, IaC) 등의 다양한 관행은 DevOps 도입을 시작한 많은 조직들 덕에 일반화되었다.

최근에는 DevOps 관행의 하위 집합을 구현할 청사진으로써 GitOp에 대한 질문을 많이 받는다. 쿠버네티스(Kubernetes)가 인기를 얻기 시작한 시점과 무관하지 않은 현상이다. GitOps가 옹호하는 용어나 관행을 개별적으로 놓고 보면 특별히 새로울 것은 없다. 다만 GitOps는 그 개별 관행들을 하나로 통합하는 개념이라 볼 수 있다. 기존 지식을 간단하고 이해하기 쉬우며 많은 팀에서 표준적 방식으로 구현할 수 있는 워크플로 형태로 제시한다.

GitOps 워크플로를 도입하는 과정은 간단하고 구체적이지만 각 조직의 보안, 규제 준수(Compliance), 운영 등의 요구사항에 맞는 다양한 기술적 선택이 필요하다. 이 책은 GitOps를 도입하려는 팀이 애플리케이션, 팀 및 조직에 적합한 선택을 하는 데 도움이 되는 실용적인 가이드를 제공한다. 독자들에게 많은 도움이 될 것이라 확신한다.

시아막 사데기안파(Siamak Sadeghianfar)
레드햇 제품 관리자(Product Management, Red Hat)

서문

이 책은 창조하는 사람들을 위한 책이다. 개발자건, DevOps 엔지니어건, SRE 건, 아니면 쿠버네티스와 씨름하는 플랫폼 엔지니어건 관계없이, 여러분은 모두 자기 나름의 방식으로 세상에 좋은 무언가를 만드는 창조자들이다. 이 책을 통해 우리는 파이프라인과 CI/CD 워크로드를 쿠버네티스 플랫폼상에 자동화하는 방법에 대해 실무에서, 때로는 커뮤니티에서 배운 경험을 나누고자 한다. 그래서 쿠버네티스와 클라우드 네이티브 에코시스템에서 널리 사용되는 가장 인기 있는 소프트웨어와 도구를 담려 했다. 또한 여러분이 매일 만나는 업무에 실질적으로 적용 가능하면서도 확장이 가능한 현실적 예제를 최대한 많이 담으려 했다. 쿠버네티스 자동화를 달성하기 위해 특정한 기술을 고집하지는 않으려 했지만, 간결하고 간단한 GitOps 도입을 위해 때론 의도적인 선택을 하기도 했음은 밝힌다.

이 책은 기본부터 쿠버네티스 에코시스템 같은 고급 주제까지, GitOps 원칙에 맞게 순차적으로 구성되어 있다. 이 책에 담은 예제들이 여러분이 수행할 프로젝트에 많은 도움이 되었으면 좋겠다.

- 1장은 GitOps 원칙을 소개하고 왜 새로운 IT 프로젝트에 필수적인 요소가 되어가고 있는지 설명한다.
- 2장은 쿠버네티스 클러스터에서 실습을 진행하기 위한 필수 소프트웨어와 도구의 설치법을 설명한다. Git, 컨테이너 저장소, 컨테이너 런타임, 쿠버네티스 등의 필수 개념과 도구를 설명한다.
- 3장은 컨테이너에 대해 개괄하고, 오늘날 애플리케이션 개발과 배포에 왜 필수적인 기술인지 살핀다. 쿠버네티스는 컨테이너 오케스트레이션 플랫폼이다. 하지만 컨테이너를 빌드하는 기능은 포함하지 않는다. 따라서 클라우

드 네이티브 커뮤니티에서 가장 인기 있는 컨테이너 앱 빌드 방안들을 함께 살펴본다.

- 4장은 커스터마이즈(Kustomize)를 다룬다. 쿠버네티스 리소스 관리에 널리 사용되는 도구다. 상호 운용성(interoperability)이 뛰어나서 많은 CI/CD에 사용된다.

- 5장은 헬름(Helm)을 설명한다. 쿠버네티스 애플리케이션을 위한 패키지 관리 도구다. CI/CD 파이프라인을 통해 앱을 배포할 때 사용 가능한 템플릿 시스템이기도 하다.

- 6장에서는 쿠버네티스를 위한 클라우드 네이티브 CI/CD 시스템을 살펴본다. 쿠버네티스 전용의 CI/CD 시스템 텍톤(Tekton)을 통한 CI 구현법을 밀도 있게 살펴볼 것이다. 깃허브 액션(GitHub Action) 등의 기술도 살펴본다.

- 7장에서는 순수 GitOps 기술에 해당하는, Argo CD를 통한 CD 구축 방안을 살펴본다. Argo CD는 쿠버네티스 전용의 유명한 GitOps 도구다.

- 8장은 Argo CD를 통한 GitOps 고급 구현 기술을 살펴본다. 시크릿 관리, 점진적 애플리케이션 배포, 여러 클러스터에 대한 배포 등에 대해 설명할 것이다. GitOps 접근법을 따를 때 가장 보편적으로 채택하게 되는 아키텍처와 용례는 이것으로 대부분 커버될 것이다.

이 책에 쓰인 표시

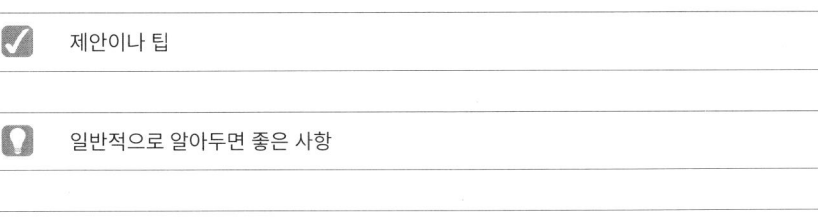

✓	제안이나 팁
💡	일반적으로 알아두면 좋은 사항
❗	주의를 기울여야 할 사항

책에 수록된 예제 코드

이 책에 수록된 예제 코드나 연습 문제 등의 보조 자료는 깃허브에 있다.[1,2]

코드 예제에 대한 기술적 질문이나 문제점에 대한 질의 응답은 이메일[3]로 해주기를 부탁드린다.

이 책은 여러분이 실무에서 마주하는 문제를 해결할 수 있도록 돕고자 한다. 따라서 이 책의 예재는 독자 여러분의 프로그램이나 문서에 자유로이 활용 가능하다. 대부분을 무단으로 전제하지 않는다면, 다시 말해 일부 코드를 참조하는 선에서 활용한다면 별도 허가는 받지 않아도 좋다는 뜻이다. 하지만 이 책에 수록된 예제를 상업적 목적으로 사용하려 한다면 허가를 받아야 한다. 이 책의 내용을 인용하여 질문에 답하거나 예제 코드를 인용하는 등의 행위는 허가를 받지 않아도 무방하다. 하지만 예제 코드 가운데 상당수를 여러분 제품의 문서에 포함한다면 허가를 받아야 한다.

이 책의 내용을 인용할 때 출처를 명확히 밝혀 주면 고맙겠지만 필수는 아니라는 점도 밝혀 둔다. 출처를 밝힐 때는 책의 타이틀, 저자, 출판사, ISBN을 다음과 같이 명기하면 된다. "*GitOps Cookbook* by Natale Vinto and Alex Soto Bueno (O'Reilly). Copyright © 2023 Natale Vinto and Alex Soto Bueno, 978-1-492-09747-1."

이 책의 예제를 정당한 수준에서 사용하고 있는지 확신할 수 없는 경우에는 이메일[4]로 주저 말고 연락 주시기 바란다.

감사의 글

기술 리뷰 담당자 피터 마이런(Peter Miron)과 앤디 블록(Andy Block)에게 감사 인사를 전한다. 정확한 리뷰 덕에 독자들이 이 책을 좀 더 편안하게 읽을 수 있게 되었다. 책을 쓰는 동안 지원을 아끼지 않은 오라일리 출판사의 모든 분께 감사의 뜻을 전한다. 아울러 동료 오드리 뮬락(Audrey Mulack)과 콜린 로

---

1 *https://github.com/gitops-cookbook*
2 (옮긴이) 역자가 보완한 보조 자료는 필요할 때마다 본문에 함께 제시될 것이다.
3 bookquestions@oreilly.com
4 permissions@oreilly.com

브너(Collen Lobner)에게도 감사 인사드린다. 이 책을 낼 수 있도록 많은 지원을 해 주었다. 이 책의 초안에 많은 조언과 제안을 아끼지 않은 카메시 삼패스(Kamesh Sampath)를 비롯한 모든 사람들에게도 깊은 감사 인사드린다.

알렉스 소토(Alex Soto)

어려운 시절을 함께 해 준 산타(전부 다 감사해요), 유리(음악을 멈추지 말아요), 귀리(진정한 자전거 선수), 가비나, 개비(응원 너무 고마워요), 그리고 에드가와 에스터(함께한 금요일이 특히 좋았죠), 내 친구 에드슨, 세비(최고의 여행 친구였어요), 버(너무 많은 가르침을 주었죠), 카메시, 그리고 레드햇의 모든 개발팀. 우리는 정말 최고의 동료에요.

조나선 빌라, 아벨 살가도, 그리고 조르디 솔라. 자바와 쿠버네티스에 대해 정말 멋진 대화를 나눌 기회를 주어서 감사합니다.

마지막으로, 항상 함께해 준 안나(Anna)에게 감사드리며, 내 생애 첫 컴퓨터를 사 주신 부모님 밀리(Mili)와 라몬(Ramon)에게도 감사드립니다. 그리고 나의 딸 아다(Ada)와 알렉산드라(Alexandra)에게: "너희는 내 눈의 별이야."

나탈리 빈토(Natale Vinto)

이 책을 쓸 수 있도록 인내심과 동기를 불어넣어 준 알리사에게 특별한 감사 인사를 전합니다. 그리고 이 모든 것을 가능하게 해 준 부모님. 두 분이야말로 최고라는 말씀드리고 싶어요.

1장

소개

IaC(Infrastructure as Code) 같은 관행이 등장하면서 소프트웨어 개발은 애플리케이션이 실행될 수 있는 플랫폼의 저변을 넓혔다. 퍼블릭 클라우드와 오픈 소스 인프라 솔루션 같은, 프로그래밍 가능 API 기반 플랫폼에서는 이러한 현상이 더욱 빈번하다. 몇 년 전만 해도 개발자는 애플리케이션 소스 코드에만 집중했으나, 지금은 애플리케이션이 실행될 인프라도 코딩할 수 있다. 코드를 통해 인프라를 제어하고 자동화할 수 있어, 납기(lead time)를 크게 줄일 수 있다.

퍼블릭/프라이빗 클라우드에서 프로덕션 애플리케이션을 실행하는 실질적 표준으로서 널리 사용되는 오픈소스 컨테이너 워크로드 오케스트레이션 플랫폼 쿠버네티스(Kubernetes)는 그 좋은 예다. 쿠버네티스의 개방성과 확장성은 자동화를 촉진하여 배포 위험을 줄이고 서비스 품질을 향상시킨다. 또한 이 강력한 패러다임은 점점 더 인기를 얻고 있는 또 다른 접근법 GitOps로 확장된다.

1.1 GitOps란?

GitOps는 Git 저장소를 단일 소스로 사용하여 인프라를 코드로 제공하는 방법론 및 관행이다. DevOps 문화가 이룩한 핵심 성과와 접근법을 실현하는 프레임워크를 제공한다. DevOps, 플랫폼 엔지니어링(platform engineering), SRE 등을 개선하고 구현하는 방법으로 널리 채택되고 있기 때문에 DevOps와 밀접한 관계를 갖는다.

GitOps는 구현 방식에 열린(agnostic) 접근법으로, GitOps 프레임워크는 Git, 쿠버네티스 및 CI/CD 솔루션 등으로 구축할 수 있다. GitOps의 세 가지 중요 원칙은 다음과 같다.

- Git을 신뢰할 수 있는 단일 소스로 취급
- 모든 것은 코드로 표현
- 작업은 Git 워크플로(workflow)를 통해 수행

GitOps 커뮤니티는 활발히 운영되고 있으며, GitOps 원칙(현재 버전 1.0.0)을 정의하는 워킹 그룹[1]도 있다. OpenGitOps[2]를 방문해 보기 바란다. GitOps 원칙을 대략적으로 요약해 보면 다음과 같다.

선언적
    GitOps로 관리되는 시스템은 원하는 상태를 선언적으로 표현해야 한다.

버전 및 불변성
    상태 관리에는 불변성(immutability) 원칙과 버전 관리(versioning) 방법론을 적용한다. 버전 변경 이력은 완벽하게 유지해야 한다.

자동 반영(automatic pull)
    배포 환경에 설치된 소프트웨어 에이전트가 원하는 상태에 대한 선언적 표현을 Git 저장소에서 자동으로 끌어온다.

지속적 조정(continuous reconciliation)
    소프트웨어 에이전트는 실제 시스템 상태를 계속 관찰하고 원하는 상태에 맞도록 변경한다.

---

1   https://oreil.ly/FUbBy
2   https://open-gitops

1.2 왜 GitOps인가?

GitOps는 개발자에게 익숙한 보편적 Git 기반 워크플로를 사용하여 애플리케이션 개발부터 배포, 앱 수명 주기(life cycle) 관리, 그리고 인프라 구성에 이르는 기존 프로세스를 확장한다.

애플리케이션 수명 주기 동안의 모든 변경 사항은 Git 저장소 기록을 통해 추적하고 감사(audit)한다. 이 접근법은 개발팀과 운영팀 모두에게 좋은데, 문제를 신속하게 추적하고 재현할 수 있어 보안이 전반적으로 개선되기 때문이다. 핵심은 원치 않는 변경(drift) 때문에 발생하는 위험을 줄이고 프로덕션에 배포되기 전에 수정하는 것이다.

GitOps 도입의 이점을 네 가지로 요약하면 다음과 같다.

표준 워크플로
    애플리케이션 개발팀에서 익숙한 도구와 Git 워크플로를 사용한다.

강화된 보안
    변경 사항을 미리 검토하고, 예기치 않은 구성 변동을 감지하여 조치를 취한다.

가시성 및 감사
    Git 저장소의 변경 이력을 통해 클러스터의 모든 변경 사항을 캡처하고 추적한다.

멀티클러스터 일관성
    많은 환경과 쿠버네티스 클러스터들에 대한 배포를 안정적이고 일관되게 구성한다.

1.3 쿠버네티스 CI/CD

CI(Continuous Integration, 지속적 통합)과 CD(Continuous Delivery, 지속적 배포)는 앱 개발의 각 단계에 자동화를 도입하여 앱을 더 자주 배포할 수 있도록 하는 방법론이다. CI/CD 파이프라인(pipeline)은 GitOps의 가장 일반적인 용례 가운데 하나다.

　일반적 CI/CD 파이프라인의 경우 CI 프로세스는 제출된 코드를 확인하고, CD 프로세스는 보안, IaC 또는 애플리케이션 프레임워크에 설정된 경계(boundary) 등에 대한 요구 사항을 확인하고 적용한다. 모든 코드 변경 사항을 추적하므로 업데이트가 쉬워지며, 롤백이 필요한 경우에 대비해 버전 관리 기능도 제공한다. 그림 1-1에서 볼 수 있듯이 CD는 GitOps 도메인이며, CI와 연동하여 다양한 환경에 앱을 배포한다.

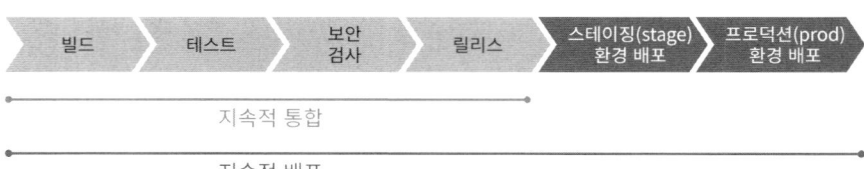

그림 1-1 지속적 통합 및 지속적 배포

쿠버네티스를 사용하면 클러스터 내부에 CI/CD 파이프라인을 쉽게 구현할 수 있다. CI 소프트웨어는 애플리케이션을 나타내는 컨테이너 이미지를 생성하여 컨테이너 이미지 레지스트리에 저장한다. 그 후 그림 1-2과 같이 풀 요청(pull request) 등의 Git 워크플로를 통해 배포할 앱의 명세서 격인 매니페스트(manifest)[3]를 변경한 후 CD 동기화 루프를 개시한다.

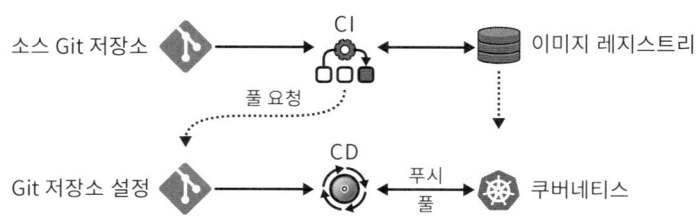

그림 1-2 애플리케이션 배포 모델

이 책에서는 CI/CD 및 GitOps 플랫폼 역할을 하는 쿠버네티스에 이 모델을 구현하기 위한 실용적 해법을 설명한다.

---

3 (옮긴이) 매니페스트란 쿠버네티스의 오브젝트를 생성하기 위한 메타 정보를 YAML이나 JSON으로 기술한 파일이다.

1.4 쿠버네티스에 GitOps를 접목한 앱 배포 방법

GitOps는 플랫폼에 구애받지 않는 열린 접근법이므로, 그 애플리케이션 배포 모델은 쿠버네티스 클러스터 내부(in-cluster)에 구축될 수도 있고 여러 클러스터(multi-cluster)에 걸친 공통 플랫폼 형태로 구축될 수도 있다. 쿠버네티스 외부에 GitOps 도구를 구축하면 쿠버네티스는 앱 배포를 위한 대상 플랫폼으로만 이용된다. 한편 클러스터 내부에 GitOps 도구를 구축하면 GitOps 엔진은 쿠버네티스 클러스터 안에서 실행되어 해당 클러스터에 앱을 스스로 동기화한다.

GitOps 엔진은 CI/CD 파이프라인의 CD 부분을 담당하며, 그림 1-3과 같이 네 가지 주요 작업으로 구성된 GitOps 생명 주기를 구현한다.

배포

　Git에 저장된 매니페스트를 배포한다.

모니터링

　Git 저장소나 클러스터 상태를 모니터링한다.

변화(drift) 감지

　Git에 설명된 내용과 클러스터의 실제 구성 사이의 차이를 감지한다.

반영

　Git에 있는 내용을 클러스터에 반영하는 작업(롤백 또는 3-way diff)을 실행한다. Git 저장소의 내용만을 신뢰 가능한 정보로 본다. 모든 변경은 Git 워크플로를 통해 수행한다.

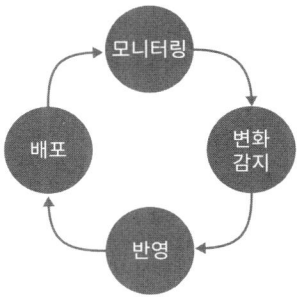

그림 1-3 GitOps 루프

쿠버네티스에서 GitOps 접근법을 사용하여 애플리케이션을 배포하려면 최소 두 개의 Git 저장소가 필요하다. 하나는 애플리케이션 소스 코드를 보관하기 위해 사용하고, 다른 하나는 앱의 배포 형상을 기술하는 쿠버네티스 매니페스트를 보관하기 위해 사용한다(Deployment, Service 등).

그림 1-4는 쿠버네티스에 구축한 GitOps 프로젝트의 구조다.

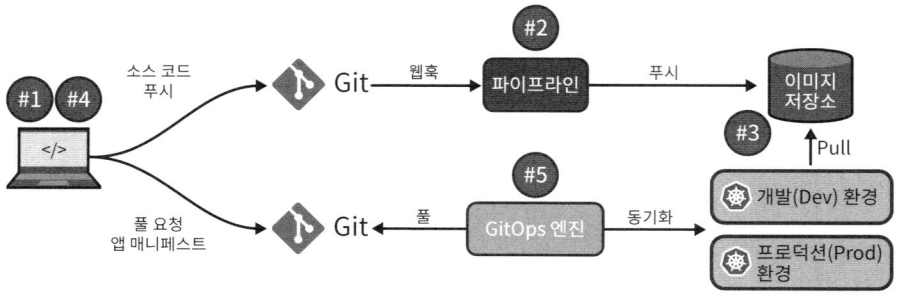

그림 1-4 쿠버네티스 GitOps 루프

다음 목록은 이 워크플로에 포함된 중요 항목들이다.

1. 앱 소스 코드 저장소
2. 컨테이너 이미지를 만드는 CI 파이프라인
3. 컨테이너 이미지 저장소
4. 쿠버네티스 매니페스트 저장소
5. 매니페스트를 하나 이상의 클러스터에 동기화하고 변화를 감지하는 Git-Ops 엔진

1.5 데브옵스 및 기민성

GitOps는 지속적 배포 및 인프라 운영을 위한 개발자 중심적 접근법이며, 프로세스 자동화를 위해 Git을 사용하는 개발자 워크플로다. DevOps가 애자일 소프트웨어 개발 프로세스를 보완한다면, GitOps는 인프라 자동화 및 애플리케이션 수명 주기 관리 측면에서 DevOps를 보완한다. 그림 1-5에서 볼 수 있듯, GitOps는 운영 자동화를 위한 개발자 워크플로다.

애자일 방법론의 가장 중요한 점 가운데 하나는 납기(lead time)[4]를 줄인다는 것이다. 납기를 추상적으로 설명하자면 요구 사항을 식별하고 이를 충족하는 데까지 걸리는 시간이라고 말할 수 있다.

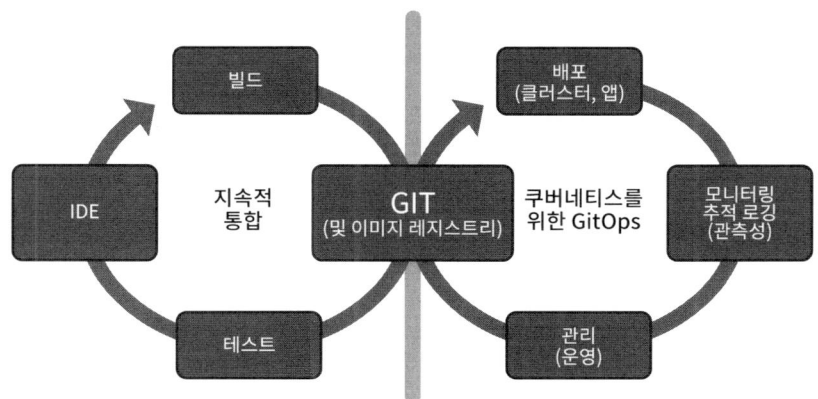

그림 1-5 GitOps 개발 주기

납기를 줄이려면 IT 조직의 문화는 근본적으로 변화되어야 한다. 애플리케이션을 실시간으로 확인할 수 있으면 개발자는 그 피드백 루프를 통해 코드를 재설계하고 개선하여 프로젝트를 성공으로 이끌 수 있다. 그런 DevOps 철학과 마찬가지로 GitOps 역시 사업 프로세스에 문화로 스며들어야 한다. 애플리케이션 배포나 인프라 변경 같은 모든 작업은 Git 워크플로를 통해서만 할 수 있어야 하는데, 그러려면 개발 문화 자체가 달라져야 한다.

버 서터(Burr Sutter)의 강연 "코끼리에게 춤(과 나는 법까지!)을 가르치다"[5]는 그 맥락을 명확하게 설명한다. 코끼리는 현재 조직이다. 코끼리가 표상하는 전통적 환경이 GitOps 도구로 구동되는 최신 환경으로 바뀌려면 많은 단계를 거쳐야 한다. 일부 조직은 드물게 처음부터 다시 시작할 기회를 누리기도 하지만, 많은 기업은 코끼리를 우아한 발레리나로 훈련하는 어려운 숙제를 풀어야 한다.

4   *https://oreil.ly/r52pg*
5   *https://oreil.ly/gPja9*

2장

실습 준비

이 책은 GitOps와 쿠버네티스에 관한 책이므로 이 책에서 빌드하는 컨테이너를 게시할 컨테이너 레지스트리가 필요하다(2.1절).

또한 GitOps 방법론을 구현하려면 Git 서비스가 필요하다. 이번 장에서 GitHub 또는 GitLab과 같은 공개 Git 서비스에 등록하는 방법을 배울 것이다(2.2절).

마지막으로, 예제를 실행할 쿠버네티스 클러스터가 필요하다. 이 책에서는 쿠버네티스 클러스터로 미니큐브(Minikube)를 사용한다. 그 설치법을 설명하고(2.3절) 테스트도 미니큐브로 진행한다. 그러나 설명하는 내용은 다른 쿠버네티스 클러스터에도 적용 가능하다.[1]

설명할 내용을 실습할 노트북을 준비하자.

2.1 컨테이너 레지스트리에 등록

과제

생성할 컨테이너를 저장할 컨테이너 레지스트리 서비스 계정을 만들자.

---

1 (옮긴이) 역자는 실습에 도커 데스크톱 환경을 사용했다. 사실 이번 장에서 저자는 실습에 사용 가능한 다양한 쿠버네티스 솔루션을 소개하고 있으나, 어떤 이유에서인지는 몰라도 가장 사용이 쉬운 도커 데스크톱 환경의 구성법은 빠져 있다. 맨 마지막에 새로 한 절을 추가해 넣었으니 참고하기 바란다.

풀이

실습 과정에서 일부 컨테이너를 공용 컨테이너 레지스트리에 게시해야 할 수도 있다. 그럴 때는 도커허브(DockerHub: `docker.io`)를 이용하자.

이미 `docker.io` 계정이 있다면 다음 단계는 건너뛰어도 좋다. 그렇지 않다면 계속 읽으면서 등록 방법을 숙지하도록 하자.

실습

도커허브[2]를 방문하여 계정을 등록한다. 그림 2-1과 비슷한 모습일 것이다.

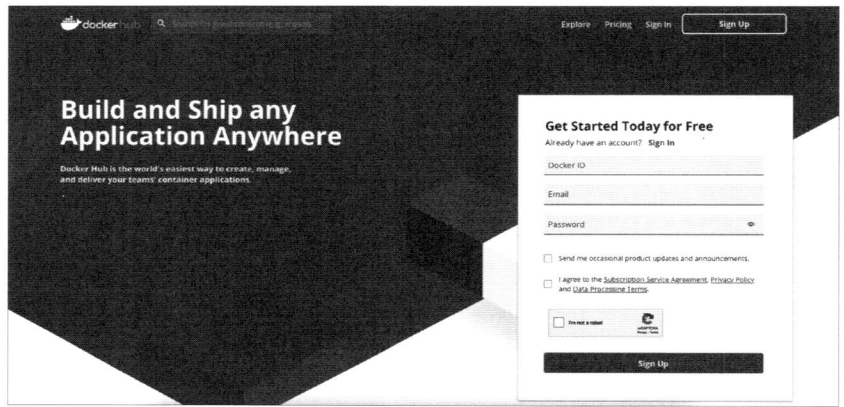

그림 2-1 DockerHub 등록 페이지

이 웹사이트에서 도커(Docker) ID, 이메일, 비밀번호를 양식에 입력하고 가입 버튼을 클릭한다.

등록이 완료되고 계정이 확인되면 앞서 설정한 도커 ID로 컨테이너를 등록할 준비가 된 것이다.

참고

또 한 가지 인기 있는 컨테이너 레지스트리 서비스는 퀘이(quay.io)다. 이 서비스는 docker.io처럼 클라우드에서 사용하거나 사용자 장비(on-premise)에 설치할 수도 있다.

---

2 *https://hub.docker.com*

웹사이트[3]를 방문하여 퀘이에 대한 자세한 정보를 확인하자. 그림 2-2와 비슷한 형태일 것이다.

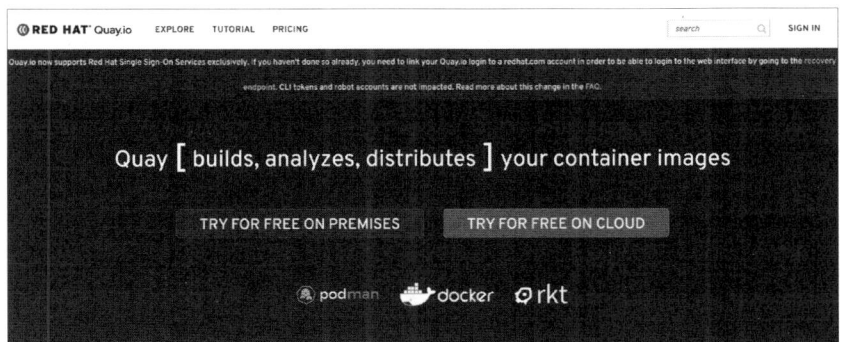

그림 2-2 퀘이(Quay) 등록 페이지

2.2 Git 저장소 등록

과제

저장소에 소스 코드를 저장할 수 있도록 Git 서비스 계정을 만들자.

풀이

실습 과정에서 일부 소스 코드를 공개 Git 서비스에 올려야 할 수도 있다. GitHub를 Git 서비스로 사용하여 저장소를 만들거나 포크(fork)하자.

이미 GitHub 계정이 있다면 다음 절은 건너뛰어도 된다. 그렇지 않다면 계속 읽으면서 계정 등록 방법을 알아보자.

보충

GitHub 웹 페이지[4]를 방문하여 계정을 등록한다. 사이트는 그림 2-3과 비슷할 것이다.

---

3 *https://quay.io*
4 *https://github.com*

그림 2-3 등록을 위한 GitHub 시작 페이지

페이지가 로드되면 가입 버튼(그림 2-3)을 클릭하고 지시를 따른다. 로그인 페이지는 그림 2-4와 비슷하다.

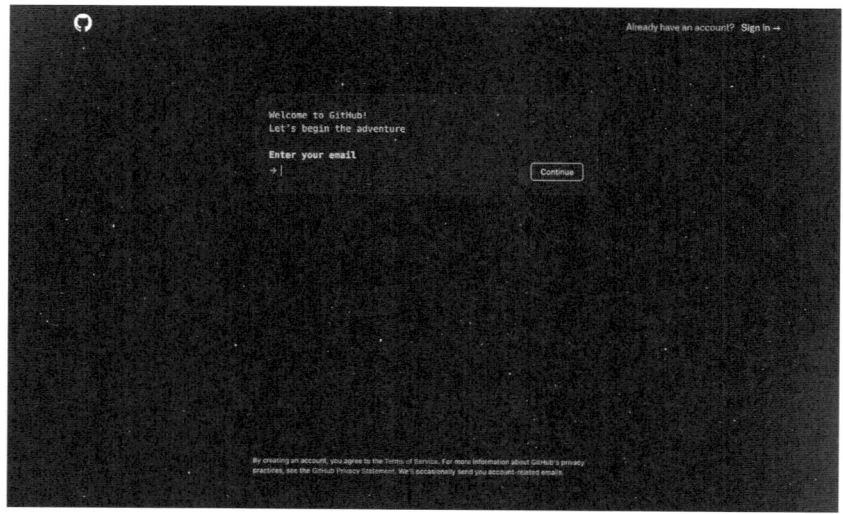

그림 2-4 GitHub 로그인 페이지

등록하고 계정이 확인되면 Git 저장소를 포크할 준비가 끝난 것이다.

이 책의 예제가 수록된 저장소[5]를 여러분의 계정으로 포크하자. 그림 2-5의
포크(Fork) 버튼을 클릭한다.

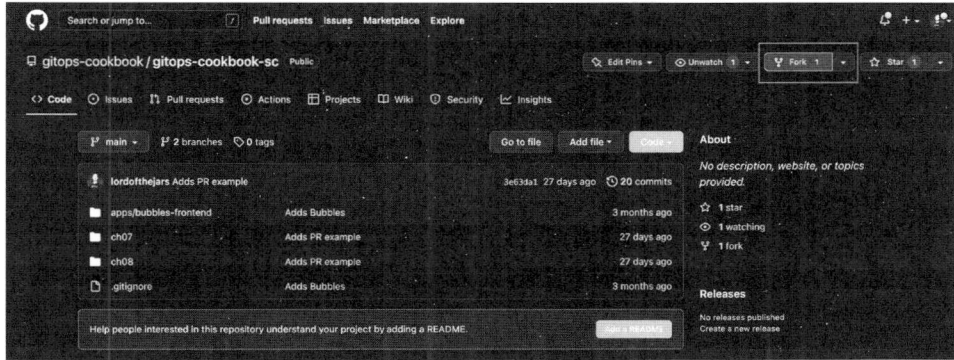

그림 2-5 포크 버튼

그 뒤에는 "Owners"로 여러분 계정을 선택한 다음, 그림 2-6과 같이 포크 생성
(Create Fork) 버튼을 클릭한다.

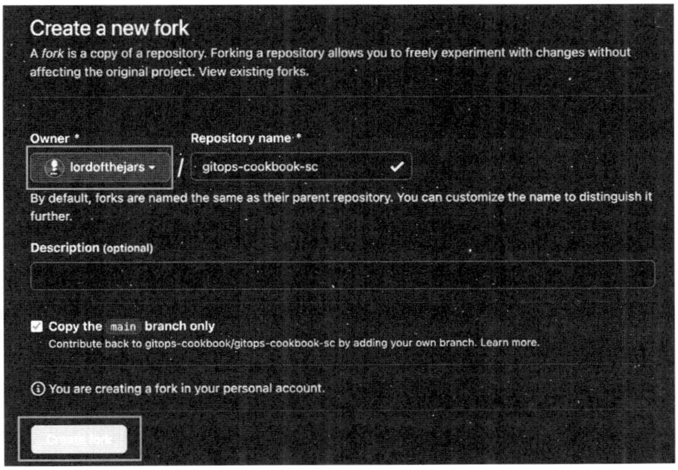

그림 2-6 포크 생성 버튼

---

5   https://oreil.ly/uqjTA

이후에 나오는 예제를 따라하려면 이 책의 저장소를 로컬로 복제(clone)하면
된다. 별도로 언급하지 않는 경우, GitHub[6]에 수록된 각 장(chapter)별 예제를
사용하는 것으로 보고 읽어 나가면 된다.

```
git clone https://github.com/gitops-cookbook/chapters
```

참고

또 다른 인기 있는 Git 서비스는 GitLab이다. 클라우드에서 사용할 수도 있고,
사용자 장비(on-premise)에 설치할 수도 있다.

　자세한 내용은 GitLab[7]을 참조하자.

2.3 로컬 쿠버네티스 클러스터 생성

과제

로컬에서 쿠버네티스 클러스터를 띄워 보자.

풀이

이 책에 실린 대부분의 풀이를 실행하려면 쿠버네티스 클러스터가 필요하다.
미니큐브를 사용하여 로컬에서 쿠버네티스 클러스터를 띄운다.

보충

미니큐브는 컨테이너/가상화 기술인 도커(Docker), 포드맨(Podman), 하이퍼
킷(Hyperkit), Hyper-V, KVM 또는 버추얼박스(VirtualBox)를 사용하여 쿠버네
티스 클러스터가 설치된 리눅스 머신을 부팅한다.

　간단하고 대부분 플랫폼에서 작동하는 설치법을 보이기 위해, 버추얼박스를
가상화 플랫폼으로 사용할 것이다.

6　*https://github.com/gitops-cookbook/chapters*
7　*https://about.gitlab.com*

버추얼박스를 설치하려면 홈페이지[8]를 방문하여 그림 2-7과 같이 다운로드 링크를 클릭하면 된다.

그림 2-7 VirtualBox 홈페이지

 MacOS 사용자는 다음 설치법을 MacOS 몬트레이(Monterey) 및 VirtualBox 6.1이 설치된 AMD64 맥에서 테스트하였음에 유의하자. 이 책을 쓸 당시에는 ARM 버전이나 MacOS 벤츄라(Ventura)를 사용할 때 몇 가지 호환성 문제가 있었다.[9]

운영 체제에 따라 패키지를 선택하고 다운로드하여 컴퓨터에 설치하자(이 책에서는 6.1.x 버전을 사용했다). 그런 후 미니큐브를 다운로드 받고 클러스터를 생성하자.

GitHub 저장소[10]를 방문하여 Asset 절에서 플랫폼 사양에 맞는 미니큐브 파일을 다운로드 하면 된다. 예를 들어 AMD 맥은 그림 2-8 과 같이 mini-kube-darwin-amd64를 선택한다.

필요하면 파일의 압축을 풀고, 리눅스나 맥이라면 (`/usr/local/bin`)처럼 PATH 환경 변수로 액세스할 수 있는 디렉터리에 `Minikube`라는 이름으로 복사한다.

---

8 *https://oreil.ly/T93oU*
9 (옮긴이) 아직도 VirtualBox는 인텔 기반 아키텍처에만 설치되므로, ARM 기반 애플 실리콘에는 설치할 수 없다. 애플 실리콘 사용자는 역자가 이번 장 마지막에 추가한 미니큐브 설치법을 참고하기 바란다.
10 *https://oreil.ly/mmwVP*

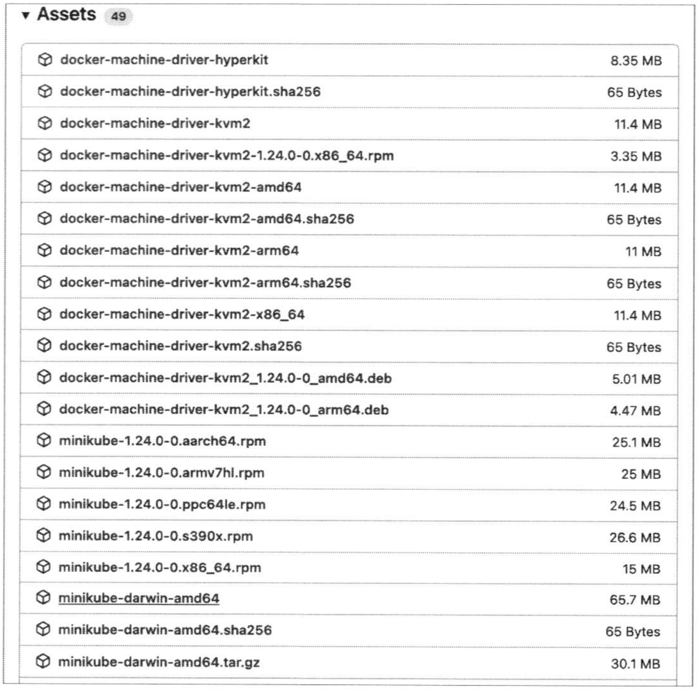

그림 2-8 미니큐브 릴리스 페이지

이렇게 버추얼박스와 미니큐브를 설치하고 나면 로컬 머신에서 쿠버네티스 클러스터를 띄울 수 있다. 이 책에서는 미니큐브 1.32.0 버전 위에 쿠버네티스 1.29.1을 설치하고 띄워보겠다(물론 다른 이전 버전도 사용 가능하다).

터미널 창에서 다음 명령을 실행하면 8GB의 메모리가 할당된 쿠버네티스 클러스터가 시작된다.

```
minikube start --kubernetes-version='v1.29.1' /
    --driver='virtualbox' --memory=8196 -p gitops ❶❷❸
```

❶ 버전 1.29.1로 쿠버네티스 클러스터 생성

❷ 가상화 도구로 버추얼박스 사용

❸ 나중에 참조할 수 있도록 클러스터에 프로필 이름(gitops)을 부여

그 결과로 출력되는 내용은 다음과 비슷할 것이다.

```
[gitops] Minikube v1.24.0 on Darwin 12.0.1
 Using the virtualbox driver based on user configuration
Starting control plane node gitops in cluster gitops ❶
Creating virtualbox VM (CPUs=2, Memory=8196MB, Disk=20000MB) ...
    > kubeadm.sha256: 64 B / 64 B [--------------------] 100.00% ? p/s 0s
    > kubelet.sha256: 64 B / 64 B [--------------------] 100.00% ? p/s 0s
    > kubectl.sha256: 64 B / 64 B [--------------------] 100.00% ? p/s 0s
    > kubeadm: 43.11 MiB / 43.11 MiB [----------] 100.00% 3.46 MiB p/s 13s
    > kubectl: 44.42 MiB / 44.42 MiB [----------] 100.00% 3.60 MiB p/s 13s
    > kubelet: 118.73 MiB / 118.73 MiB [--------] 100.00% 6.32 MiB p/s 19s

    ▪ Generating certificates and keys ...
    ▪ Booting up control plane ... ❷
    ▪ Configuring RBAC rules ...
    ▪ Using image gcr.io/k8s-minikube/storage-provisioner:v5
...

  Verifying Kubernetes components...
Enabled addons: storage-provisioner, default-storageclass

 /usr/local/bin/kubectl is version 1.21.0, which
may have incompatibilites with Kubernetes 1.23.0. ❸
    ▪ Want kubectl v1.23.0? Try 'minikube kubectl -- get pods -A'
Done! kubectl is now configured to use "gitops" cluster and
 "default" namespace by default ❹
```

❶ gitops 클러스터를 시작한다.

❷ 쿠버네티스 클러스터 제어 평면(control plane)을 부팅한다

❸ 옛날 버전의 kubectl이 설치되어 있음을 감지한다.

❹ 클러스터가 실행되었다.

쿠버네티스 클러스터와 쿠버네티스 CLI 도구 버전을 맞추려면 쿠버네티스 CLI 다운로드 링크[11]로 kubectl 1.23.0 버전을 다운로드 하면 된다.

---

 darwin/amd64 부분은 여러분 시스템 아키텍처에 맞는 값으로 바꿔야 한다. 예를 들어, 윈도라면 windows/amd64/kubectl.exe일 것이고, 애플 실리콘이라면 Darwin/arm64 일 것이다.

---

11 *https://dl.k8s.io/release/v1.29.1/bin/darwin/amd64/kubectl*

리눅스나 맥의 경우 /usr/local/bin과 같이 PATH 환경 변수로 접근 가능한 디렉터리에 kubectl을 복사한다.

참고

로컬 머신에서 쿠버네티스를 실행하는 다른 방법도 있다. 가장 많이 사용되는 방법은 kind[12]다.

이 책의 모든 예제는 표준 리소스(Resource)만 사용하여 구현했다. 따라서 모든 쿠버네티스 구현체에서 실행될 수 있을 것이다. 그러나 실제 테스트는 미니큐브 위에서만 수행하였음을 밝혀 둔다.

도커 데스크톱 및 홈브루 기반 설치법[13]

버추얼박스의 애플 실리콘 호환성 때문에 앞서 살펴본 설치법을 적용할 수 없다면 맥의 패키지 관리자 홈브루(homebrew)와 도커 데스크톱(Docker Desktop) 기반의 설치법을 시도하는 것도 한 가지 방법이다. 최근 출시되는 도커 데스크톱은 이미 미니큐브와 비슷한 쿠버네티스 개발 환경을 내장하고 있다. 따라서 도커 데스크톱을 사용한다면 미니큐브 구성은 필요 없다.

하지만 굳이 미니큐브를 써서 실습을 진행하고 싶다면 지금부터 설명하는 절차를 따라하기 바란다.

이 설치법을 시도하기 앞서 홈브루와 도커 데스크톱은 설치해 두어야 한다. 홈브루 설치법은 홈브루[14] 사이트를 참고하면 된다. 도커 데스크톱 설치는 도커[15] 사이트를 참고하여 진행하자. 참고로 도커 데스크탑은 상용 소프트웨어이지만 개인 사용자에 한해 무료로 사용할 수 있다.

홈브루를 설치하였다면 미니큐브 설치는 다음과 같이 간편하게 진행할 수 있다. 터미널에서 다음 명령어를 실행하면 된다.

```
brew install minikube
```

---

12 *https://oreil.ly/8B2bH*
13 (옮긴이) 실습에 도움이 되도록 역자가 추가해 넣은 절이다.
14 brew.sh
15 *https://www.docker.com/products/docker-desktop/*

정상적으로 설치가 되었다면 터미널에서 다음의 명령을 실행하여 클러스터를 생성하자. 버추얼박스 대신 도커를 가상화 계층으로 이용한다는 점에 유의하자. 프로필을 gitops로 설정하는 것은 종전과 같다.

```
minikube start --driver=docker --alsologtostderr -p gitops --memory=8196
```

8기가 메모리를 할당하는 것이 너무 많다고 느껴지면 2048(2GB) 정도로 설정하면 된다. 정상적으로 설치되었다면 말미에 다음과 같은 메시지를 보게 될 것이다.

```
[0109 18:09:43.9]4522    33728 system_pods.go:61] "storage-provisioner" [5dbaff67-bdf1-4daa-8790-2b0da99ec3d7] Pending
[0109 18:09:43.914525    33728 system_pods.go:74] duration metric: took 6.347083ms to wait for pod list to return data ...
[0109 18:09:43.914529    33728 kubeadm.go:581] duration metric: took 999.947041ms to wait for : map[apiserver:true system_pods:true] ...
[0109 18:09:43.914534    33728 node_conditions.go:102] verifying NodePressure condition ...
[0109 18:09:43.916271    33728 node_conditions.go:122] node storage ephemeral capacity is 61202244Ki
[0109 18:09:43.916290    33728 node_conditions.go:123] node cpu capacity is 8
[0109 18:09:43.916301    33728 node_conditions.go:105] duration metric: took 1.764167ms to run NodePressure ...
[0109 18:09:43.916306    33728 start.go:228] waiting for startup goroutines ...
[0109 18:09:43.916312    33728 start.go:233] waiting for cluster config update ...
[0109 18:09:43.916319    33728 start.go:242] writing updated cluster config ...
[0109 18:09:43.917338    33728 ssh_runner.go:195] Run: rm -f paused
[0109 18:09:44.033321    33728 start.go:600] kubectl: 1.28.2, cluster: 1.28.3 (minor skew: 0)
[0109 18:09:44.037171    33728 out.go:177] 🔥 Done! kubectl is now configured to use "gitops" cluster and "default" namespace by default
🏄 Done! kubectl is now configured to use "gitops" cluster and "default" namespace by default
```

그림 2-9 미니큐브를 통한 클러스터 생성

맨 마지막 줄에 나오는 내용은 kubectl 도구가 미니큐브가 생성한 클러스터를 바라보도록 설정되었다는 내용이다. 여기까지가 정상적으로 실행되었다면 도커 데스크톱의 대시보드에서 새로 생성된 클러스터를 볼 수 있다.

그림 2-10 생성된 클러스터

그림 2-11 gitops 클러스터 구동 시 출력 내역

여기서 gitops를 클릭해 보면 클러스터가 구동되면서 stdout에 출력한 내용을
확인할 수 있다.

여기까지 확인하였다면 실습 준비는 끝난 것이다.

3장

컨테이너

컨테이너는 애플리케이션을 배포 목적으로 패키징할 때 널리 사용되는 표준 형식이다. 이 포맷은 컨테이너 포맷과 런타임의 개방형 업계 표준을 만드는 거버넌스 기구 OCI(Open Container Initiative)[1]가 추진하는 표준 가운데 하나다. OCI 컨테이너 표준의 개방성은 서로 다른 운영 체제, 공급 업체, 플랫폼 또는 클라우드 사이에서의 이식성과 상호 운용성을 보장한다. 쿠버네티스는 컨테이너화된 앱을 실행하므로, 쿠버네티스에서 앱을 관리하는 GitOps 접근법을 살펴보기 전에 애플리케이션을 컨테이너 이미지로 패키징하는 방법부터 살펴보자.

이미지를 만드는 첫 번째 단계는 컨테이너 엔진을 사용하여 기본 OS와 그 위에 런타임, 라이브러리, 애플리케이션 등의 추가 레이어(layer)를 포함하는 계층 구조를 구축하여 애플리케이션을 패키징하는 것이다. 도커는 OCI 컨테이너와 런타임을 오픈 소스로 구현한 것으로, 널리 사용되고 있다. Dockerfile이라는 매니페스트에서 컨테이너 이미지를 만들어 낸다(3.1절).

OCI 형식(format)은 개방, 즉 공개되어 있으므로 다른 도구로도 컨테이너 이미지는 만들 수 있다. 도커[2]는 널리 사용되는 컨테이너 엔진으로, 데몬(dae-

---

1 *https://opencontainers.org*
2 *https://www.docker.com*

mon)을 설치하고 실행해야 그 엔진으로 모든 작업을 처리할 수 있다. 개발자는 소프트웨어 개발 키트(SDK)를 사용하여 도커 데몬과 상호 작용하는 식으로 작업할 수도 있고, JiB처럼 도커가 필요 없는(dockerless) 솔루션을 사용하여 이미지를 만들 수도 있다(3.2절).

특정 프로그래밍 언어나 SDK에 의존하고 싶지 않다면 빌다(Buildah, 3.3절) 또는 빌드팩(Buildpack, 3.4절)처럼 데몬이 필요 없는(daemonless) 도구들을 사용할 수도 있다. OCI 컨테이너 이미지를 만들 때 널리 사용되는 또 다른 오픈 소스 도구다. 이런 도구들을 활용하면 OS에 대한 종속성이 없는, 관리가 편하고 이식성도 좋은 자동화 구축이 가능하다(6장).

쿠버네티스는 컨테이너 이미지를 만드는 메커니즘을 내장하고 있지는 않지만, 뛰어난 확장성 덕에 외부 도구와 연동하기 편하며, 컨테이너 이미지를 생성하도록 확장될 수 있다. 십라이트(Shipwright)는 쿠버네티스에서 컨테이너 이미지를 빌드하는 오픈 소스 프레임워크로, 카니코(kaniko), 빌드팩(Build-packs) 또는 빌다(Buildah) 같은 도구를 사용할 수 있는 추상화 계층을 제공한다(3.5절).

이 장의 마지막 부분에서는 도커가 설치된 호스트에서, 또는 빌다나 빌드팩 같은 도구를 사용하여 도커파일에서 OCI 호환 컨테이너 이미지를 만드는 방법을 배운다.

3.1 도커를 사용한 컨테이너 빌드

과제
도커로 애플리케이션의 컨테이너 이미지를 만들자.

풀이
가장 먼저 해야 할 일은 도커[3]를 설치하는 것이다.

---

3 *https://oreil.ly/jd0kH*

✅ 도커는 맥, 윈도, 리눅스에서 사용할 수 있다. 본인 운영 체제에 맞는 설치 관리자를 내려받아 설명서[4]대로 설치하고 도커 서비스를 시작하자.

컨테이너 이미지를 만들려는 개발자는 도커파일(Dockerfile)부터 정의한다. 도커파일의 의미는 도커 문서[5]에 잘 정의되어 있다. 해당 문서에 따르면 도커파일은 "사용자가 이미지를 조립하기 위해 명령행에서 호출하는 모든 명령을 담은 텍스트 문서"다.

컨테이너 이미지는 그림 3-1과 같은 계층 구조다. 각 컨테이너 이미지는 기반 레이어(layer)에 적용된 변경 사항들로 구성된다. 새로운 변경이 적용될 때마다 레이어가 하나씩 추가로 커밋(commit)된다고 보면 된다. 레이어 개념에 대해서는 도커 공식 문서[6]에 설명이 잘 나와 있다.

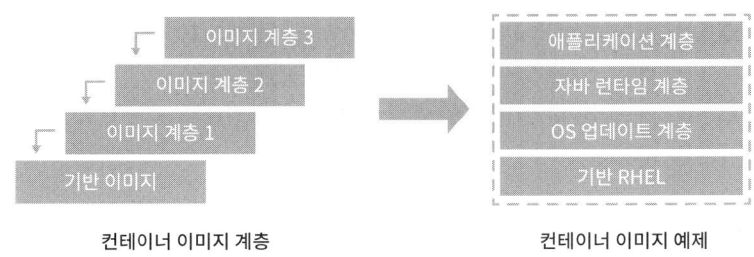

컨테이너 이미지 계층   컨테이너 이미지 예제

그림 3-1 컨테이너 이미지 계층

도커파일은 다음과 같은 형태다. 이 예제는 빌드 결과로 파이썬 앱 컨테이너 이미지를 생성한다. 코드는 이 책 저장소[7]에서 찾을 수 있다.

```
FROM registry.access.redhat.com/ubi8/python-39 ❶
ENV PORT 8080              ❷
EXPOSE 8080                ❸
WORKDIR /usr/src/app ❹

COPY requirements.txt ./ ❺
RUN pip install --no-cache-dir -r requirements.txt ❻
```

---

4 *https://oreil.ly/7vGmZ*
5 *https://oreil.ly/RMm2y*
6 *https://docs.docker.com/build/guide/layers/*
7 *https://oreil.ly/J7cXP*

```
COPY . .

ENTRYPOINT ["python"]  ❼
CMD ["app.py"]          ❽
```

❶ FROM: 기반 레이어가 되는 이미지를 지정한다. 본 예제는 파이썬 3.9 런타임이 포함된 UBI (Universal Base Image)를 기반 레이어로 사용한다. UBI는 RHEL(Red Hat Enterprise Linux) 기반이며, 무료다.

❷ ENV: 앱의 환경 변수를 설정한다.

❸ EXPOSE: 컨테이너 네트워크에 포트를 노출한다. 본 예제의 경우 8080이다.

❹ WORKDIR: 컨테이너 내부 작업 디렉터리를 설정한다.

❺ COPY: 도커파일을 빌드하는 워크스테이션의 소스 파일을 컨테이너 이미지 레이어, 이 경우에는 WORKDIR에 복사한다.

❻ RUN: 기반 이미지에 포함된 도구를 사용하여 컨테이너 안에서 명령을 실행한다. 본 예제의 경우에는 pip를 실행하여 의존 관계에 있는 모든 패키지를 설치한다.

❼ ENDPOINT: 컨테이너 내부의 앱 진입점(entrypoint)을 정의한다. 바이너리일 수도 있고, 스크립트일 수도 있다. 본 예제의 경우에는 파이썬 인터프리터다.

❽ CMD: 컨테이너를 시작할 때 사용하는 명령어다. 본 예제의 경우, 파이썬 앱 app.py를 명령어로 사용한다.

이제 다음 명령을 실행하면 컨테이너 이미지가 만들어진다.

```
docker build -f Dockerfile -t quay.io/gitops-cookbook/pythonapp:latest .
```

 컨테이너 이미지에 붙는 태그(tag), 즉 위 명령의 -t 옵션 다음에 오는 값에는 여러분 소유의 레지스트리, 사용자 ID, 저장소 이름을 사용하라. 즉, quay.io/youruser/yourrepo:latest와 같이 하면 된다. 퀘이(Quay.io)와 같은 레지스트리에 새 계정을 만드는 방법은 2장을 참고하라.

이제 컨테이너 이미지 빌드 과정을 살펴보자. 도커는 공용 컨테이너 레지스트리(도커허브, 퀘이, 레드햇 레지스트리 등)에서 기존 레이어를 가져와 도커파일에 지정된 명령을 실행할 때마다 새 레이어를 추가한다. 각각의 레이어는 컨테이너 캐시(container cache) 또는 도커 캐시(Docker cache)라 부르는 특별한 로컬 저장소에 보관된다. 이전에 만든 적 있는 레이어가 캐시에 있으면 재사용하고, 없으면 새로 만든다.

```
STEP 1: FROM registry.access.redhat.com/ubi8/python-39
Getting image source signatures
Copying blob adffa6963146 done
Copying blob 4125bdfaec5e done
Copying blob 362566a15abb done
Copying blob 0661f10c38cc done
Copying blob 26f1167feaf7 done
Copying config a531ae7675 done
Writing manifest to image destination
Storing signatures
STEP 2: ENV PORT 8080
--> 6dbf4ac027e
STEP 3: EXPOSE 8080
--> f78357fe402
STEP 4: WORKDIR /usr/src/app
--> 547bf8ca5c5
STEP 5: COPY requirements.txt ./
--> 456cab38c97
STEP 6: RUN pip install --no-cache-dir -r requirements.txt
Collecting Flask
  Downloading Flask-2.0.2-py3-none-any.whl (95 kB)
       |████████████████████████████████| 95 kB 10.6 MB/s
Collecting itsdangerous>=2.0
  Downloading itsdangerous-2.0.1-py3-none-any.whl (18 kB)
Collecting Werkzeug>=2.0
  Downloading Werkzeug-2.0.2-py3-none-any.whl (288 kB)
       |████████████████████████████████| 288 kB 1.7 MB/s
Collecting click>=7.1.2
  Downloading click-8.0.3-py3-none-any.whl (97 kB)
       |████████████████████████████████| 97 kB 31.9 MB/s
Collecting Jinja2>=3.0
  Downloading Jinja2-3.0.3-py3-none-any.whl (133 kB)
       |████████████████████████████████| 133 kB 38.8 MB/s
STEP 7: COPY . .
--> 3e6b73464eb
STEP 8: ENTRYPOINT ["python"]
--> acabca89260
STEP 9: CMD ["app.py"]
STEP 10: COMMIT quay.io/gitops-cookbook/pythonapp:latest
--> 52e134d39af
52e134d39af013a25f3e44d25133478dc20b46626782762f4e46b1ff6f0243bb
```

빌드가 끝난 컨테이너 이미지는 도커 캐시에 보관되며 사용이 가능하다. 다음 명령으로 이미지가 있는지 확인할 수 있다.

```
docker images
```

이 명령의 실행 결과로 캐시에서 사용 가능 컨테이너 이미지 목록을 가져올 수 있어야 한다. 출력되는 이미지는 사용자가 빌드한 이미지일 수도 있고, docker pull 명령으로 내려받은 이미지일 수도 있다.

```
REPOSITORY                       TAG     IMAGE ID       CREATED        SIZE
quay.io/gitops-cookbook/pythonapp  latest  52e134d39af0   6 minutes ago  907 MB
```

이미지가 생성되면 로컬에서 사용할 수도 있고, 공용 컨테이너 레지스트리로 푸시하여 CI/CD 파이프라인과 같은 시스템이 사용하게 할 수도 있다.

　공개 레지스트리에 푸시하려면 먼저 로그인해야 한다. 이번 장에서는 퀘이 (Quay)를 사용한다.

```
docker login quay.io
```

아이디와 패스워드를 물을 것이고, 정상적으로 입력하였다면 다음과 비슷한 결과가 나올 것이다.

```
Login Succeeded!
```

이제 컨테이너 이미지를 레지스트리에 푸시할 수 있다. 말했지만, 여러분 아이디와 저장소명으로 대체하여야 한다.[8]

```
docker push quay.io/gitops-cookbook/pythonapp:latest
```

화면에는 다음과 비슷하게 진행 상황이 표시될 것이다.

```
Getting image source signatures
Copying blob e6e8a2c58ac5 done
Copying blob 3ba8c926eef9 done
Copying blob 558b534f4e1b done
```

8　(옮긴이) 2장에서 퀘이 서비스에 가입하였지만 저장소를 만들지 않은 독자는 "Create New Repository" 메뉴를 선택하여 저장소부터 만들어야 한다. 저장소를 만들 때는 공개 저장소, 즉 public repository로 만들도록 하자. 비공개 저장소, 즉 private repository를 만들려면 유료 계정으로 전환하여야 한다. 본 예제의 실습을 위해서는 pythonapp이라는 공개 저장소를 만들면 충분할 것이다.

```
Copying blob 25f82e0f4ef5 done
Copying blob 7b17276847a2 done
Copying blob 352ba846236b done
Copying blob 2de82c390049 done
Copying blob 26525e00a8d8 done
Copying config 52e134d39a done
Writing manifest to image destination
Copying config 52e134d39a [----------------------------] 0.0b / 5.4KiB
Writing manifest to image destination
Storing signatures
```

저장이 완료되면 해당 퀘이 저장소의 태그 이력(tag history) 페이지는 다음과 비슷한 모습으로 바뀔 것이다.

그림 3-2 퀘이 저장소의 태그 이력

보충

도커 서비스/데몬이 실행 중인 기기에서는 어디서든 이렇게 도커를 사용하여 컨테이너 이미지를 만들 수 있다.

> 퀘이 같은 공개 레지스트리는 도커파일을 자체적으로 읽어 컨테이너 이미지를 생성하고
> 레지스트리에 저장하는 기능을 제공하기도 하므로, 해당 기능을 활용해 컨테이너 이미지
> 를 만드는 것도 한 가지 방법이다.

빌드하려면 최소한 기반 레이어(base layer)에는 접근할 수 있어야 한다. 따라서 기반 레이어들이 저장된 레지스트리에 인터넷 연결이 가능하거나, 컨테이너 캐시에 해당 레이어들이 있거나 해야 한다. 도커는 앱에 대한 모든 변경 사항이 기존 레이어 위에 커밋(commit)되는 계층적 구조를 따르므로 매번 모든

레이어를 다운로드할 필요가 없다. 레지스트리나 캐시에 없는 레이어는 이미 있는 레이어에서 만들어 낼 수 있다.

 컨테이너는 보통 일반적으로 페도라(Fedora), 센토스(CentOS), 우분투(Ubuntu), 알파인(Alphine) 같은 기본 OS 레이어 위에 만든다. 하지만 앱의 바이너리만 포함하는 초소형 이미지를 만들 때 주로 사용되는 빈 레이어인 scratch에서 만들어 나갈 수도 있다. 자세한 내용은 관련 문서[9]를 참조하자. 아울러 스택 오버플로의 관련 답변[10]도 읽어 두면 도움이 될 것이다.

이전에 생성한 컨테이너 이미지를 실행하려면 다음 명령을 사용하면 된다.

```
docker run -p 8080:8080 -ti quay.io/gitops-cookbook/pythonapp:latest
```

docker run에는 컨테이너를 시작하는 다양한 옵션이 있다. 가장 일반적인 옵션은 다음과 같다.

-p
컨테이너의 포트를 해당 컨테이너를 실행하는 호스트의 포트에 바인딩한다.

-t
컨테이너에 TTY를 붙인다.

-i
대화형 모드로 전환한다.

-d
백그라운드(background)에서 컨테이너를 실행하고, 해당 컨테이너와 비동기적으로 상호 작용하는 데 사용할 수 있는 해시를 출력한다.

앞의 명령은 도커 네트워크에서 앱을 시작하고 호스트 워크스테이션 포트 8080에 바인딩한다.

---

9 *https://oreil.ly/vj0gs*
10 *https://stackoverflow.com/a/74317201*

```
* Serving Flask app 'app' (lazy loading)
* Environment: production
  WARNING: This is a development server. Do not use it in a production deployment.
  Use a production WSGI server instead.
* Debug mode: on
* Running on all addresses.
  WARNING: This is a development server. Do not use it in a production deployment.
* Running on http://10.0.2.100:8080/ (Press CTRL+C to quit)
* Restarting with stat
* Debugger is active!
* Debugger PIN: 103-809-567
```

새 터미널에서 실행 중인 컨테이너에 접근해 보려면 다음과 같이 한다.

```
curl http://localhost:8080
```

다음과 같은 메시지가 화면에 출력되어야 한다.

```
Hello, World!
```

참고

- Docker 파일 작성 모범 사례[11]
- Docker 이미지 관리[12]

3.2 도커가 필요 없는 Jib을 사용한 컨테이너 빌드

과제

작업 컴퓨터에 도커를 비롯한 추가 소프트웨어 설치 없이 컨테이너 이미지를
만들라.

풀이

3.1절에서 설명한 대로 컨테이너 이미지를 만들려면 도커 엔진을 설치해야 한
다. 데몬으로 도커 서비스를 설치하고 실행하려면 운영 체제에 대한 관리 권한

---

11 *https://oreil.ly/2hMQD*
12 *https://oreil.ly/hUByf*

이 필요하다. 하지만 요즘은 도커를 필요로 하지 않는(dockerless) 솔루션도 사용할 수 있는데, 가장 널리 사용되는 솔루션은 Jib이다.

Jib[13]은 도커나 컨테이너 런타임 없이도 OCI 호환 컨테이너 이미지를 빌드할 수 있도록 구글에서 만든 Java용 오픈소스 프레임워크다. Jib은 Java 개발자가 메이븐(Maven) 또는 그래들(Gradle) 프로젝트에서 임포트(import) 가능한 라이브러리로 제공된다. 즉, 도커파일을 작성하거나 관리하지 않고도 앱의 컨테이너 이미지를 생성할 수 있다. 그런 복잡한 문제는 Jib이 다 알아서 처리한다.

이점은 다음과 같다.[14]

순수 Java 기반 솔루션

도커 또는 도커파일에 대한 지식이 필요하지 않다. Jib을 플러그인으로 추가하기만 하면 컨테이너 이미지가 자동으로 생성된다.

속도

클래스 간 종속성을 기준으로 애플리케이션을 여러 레이어로 나눈다. 변경된 레이어 수정은 Jib이 처리한다. 도커파일처럼 컨테이너 이미지를 다시 빌드할 필요가 없다.

재현성(reproducibility)

같은 콘텐츠는 언제나 같은 이미지를 만들기 때문에 불필요한 업데이트가 없다.

메이븐 실행이 끝나면 바로 Jib으로 컨테이너 이미지 빌드를 시작하는 가장 쉬운 방법은 명령줄에 Jib 플러그인을 추가하는 것이다.

```
mvn compile com.google.cloud.tools:jib-maven-plugin:3.2.0:build
-Dimage=<MY IMAGE>
```

또는 pom.xml에 Jib을 플러그인으로 추가하면 된다.

---

13 *https://oreil.ly/NYCtv*
14 Jib의 발표자료가 보고 싶은 독자는 "Velocity San Jose 2018" 행사 발표자료를 참고하기 바란다 (*https://oreil.ly/W4j49*).

```
<project>
  ...
  <build>
    <plugins>
      ...
      <plugin>
        <groupId>com.google.cloud.tools</groupId>
        <artifactId>jib-maven-plugin</artifactId>
        <version>3.2.0</version>
        <configuration>
          <to>
            <image>myimage</image>
          </to>
        </configuration>
      </plugin>
      ...
    </plugins>
  </build>
  ...
</project>
```

인증 또는 빌드 인자(build parameter) 등의 다른 설정도 이런 식으로 관리할 수 있다.

이제 이 책 예제 저장소[15]에서 찾을 수 있는 스프링 부트(Spring Boot) Hello World Java 애플리케이션에 Jib을 추가해 보자.[16]

다음 명령을 실행하면 도커 없이 컨테이너 이미지를 생성하고 컨테이너 레지스트리에 직접 푸시할 수 있다. 이 예제에서는 퀘이(Quay.io)를 사용하며, 컨테이너 이미지를 quay.io/gitops-cookbook/jib-example:latest에 저장할 것이므로 레지스트리에 대한 자격 증명이 필요하다.

```
mvn compile com.google.cloud.tools:jib-maven-plugin:3.2.0:build \
    -Dimage=quay.io/gitops-cookbook/jib-example:latest \
    -Djib.to.auth.username=<USERNAME> \
    -Djib.to.auth.password=<PASSWORD>
```

---

15 *https://oreil.ly/dn1LF*

16 (옮긴이) 실습 컴퓨터에 Java가 설치되어 있지 않은 사용자는 JDK를 설치해야 할 텐데, OpenJDK를 설치하자. *https://openjdk.org/install/*를 참고하면 된다. 맥 사용자는 홈브루를 사용해 brew install openjdk로 간단히 설치할 수 있다. 다만 설치 후에 brew가 자동으로 처리하지 않는 부분에 대한 안내 메시지가 나오므로 잘 확인하여 설치를 완결하기 바란다. 그 뒤에는 mvn을 설치해야 한다. *https://maven.apache.org/install.html*을 참고하여 설치하자. 맥 사용자는 마찬가지로 홈브루를 사용해 brew install mvn 명령어로 간단히 설치할 수 있다.

이 예제는 인증을 명령줄 옵션으로 처리하고 있지만, Jib은 도커 CLI로 기존 인증을 관리하거나 settings.xml 파일에서 자격 증명을 읽을 수 있다.

그러므로 앞서 `docker login quay.io` 명령을 성공적으로 실행했던 사용자라면 위 명령의 세 번째 줄과 네 번째 줄 없이도 이미지를 정상적으로 올릴 수 있을 것이다.[17] 저장소 이름을 gitops-cookbook에서 여러분의 저장소 이름으로 바꾸는 것을 잊지 말자.

빌드에는 몇 분 정도 소요되며, 그 결과로 adoptOpenJDK를 기반 이미지로 삼는 Java 전용 컨테이너 이미지가 로컬에서 빌드되어 레지스트리에 직접 푸시된다. 이 경우에는 퀘이로 푸시될 것이다.

```
[INFO] Scanning for projects...
[INFO]
[INFO] -----------------------< com.redhat:hello >------------------------
[INFO] Building hello 0.0.1-SNAPSHOT
[INFO] ----------------------------[ jar ]-------------------------------
...
[INFO] Containerizing application to quay.io/gitops-cookbook/jib-example...
[INFO] Using credentials from <to><auth> for quay.io/gitops-cookbook/jib-example
[INFO] The base image requires auth. Trying again for eclipse-temurin:11-jre...
[INFO] Using base image with digest:↵
 sha256:83d92ee225e443580cc3685ef9574582761cf975abc53850c2bc44ec47d7d9430]
[INFO]
[INFO] Container entrypoint set to [java, -cp, @/app/jib-classpath-file,↵
com.redhat.hello.HelloApplication]FO]
[INFO]
[INFO] Built and pushed image as quay.io/gitops-cookbook/jib-example
[INFO] Executing tasks:
[INFO] [=============================] 100,0% complete
[INFO]
[INFO] ------------------------------------------------------------------------
[INFO] BUILD SUCCESS
[INFO] ------------------------------------------------------------------------
[INFO] Total time:  41.366 s
[INFO] Finished at: 2022-01-25T19:04:09+01:00
[INFO] ------------------------------------------------------------------------
```

17 (옮긴이) 한 가지 유의할 것은, 31쪽 하단 코드는 jib-maven-plugin의 mvn 빌드 명령어 가운데 build를 사용하고 있다는 것이다(`jib-maven-plugin:3.2.0:build` 부분). 도커 의존성 없이 이미지를 빌드하려면 반드시 이렇게 해야 한다. Jib은 dockerBuild 같은 mvn 명령도 제공하는데, 이 명령을 사용해 이미지를 빌드하면 빌드 과정에서 도커와 상호 작용한다.

놀랍게도 docker images 명령 실행 결과에 이 이미지는 보이지 않는다.

보충

기본적으로 Jib으로 빌드한 컨테이너 이미지는 로컬 캐시에 없다. 빌드 과정에 도커 같은 컨테이너 런타임이 필요하지 않기 때문이다. 따라서 빌드한 이미지는 docker images 명령으로는 표시되지 않지만 나중에 공용 컨테이너 레지스트리에서 가져올 수 있으며, 그렇게 가져온 이미지는 로컬 캐시에 저장된다.

Jib을 통한 도커 의존성 없는 빌드 방법은 CI 시스템이 실행되는 노드에 도커를 설치할 필요가 없이 컨테이너 이미지를 만들고 레지스트리에 등록할 수 있어서 개발 속도나 자동화 측면에서 유리하다.

빌드된 이미지를 로컬에도 저장하고 싶다면 Jib으로 하여금 도커 호스트에 연결하여 이미지를 저장하도록 지시하면 된다.[18]

원격 레지스트리에 저장된 컨테이너 이미지를 시험해 보고 싶다면 다음과 같이 하면 된다.

```
docker run -p 8080:8080 -ti quay.io/gitops-cookbook/jib-example
```

```
Trying to pull quay.io/gitops-cookbook/jib-example:latest...
Getting image source signatures
Copying blob ea362f368469 done
Copying blob d5cc550bb6a0 done
Copying blob bcc17963ea24 done
Copying blob 9b46d5d971fa done
Copying blob 51f4f7c353f0 done
Copying blob 43b2cdfa19bb done
Copying blob fd142634d578 done
Copying blob 78c393914c97 done
Copying config 346462b8d3 done
Writing manifest to image destination
Storing signatures
```

---

18 (옮긴이) 앞서 간략히 설명한 대로, jib-maven-plugin의 dockerBuild 명령어를 사용해 빌드하면 Jib도 도커와 상호 작용하며, 빌드 결과물은 로컬 캐시에 바로 저장된다. 저장된 결과는 docker images로 확인해 볼 수 있다.

```
  .   ____          _            __ _ _
 /\\ / ___'_ __ _ _(_)_ __  __ _ \ \ \ \
( ( )\___ | '_ | '_| | '_ \/ _` | \ \ \ \
 \\/  ___)| |_)| | | | | || (_| |  ) ) ) )
  '  |____| .__|_| |_|_| |_\__, | / / / /
 =========|_|==============|___/=/_/_/_/
 :: Spring Boot ::                (v2.6.3)
```

```
2022-01-25 18:36:24.762 INFO 1 --- [ main] com.redhat.hello.HelloApplication↳
 : Starting HelloApplication using Java 11.0.13 on a719cf76f440 with PID 1↳
 (/app/classes started by root in /)
2022-01-25 18:36:24.765 INFO 1 --- [ main] com.redhat.hello.HelloApplication↳
 : No active profile set, falling back to default profiles: default
2022-01-25 18:36:25.700 INFO 1 --- [ main] o.s.b.w.embedded.tomcat.TomcatWebServer
 : Tomcat initialized with port(s): 8080 (http)
2022-01-25 18:36:25.713 INFO 1 --- [ main] o.apache.catalina.core.StandardService
 : Starting service [Tomcat]
2022-01-25 18:36:25.713  INFO 1 --- [ main] org.apache.catalina.core.StandardEngine
 : Starting Servlet engine: [Apache Tomcat/9.0.56]
2022-01-25 18:36:25.781 INFO 1 --- [ main] o.a.c.c.C.[Tomcat].[localhost].[/]
 : Initializing Spring embedded WebApplicationContext
2022-01-25 18:36:25.781 INFO 1 --- [ main] w.s.c.ServletWebServerApplicationContext
 : Root WebApplicationContext: initialization completed in 947 ms
2022-01-25 18:36:26.087 INFO 1 --- [ main] o.s.b.w.embedded.tomcat.TomcatWebServer
 : Tomcat started on port(s): 8080 (http) with context path ''
2022-01-25 18:36:26.096 INFO 1 --- [ main] com.redhat.hello.HelloApplication
 : Started HelloApplication in 1.778 seconds (JVM running for 2.177)
```

실행이 정상적으로 되었다면 hello 엔드포인트를 호출해 보자. 다음과 같은 결
과가 출력될 것이다.

```
curl localhost:8080/hello
```

```
{"id":1,"content":"Hello, World!"}
```

참고

- Quarkus 프로젝트에서 Jib 사용[19]

---

[19] *https://oreil.ly/sTcpJ*

3.3 빌다를 사용한 컨테이너 빌드

과제

도커를 설치하거나 관리할 수 없는 경우가 있다. 도커 없이 컨테이너 이미지를 만들 수 있도록 하는 솔루션은 로컬 개발 또는 CI/CD 시스템 등에 유용하다. 빌다(Buildah)를 이용해 도커 없이 컨테이너 이미지를 만들어 보자.

풀이

OCI 사양은 개방형 표준이기 때문에 컨테이너 엔진과 컨테이너 이미지 생성 메커니즘을 구현하는 다양한 오픈 소스 구현체를 환영한다. 점차 인기를 더해 가는 두 가지 사례로, 포드맨[20]과 빌다[21]가 있다.

 도커는 컨테이너 이미지 생성, 실행, 배포를 위해 단일 모노리스(monolith) 애플리케이션을 사용하지만, 지금 소개하는 컨테이너 관리 기능의 코드베이스는 포드맨(Podman), 빌다(Buildah), 스코피오(Skopeo) 같은 여러 프로젝트에 나뉘어져 있다. 포드맨은 이미 맥과 윈도에서 사용할 수 있지만 빌다는 현재 리눅스 또는 윈도용 WSL2와 같은 리눅스 하위 시스템(subsystem)에서만 사용할 수 있다. 여러분의 실습용 기기에 설치하려면 관련 문서[22]를 참고하기 바란다.[23]

이 두 가지 오픈 소스 프로젝트와 CLI 도구는 OCI 컨테이너와 이미지에서 작동하며 상호 보완적이지만 전문 분야는 서로 다르다. 포드맨은 컨테이너 이미지를 유지 관리하고 수정하는 명령어 및 기능(이미지 풀/푸시, 태그 지정 등)에 특화된 반면, 빌다는 이미지 빌드에 특화된 도구다. 이렇게 기능별로 프로세스를 나눈 것은 의도적인 선택이다. 하나의 프로세스가 많은 권한을 갖는 도커

---

20 *https://podman.io*
21 *https://buildah.io*
22 *https://oreil.ly/W9l1a*
23 (옮긴이) 참고로 애플 실리콘 위에 빌다를 설치하고 돌려보고 싶다면 *https://github.com/bjlee72/ devops/blob/main/mac_qemu_buildah_ko.md*의 설치 가이드를 참고하여 진행해 보기 바란다. 인텔 아키텍처 에뮬레이션 계층을 설치한 다음, 그 위에 센토스를 설치하고 빌다를 기동해 보는 절차를 설명한다.

모델이 기민성과 보안 측면에서 가진 한계를, 루트 권한이나 데몬이 필요 없고 서로 의존성도 없는 도구의 집합을 만들어 극복해 보려는 것이다.

 이 철학을 따르는 다른 도구로는 컨테이너 이미지를 이동하는 데 사용되는 스코피오[24], 애플리케이션 실행을 위한 쿠버네티스 컨테이너 런타임 인터페이스와 호환되는 컨테이너 엔진 CRI-O[25] 등이 있다.

도커파일 형식을 지원하기는 하지만, 빌다의 목표는 도커파일 없이도 컨테이너 이미지를 빌드할 수 있는 저수준(lower-level) 인터페이스를 제공하는 것이다. 빌다는 데몬이 필요 없는 솔루션으로, 도커 소켓(socket)을 마운트하지 않고도 컨테이너 안에 이미지를 생성할 수 있다. 따라서 보안과 이식성 측면에서 유리한데, CI/CD 파이프라인의 일부인 리눅스나 쿠버네티스 노드에 도커를 설치하지 않고도 이미지를 빌드할 수 있어서다.

이제 도커파일 없이 간단한 HTTPD 컨테이너 이미지를 만드는 예제를 살펴보자.

센토스(CentOS) 등의 기반 이미지에서 시작할 수 있다.

```
buildah from centos:7
```

다음과 비슷한 메시지가 출력될 것이다.

```
Getting image source signatures
Copying blob 2d473b07cdd5 done
Copying config eeb6ee3f44 done
Writing manifest to image destination
Storing signatures
centos-working-container
```

 docker images와 마찬가지로, 명령어 buildah containers를 실행하면 컨테이너 캐시에서 사용 가능 이미지 목록을 가져올 수 있다. 포드맨의 podman images 명령과도 비슷하다.

---

24 *https://oreil.ly/oJnAK*
25 *https://cri-o.io*

방금 만들어진 컨테이너 이미지 ID는 centos-working-container이며, 이를 참조하여 다른 레이어를 만들 수 있다.

httpd 패키지를 새 레이어에 설치해 보자.

```
buildah run centos-working-container yum install httpd -y
```

다음과 비슷한 결과가 나올 것이다.

```
...
Retrieving key from file:///etc/pki/rpm-gpg/RPM-GPG-KEY-CentOS-7
Importing GPG key 0xF4A80EB5:
 Userid      : "CentOS-7 Key (CentOS 7 Official Signing Key) <security@centos.org>"
 Fingerprint : 6341 ab27 53d7 8a78 a7c2 7bb1 24c6 a8a7 f4a8 0eb5
 Package     : centos-release-7-9.2009.0.el7.centos.x86_64 (@CentOS)
 From        : /etc/pki/rpm-gpg/RPM-GPG-KEY-CentOS-7
Running transaction check
Running transaction test
Transaction test succeeded
Running transaction
  Installing : apr-1.4.8-7.el7.x86_64                        1/6
  Installing : apr-util-1.5.2-6.el7_9.1.x86_64               2/6
  Installing : httpd-tools-2.4.6-99.el7.centos.1.x86_64      3/6
  Installing : centos-logos-70.0.6-3.el7.centos.noarch       4/6
  Installing : mailcap-2.1.41-2.el7.noarch                   5/6
  Installing : httpd-2.4.6-99.el7.centos.1.x86_64            6/6
  Verifying  : httpd-tools-2.4.6-99.el7.centos.1.x86_64      1/6
  Verifying  : mailcap-2.1.41-2.el7.noarch                   2/6
  Verifying  : apr-1.4.8-7.el7.x86_64                        3/6
  Verifying  : httpd-2.4.6-99.el7.centos.1.x86_64            4/6
  Verifying  : apr-util-1.5.2-6.el7_9.1.x86_64               5/6
  Verifying  : centos-logos-70.0.6-3.el7.centos.noarch       6/6

Installed:
  httpd.x86_64 0:2.4.6-99.el7.centos.1

Dependency Installed:
  apr.x86_64 0:1.4.8-7.el7                        apr-util.x86_64 0:1.5.2-6.el7_9.1
  centos-logos.noarch 0:70.0.6-3.el7.centos       httpd-tools.x86_64 0:2.4.6-99.el7.
                                                  centos.1
  mailcap.noarch 0:2.1.41-2.el7

Complete!
```

환영 메시지가 담긴 HTML 페이지를 새 레이어로 복사해 넣어보자. 소스 코드는 이 책의 GitHub 저장소[26]에서 찾을 수 있다.

```
<html>
    <head>
        <title>GitOps CookBook example</title>
    </head>
    <body>
        <h1>Hello, World!</h1>
    </body>
</html>
```

이 파일을 다음과 같이 새 레이어에 추가한다. 복사되는 위치는 /var/www/html/index.html이다.

```
buildah copy centos-working-container index.html /var/www/html/index.html
```

새 레이어가 추가될 때마다 다음과 비슷한 이미지 해시가 출력될 것이다.

```
78c6e1dcd6f819581b54094fd38a3fd8f170a2cb768101e533c964e04aacab2e
```

다음 명령을 실행하여 이미지 생성을 마무리하고, 만든 이미지에 태그를 붙여보자.

```
buildah config --entrypoint "/usr/sbin/httpd -DFOREGROUND" centos-working-container
buildah commit centos-working-container quay.io/gitops-cookbook/gitops-website
```

다음과 비슷한 결과가 나올 것이다.

```
Getting image source signatures
Copying blob 618ce6bf40a6 skipped: already exists
Copying blob eb8c13ba832f done
Copying config b825e91208 done
Writing manifest to image destination
Storing signatures
b825e91208c33371e209cc327abe4f53ee501d5679c127cd71c4d10cd03e5370
```

---

26 *https://oreil.ly/azx91*

이제 컨테이너 이미지는 컨테이너 캐시와 저장된 상태다. 실행할 수도 있고, 다른 레지스트리에 푸시할 수도 있다. 포드맨을 설치했다면 다음과 같이 실행해 보자.

```
podman run -p 8080:80 -ti quay.io/gitops-cookbook/gitops-website
```

이 상태에서 curl localhost:8080을 실행하면 방금 레이어에 추가했던 HTML 파일의 내용이 화면에 출력되어야 한다.

앞서 언급했듯 빌다는 도커파일에서 컨테이너 이미지를 생성할 수도 있다. 아래의 도커파일은 방금 빌다 명령으로 생성한 이미지와 동일한 이미지를 만들어 낸다.

```
FROM centos:7
RUN yum -y install httpd
COPY index.html /var/www/html/index.html
EXPOSE 80
CMD ["/usr/sbin/httpd", "-DFOREGROUND"]
```

다음 명령을 실행하면 이미지가 생성되고 태그가 부여된 뒤에 캐시에 저장될 것이다.

```
buildah bud -f Dockerfile -t quay.io/gitops-cookbook/gitops-website
```

화면에는 다음과 유사한 메시지가 출력된다. bud는 build-using-dockerfile의 줄임말이다.

```
STEP 1: FROM centos:7
Getting image source signatures
Copying blob 926a85fb4806 done
Copying config 2f3766df23 done
Writing manifest to image destination
Storing signatures
STEP 2: RUN yum -y install httpd
...
Complete!
STEP 3: COPY index.html /var/www/html/index.html
STEP 4: EXPOSE 80
STEP 5: CMD ["/usr/sbin/httpd", "-DFOREGROUND"]
```

```
STEP 6: COMMIT quay.io/gitops-cookbook/gitops-website
Getting image source signatures
Copying blob 618ce6bf40a6 skipped: already exists
Copying blob 1be523a47735 done
Copying config 3128caf147 done
Writing manifest to image destination
Storing signatures
--> 3128caf1475
3128caf147547e43b84c13c241585d23a32601f2c2db80b966185b03cb6a8025
```

보충

빌다를 사용하면 컨테이너 이미지를 처음부터 새로 만들 수도 있고, 도커파일에서 생성할 수도 있다. 도커 없이도 이미지를 만들 수 있으며, 모든 것을 보안을 염두에 두고 설계하였으므로 루트 권한이나 데몬 설치가 필요 없고 이미지 레이어의 세밀한 조정도 가능하다.

빌다는 이미지를 밑바닥부터 새로 만드는 기능을 지원하므로, 도커파일의 FROM scratch 문 실행 결과와 비슷한 빈 레이어를 만든다. 이 기능은 그림 3-3과 같이 애플리케이션을 실행하는데 필요한 패키지만 포함하는 매우 가벼운 이미지를 만드는 데 유용하다.

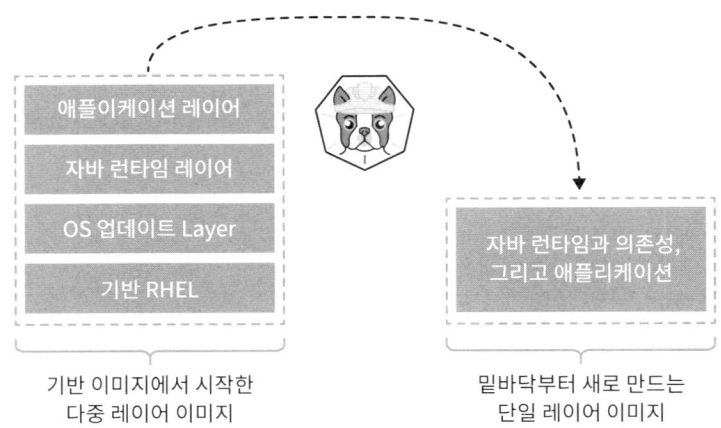

그림 3-3 빌다 이미지 축소

"스크래치 빌드(scratch build)를 효과적으로 활용하는 방법 중 하나는 개발용 이미지, 스테이징(staging) 환경용 이미지, 그리고 프로덕션용 이미지를 각각

별도로 고려하여 만드는 것이다. 개발용 이미지에는 컴파일러나 여타 도구들을 포함시켜 생산성으로 높이는 게 좋지만, 프로덕션용 이미지에는 애플리케이션 패키지나 런타임만 두는 게 좋다.

참고

- 컨테이너 내에서 빌다 실행하기[27]

3.4 빌드팩을 통한 컨테이너 빌드

과제

도커파일을 사용하여 컨테이너를 만드는 방식은 대규모의 상업적 개발 환경에는 적용하기 까다로울 수 있다. 도커파일 없이도 애플리케이션 소스 코드를 검사하여 컨테이너 이미지를 생성할 수 있는 도구가 필요하다.

풀이

클라우드 네이티브 빌드팩[28]은 앱 소스 코드를 검사하여 애플리케이션 빌드 및 실행 계획을 생성하는 실행 파일들을 제공하는 오픈 소스 프로젝트다.

빌드팩은 도커파일 없이도 앱 소스 코드에서 OCI 호환 컨테이너 이미지를 생성할 수 있다(그림 3-4).

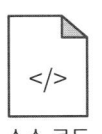  

소스 코드   도커파일 불필요   OCI 이미지

그림 3-4 빌드팩 빌드

---

27 *https://oreil.ly/GUfss*
28 *https://oreil.ly/psc6h*

이 메커니즘은 두 단계로 구성된다.

탐지

빌드팩은 소스 코드를 탐색하여 어떤 프로그래밍 언어 또는 프레임워크가 사용되는지 파악하고(가령 POM, NPM 파일, Python requirements 등) 해당 소스 코드 빌드에 가장 적합한 빌드팩을 선정한다.

빌드

일단 빌드팩이 결정되면 소스는 컴파일되고, 빌드팩은 적절한 진입점과 시작 스크립트가 포함된 컨테이너 이미지를 만든다.

빌드팩을 사용하려면 운영 체제(맥, 윈도, 리눅스)에 맞는 팩[29] CLI를 다운로드하고 도커도 설치해야 한다.[30]

 맥 OS에서는 다음과 같이 홈브루를 통해 pack을 설치할 수 있다.

```
brew install buildpacks/tap/pack
```

---

29 *https://oreil.ly/K0gGM*

30 (옮긴이) 빌드팩을 사용할 때 반드시 도커가 필요한 것은 아니다. 랜처 데스크톱(Rancher desktop)이나 포드맨 데스크톱(Podman desktop)은 도커 데스크톱과 거의 동일한 작업 환경을 제공하며 도커 콘테이너 엔진을 포함한다. 둘 다 애플 실리콘 위에서도 구동될 수 있도록 구성되어 있다. 게다가 도커와 거의 동일한 명령어 집합과 통신 체계를 지원하기 때문에, 도커 데스크톱을 끄고 랜처나 포드맨 데스크톱을 돌린 다음 빌드팩을 구동하면 거의 차이를 느낄 수 없다. 빌드된 이미지는 랜처 데스크톱의 경우에는 docker images, 포드맨 데스크톱의 경우에는 podman images 명령으로 확인할 수 있다. 랜처 데스크톱을 설치하고 빌드팩을 돌려보고 싶은 독자는 *https://github.com/rancher-sandbox/rancher-desktop/releases*를 참고하여 랜처 데스크톱을 설치하고 계속 읽어 나가면 된다. 포드맨 데스크톱을 설치하고 빌드팩을 돌려보고 싶은 독자는 설치 과정이 다소 복잡한 관계로 *https://github.com/bjlee72/devops/blob/main/cloud_native_buildpacks_with_podman_ko.md*를 참고하기 바란다. 일단 설치가 된 후에는 빌드팩 실행에는 차이가 없다. 다만 한 가지 유의할 것은 랜처 데스크톱의 경우 도커 CLI까지 함께 배포한다는 것이다. 맥 사용자의 경우 이 바이너리는 ~/.rd/bin 디렉터리에 보관된다.
콜리마(Colima)라는 컨테이너 런타임을 도커 엔진 대용으로 사용하는 방법도 있다. 콜리마는 맥에서는 brew install colima로 간단히 설치가 가능하며, 설치 후에는 colima start 명령으로 띄울 수 있다. 일단 띄워 놓으면 이 책 나머지 부분의 빌드팩 예제는 무리 없이 실행 가능하다. *https://github.com/abiosoft/colima*를 참고하기 바란다.
역자의 사용 경험으로는 컨테이너 엔진만 필요한 경우에는 콜리마를, 좀 더 광범위한 기능이 필요한 경우에는 랜처 데스크톱을 추천한다.

이제 샘플 Node.js 앱에서 빌드팩을 사용하여 컨테이너 이미지를 만들어 보자.
앱 소스 코드는 이 책의 예제 저장소[31]에서 찾을 수 있다. 다음 명령을 입력하
여 해당 위치로 이동하자.

```
cd chapters/ch03/nodejs-app
```

앱 디렉터리 구조에는 이 빌드에 필요한 Node.js 패키지를 나열하는 매니페스
트인 package.json 파일이 포함되어 있어 어떤 빌드팩을 사용할지 파악하는
데 도움이 된다.

다음 명령으로 확인할 수 있다.

```
pack builder suggest
```

다음과 비슷한 결과가 나올 것이다.

```
Suggested builders:
    Google:                gcr.io/buildpacks/builder:v1
        Ubuntu 18 base image with buildpacks for .NET, Go, Java, Node.js,
        and Python
    Heroku:                heroku/builder:20
        Heroku-20 (Ubuntu 20.04) base image with buildpacks for Go, Java,
        Node.js, PHP, Python, Ruby & Scala.
    Heroku:                heroku/builder:22
        Heroku-22 (Ubuntu 22.04) base image with buildpacks for Go, Java,
        Node.js, PHP, Python, Ruby & Scala.
    Paketo Buildpacks:     paketobuildpacks/builder-jammy-base
        Ubuntu 22.04 Jammy Jellyfish base image with buildpacks for Java,
        Go, .NET Core, Node.js, Python, Apache HTTPD, NGINX and Procfile
    Paketo Buildpacks:     paketobuildpacks/builder-jammy-buildpackless-static
        Static base image (Ubuntu Jammy Jellyfish build image, distroless-like
        run image) with no buildpacks included. To use, specify buildpacks
        at build time.
    Paketo Buildpacks:     paketobuildpacks/builder-jammy-full
        Ubuntu 22.04 Jammy Jellyfish full image with buildpacks for Apache HTTPD,
        Go, Java, Java Native Image, .NET, NGINX, Node.js, PHP, Procfile, Python,
        and Ruby
    Paketo Buildpacks:     paketobuildpacks/builder-jammy-tiny
        Tiny base image (Ubuntu Jammy Jellyfish build image, distroless-like
        run image) with buildpacks for Java, Java Native Image and Go
```

31 *https://oreil.ly/eViRN*

이제 제안된 빌드팩 중 하나를 선택할 수 있다. Node.js 런타임이 포함된 pake-to buildpacks/builder-jammy-base를 사용해 보겠다.

```
pack build nodejs-app --builder paketobuildpacks/builder-jammy-base
```

 이 빌드팩에서 사용 가능한 라이브러리와 프레임워크의 정확한 내용을 확인하려면 pack builder inspect paketobuildpacks/builder-jammy-base를 실행하자.

이에 따라 빌드 프로세스가 시작되고 잠시 후 완료되면 다음과 유사한 메시지가 화면에 출력되어 있을 것이다.

```
...
===> BUILDING

Paketo Buildpack for CA Certificates 3.6.6
  https://github.com/paketo-buildpacks/ca-certificates
  Launch Helper: Contributing to layer
    Creating /layers/paketo-buildpacks_ca-certificates/helper/exec.d/
    ca-certificates-helper
Paketo Buildpack for Node Engine 3.0.1
  Resolving Node Engine version
    Candidate version sources (in priority order):
              -> ""
      <unknown> -> ""

    Selected Node Engine version (using): 20.9.0

...

Paketo Buildpack for NPM Install 1.3.1
  Resolving installation process
    Process inputs:
      node_modules      -> "Not found"
      npm-cache         -> "Not found"
      package-lock.json -> "Found"

    Selected NPM build process: 'npm ci'

  Executing launch environment install process
    Running 'npm ci --unsafe-perm --cache /layers/paketo-buildpacks_npm-
    install/npm-cache'
```

```
      up to date, audited 1 package in 1s

      found 0 vulnerabilities
      Completed in 2.599s

  Cnfiguring launch environment
    NODE_PROJECT_PATH   -> "/workspace"
    NPM_CONFIG_LOGLEVEL -> "error"
    PATH                -> "$PATH:/layers/paketo-buildpacks_npm-install/
                           launch-modules/node_modules/.bin"

  Generating SBOM for /layers/paketo-buildpacks_npm-install/launch-modules
      Completed in 27ms

Paketo Buildpack for Node Start 1.1.3
  Assigning launch processes:
    web (default): node server.js

===> EXPORTING
Adding layer 'paketo-buildpacks/ca-certificates:helper'
Adding layer 'paketo-buildpacks/node-engine:node'
...
Adding label 'io.buildpacks.build.metadata'
Adding label 'io.buildpacks.project.metadata'
Setting default process type 'web'
Saving nodejs-app...
*** Images (e325aac437d9):
    nodejs-app
Adding cache layer 'paketo-buildpacks/node-engine:node'
Adding cache layer 'paketo-buildpacks/npm-install:npm-cache'
Adding cache layer 'buildpacksio/lifecycle:cache.sbom'
Successfully built image nodejs-app
```

이제 Docker로 실행해보자.

```
docker run --rm -p 3000:3000 nodejs-app
```

다음과 비슷한 메시지가 화면에 출력될 것이다.

```
Server running at http://0.0.0.0:3000/
```

정상 실행되고 있는지 확인해 보자.

```
curl http://localhost:3000/
```

다음과 비슷한 결과가 표시되어야 한다.

Hello Buildpacks!

보충

클라우드 네이티브 빌드팩은 2018년 1월에 피보탈(Pivotal)과 헤로쿠(Heroku)가 시작한 프로젝트로, 2018년 10월에 클라우드 네이티브 컴퓨팅 재단(CNCF)의 공식 프로젝트가 되었으며, 도커와 쿠버네티스를 모두 지원한다. 쿠버네티스에서는 쿠버네티스 네이티브 CI/CD 시스템인 텍톤(Tekton)[32]과 함께 사용할 수 있다. 빌드팩을 텍톤 태스크(Task)로 실행하여 컨테이너 이미지를 생성할 수 있는 것이다. 최근에는 보손(Boson) 프로젝트[33]를 채택하여 Knative 기반 함수(function) 빌드 기능도 제공하기 시작했다. 쿠버네티스에서 FaaS(Function-as-a-Service)를 제공하려는 시도의 일환이다.

참고

- Tekton 파이프라인과 함께 빌드팩 사용[34]
- FaaS KnativeBoson 프로젝트의 빌드팩[35]

3.5 십라이트와 카니코를 사용한 쿠버네티스 기반 컨테이너 빌드

과제

컨테이너 이미지를 생성해야 하는데, 이 작업을 쿠버네티스로 실행해 보자.

풀이

쿠버네티스는 앱을 배포하고 관리하기 위한 컨테이너 오케스트레이션 플랫폼

---

32 *https://tekton.dev*
33 *https://oreil.ly/F0OTs*
34 *https://oreil.ly/wFIHd*
35 *https://oreil.ly/p1U6n*

으로 잘 알려져 있다. 하지만 하지만 컨테이너 이미지를 빌드하는 기능은 제공하지 않는다. 실제로 쿠버네티스 문서[36]를 보면 "(쿠버네티스는) 소스 코드를 배포하지 않으며 애플리케이션을 빌드하지 않는다. 지속적 통합 및 배포(CI/CD) 워크플로는 조직 문화와 선호도, 기술 요구 사항에 따라 결정된다."

앞서 언급했듯, 한 가지 널리 사용되는 방안은 텍톤과 같은 CI/CD 시스템을 사용하는 것이다(6장). 또 다른 방안은 앞 절에서 설명한 것과 비슷한, 많은 도구를 제공하는 빌드 관리 프레임워크를 사용하는 것이다. 그중 하나가 십라이트(Shipwrite)다.

십라이트[37]는 쿠버네티스에서 컨테이너 이미지를 빌드하는 확장 가능 프레임워크다. 빌다, 클라우드 네이티브 빌드팩, 카니코(kaniko) 같은 유명 도구를 지원한다. 이 프레임워크는 쿠버네티스 스타일 API를 사용하며, 텍톤 위에서 작업을 실행한다.

개발자 입장에서는 컨테이너 또는 컨테이너 엔진에 대한 사전 지식 없이도 YAML 파일만 정의하면 컨테이너 이미지를 빌드할 수 있는 간단한 접근법이라는 이점이 있다. 그래서 특정 솔루션에 종속되지 않으며, 쿠버네티스 API 에코시스템과 아주 잘 어울린다.

우선 설명서[38]나 OperatorHub.io[39]를 참조하여 카인드(kind)나 미니큐브(2장) 같은 쿠버네티스 클러스터에 십라이트를 설치해 보자.

 오퍼레이터와 오퍼레이터 생명 주기 관리자(Operator Life-cycle Manager, OLM)를 사용하면 쿠버네티스에 설치되는 소프트웨어의 설치, 제거, 의존성 관리, 생명 주기 관리 등을 일관되게 수행할 수 있다. 예를 들어, 오퍼레이터를 통해 십라이트를 설치하면 텍톤 오퍼레이터에 대한 종속성은 십라이트 설치 전에 자동적으로 해소된다. 이 접근법에 대한 자세한 내용은 OLM 설명서[40]를 참조하자.

설명서에 나와 있는 표준 절차를 따라해 보도록 하겠다. 먼저 텍톤 종속성 가

36 *h:tps://oreil.ly/qgpKi*
37 *h:tps://shipwright.io*
38 *h:tps://oreil.ly/FWvXv*
39 *h:tps://oreil.ly/6Ds5R*
40 *h:tps://oreil.ly/V3k2p*

운데 파이프라인(pipeline)을 설치한다.[41]

```
kubectl apply -f \
    https://storage.googleapis.com/tekton-releases/pipeline/previous/
    v0.56.0/release.yaml
```

그런 다음 십라이트를 설치한다.

```
kubectl apply -f \
    https://github.com/shipwright-io/build/releases/download/v0.11.0/
    release.yaml
```

마지막으로 십라이트 빌드 전략을 설치한다.

```
kubectl apply -f \
    https://github.com/shipwright-io/build/releases/download/v0.11.0/
    sample-strategies.yaml
```

십라이트를 설치한 후에는 다음 도구 중 하나로 컨테이너 이미지 생성을 시작해 볼 수 있다.

- 카니코(Kaniko)
- 클라우드 네이티브 빌드팩
- 빌드킷(BuildKit)
- 빌다

이 가운데 카니코에 대해 알아보자.

카니코[42]는 컨테이너 또는 쿠버네티스 클러스터 내부의 도커파일에서 컨테이너 이미지를 빌드하는, 도커가 필요 없는 솔루션이다. 십라이트는 확장 용이 빌드 시스템 추상 계층 역할을 하는 API를 쿠버네티스에 추가한다. 이 계층 덕에 카니코 같은 도구를 통해 컨테이너 이미지를 만들 수 있게 된다.

---

41 (옮긴이) 원래는 텍톤 0.30.0 버전을 설치하도록 되어 있으나 번역할 시점의 파이프라인 버전이 0.56.0이었으므로 해당 버전을 기준으로 설치하고 시험해 보도록 하겠다. 십라이트 버전도 0.11.0 을 사용하도록 하겠다.

42 *https://oreil.ly/ncdWg*

클러스터 리소스 정의(Cluster Resource Definition, CRD)를 통해 제공되는 십라이트 API들을 살펴보자.[43]

ClusterBuildStrategy

실행할 빌드 유형이다.

Build

빌드를 나타낸다. 하나의 ClusterBuildStrategy 객체가 포함된다.

BuildRun

실행 중인 빌드를 나타낸다. 이 객체가 생성되면 빌드가 시작된다.

다음 명령을 실행하여 사용 가능한 모든 ClusterBuildStrategy 객체 목록을 확인해 보자.

```
kubectl get cbs
```

다음과 같은 목록이 출력될 것이다.

```
NAME                       AGE
Buildah                    19m
Buildkit                   19m
buildpacks-v3              19m
buildpacks-v3-heroku       19m
kaniko                     19m
kaniko-trivy               19m
ko                         19m
source-to-image            19m
source-to-image-redhat     19m
```

 여기 나열된 CRD는 클러스터 전체에 적용되며 모든 네임스페이스에서 사용할 수 있다. 항목이 표시되지 않으면 앞서 설명한 대로 십라이트 빌드 전략을 설치하였는지 확인하자.

---

43 (옮긴이) 쿠버네티스 클러스터에 생성되는 모든 자원(Resource)은 특정 스키마를 따른다. 이 스키마는 쿠버네티스 시스템에 어떤 자원이 어떤 상태를 갖도록 구성하라는 지시를 선언적으로 전달하는 용도로 사용된다. 즉 쿠버네티스 자원을 프로그래밍할 수 있도록 하는 인터페이스이므로 API라고 보는 것이 합당하다.
API 스펙(specification)은 자원 유형별로 다른데, 이 스펙을 쿠버네티스에서는 클러스터 리소스 정의, 즉 CRD라 부른다. 본문에 나열한 이름들은 십라이트의 CRD들이다.

십라이트는 쿠버네티스 노드의 컨테이너 캐시에 컨테이너 이미지를 생성한다. 컨테이너 레지스트리로 푸시할 수도 있다.

쿠버네티스가 이미지를 레지스트리에 푸시하게 하려면 레지스트리에 대한 자격 증명을 쿠버네티스 시크릿 형식으로 만들어 제공해야 한다. 예를 들어, 퀘이(Quay)를 사용하는 경우 다음과 같은 시크릿을 만들어 쿠버네티스에 저장한다.

```
REGISTRY_SERVER=quay.io
REGISTRY_USER=<퀘이 사용자명>
REGISTRY_PASSWORD=<퀘이 패스워드>
EMAIL=<퀘이에 등록한 이메일 주소>
kubectl create secret docker-registry push-secret \
        --docker-server=$REGISTRY_SERVER \
        --docker-username=$REGISTRY_USER \
        --docker-password=$REGISTRY_PASSWORD  \
        --docker-email=$EMAIL
```

> 퀘이를 사용하면 계정 비밀번호 대신 암호화된 비밀번호를 사용할 수 있다. 자세한 내용은 설명서를 참조하기 바란다.

이제 카니코가 Node.js 샘플 앱을 컨테이너화할 때 사용할, Build 객체를 담은 build-kaniko.yaml 파일을 만들어 보자. 소스 코드는 이 책의 GitHub 저장소[44]에 있다.

```
apiVersion: shipwright.io/v1alpha1
kind: Build
metadata:
  name: buildpack-nodejs-build
spec:
  source:
    url: https://github.com/shipwright-io/sample-nodejs ❶
    contextDir: docker-build                            ❷
  strategy:
    name: kaniko ❸
    kind: ClusterBuildStrategy
  output:
    image: quay.io/gitops-cookbook/sample-nodejs:latest ❹
```

---

44 *https://oreil.ly/S84zu*

```
  credentials:
    name: push-secret ❺
```

❶ 소스 코드를 가져올 저장소다.

❷ 소스 코드가 있는 디렉터리다.

❸ 빌드에 사용할 ClusterBuildStrategy 이름이다.

❹ 결과 이미지를 저장할 장소다. 여러분의 레지스트리로 변경하자.

❺ 컨테이너 레지스트리에 인증하고 이미지를 푸시하는 데 사용할 쿠버네티스 시크릿 이름
   이다.

이제 Build 객체를 클러스터에 만들어 보자.

```
kubectl create -f build-kaniko.yaml
```

다음과 비슷한 결과가 나올 것이다.

```
build.shipwright.io/kaniko-nodejs-build created
```

사용 가능한 빌드를 나열해 보자.

```
kubectl get builds
```

다음과 유사한 메시지가 출력될 것이다.

```
NAME                  REGISTERED  REASON     BUILDSTRATEGYKIND    BUILDSTRATEGYNAME  CREATIONTIME
kaniko-nodejs-build   True        Succeeded  ClusterBuildStrategy kaniko             6s
```

이 시점에서 Build는 등록되었지만 아직 시작되지 않았다. 시작하기 위해 다음
객체를 생성해 보도록 하자.

```
apiVersion: shipwright.io/v1alpha1
kind: BuildRun
metadata:
    generateName: kaniko-nodejs-buildrun-
spec:
    buildRef:
      name: kaniko-nodejs-build
```

다음 명령으로 Build를 실행한다.

```
kubectl create -f buildrun.yaml
```

실행 중인 포드(pod) 목록을 확인하려면 다음 명령을 입력한다.

```
kubectl get pods
```

그러면 다음과 같이 생성 중인 포드 목록이 출력된다.

```
NAME                                        READY  STATUS          RESTARTS  AGE
kaniko-nodejs-buildrun-b9mmb-qbrgl-pod-dk7xt  0/3    PodInitializing  0         19s
```

STATUS가 Running으로 변경되면 빌드가 시작된 것이다. 포드는 여러 단계로 나누어 빌드를 수행하는데, 각 단계의 실행 결과는 로그를 통해 상세히 파악할 수 있다. 아래는 빌드의 각 단계 이름이다.[45]

step-source-default
첫 번째 단계, 소스 코드를 가져오는 데 사용된다.

step-build-and-push
소스 코드 또는 이 경우와 같이 도커파일에서 빌드를 실행하는 단계(예: kaniko)

step-results
빌드 결과

구축 단계의 로그는 다음 명령으로 확인할 수 있다.

```
kubectl logs -f kaniko-nodejs-buildrun-b9mmb-qbrgl-pod-dk7xt -c step-build-and-push
```

해당 로그가 다음과 같이 출력되어야 한다.

---

45 (옮긴이) 빌드의 각 단계는 포드 안에서 컨테이너로 수행된다. 따라서 아래의 이름들은 컨테이너의 이름이기도 하다. 곧 보겠지만, 빌드 로그를 확인할 때 사용하는 -f 인자는 쿠버네티스 포드의 이름이며, -c 인자는 컨테이너의 이름이다.

```
INFO[0002] Retrieving image manifest ghcr.io/shipwright-io/shipwright-samples/
        node:12
INFO[0002] Retrieving image ghcr.io/shipwright-io/shipwright-samples/node:12
        from registry ghcr.io
INFO[0004] Built cross stage deps: map[]
INFO[0004] Retrieving image manifest ghcr.io/shipwright-io/shipwright-samples/
        node:12
INFO[0004] Returning cached image manifest
INFO[0004] Executing 0 build triggers
INFO[0004] Building stage 'ghcr.io/shipwright-io/shipwright-samples/node:12'
        [idx: '0', base-idx: '-1']
INFO[0004] Unpacking rootfs as cmd COPY . /app requires it.
INFO[0032] COPY . /app
INFO[0032] Taking snapshot of files...
INFO[0032] WORKDIR /app
INFO[0032] Cmd: workdir
INFO[0032] Changed working directory to /app
INFO[0032] No files changed in this command, skipping snapshotting.
INFO[0032] RUN     pwd &&    ls -l &&    npm install &&    npm run
        print-http-server-version
INFO[0032] Initializing snapshotter ...
INFO[0032] Taking snapshot of full filesystem...
INFO[0037] Cmd: /bin/sh
INFO[0037] Args: [-c pwd &&    ls -l &&    npm install &&    npm run
        print-http-server-version]
INFO[0037] Running: [/bin/sh -c pwd &&    ls -l &&    npm install &&
        npm run print-http-server-version]
/app
total 44
-rw-r--r-- 1 node node   261 Jan 27 00:54 Dockerfile
-rw-r--r-- 1 node node 30000 Jan 27 00:54 package-lock.json
-rw-r--r-- 1 node node   267 Jan 27 00:54 package.json
drwxr-xr-x 2 node node  4096 Jan 27 00:54 public
npm WARN npm-simple-renamed@0.0.1 No repository field.
npm WARN npm-simple-renamed@0.0.1 No license field.

added 90 packages from 40 contributors and audited 90 packages in 2.588s

10 packages are looking for funding
  run `npm fund` for details

found 3 vulnerabilities (1 moderate, 1 high, 1 critical)
  run `npm audit fix` to fix them, or `npm audit` for details

> npm-simple-renamed@0.0.1 print-http-server-version /app
> serve -v
```

```
UPDATE AVAILABLE The latest version of `serve` is 14.2.1
13.0.2
INFO[0041] Taking snapshot of full filesystem...
INFO[0042] EXPOSE 8080
INFO[0042] Cmd: EXPOSE
INFO[0042] Adding exposed port: 8080/tcp
INFO[0042] CMD ["npm", "start"]
INFO[0056] Pushing image to quay.io/gitops-cookbook/sample-nodejs:latest
INFO[0446] Pushed quay.io/gitops-cookbook/sample-nodejs@sha256:c3fb6b218e2
              60300481ec88e9049513a1141b6b7e1cfd5aab279a7139ea78b19
```

이미지가 빌드되어 레지스트리에 푸시되며, 다음의 명령으로도 결과를 확인할
수 있다.

```
kubectl get buildruns
```

퀘이 레지스트리에는 다음과 같이 표시된다.

그림 3-5 퀘이로 푸시된 이미지

보충

십라이트를 이용하면 쿠버네티스 클러스터를 이용해 컨테이너 이미지를 편리
하게 생성할 수 있다. 특정 기술에 종속되지 않으므로 견고하고 상호 운용성이
뛰어나다. 십라이트 프로젝트는 쿠버네티스의 빌드 API가 되는 것, 즉 쿠버네
티스를 통한 좀 더 쉬운 자동화 방안을 개발자에게 제공하는 것을 목표로 시작

되었다. 실제 빌드 작업 수행은 텍톤이 수행하므로, 쿠버네티스 위에서 좀 더 큰 규모의 파이프라인을 운용하고 싶을 때 좋다.

참고로, 카니코 대신 빌다를 사용하려면 Build API를 이용할 때 Cluster BuildStrategy에 다른 값을 지정하기만 하면 된다.

```
apiVersion: shipwright.io/v1alpha1
kind: Build
metadata:
  name: buildpack-nodejs-build
spec:
  source:
    url: https://github.com/shipwright-io/sample-nodejs
    contextDir: source-build ❶
  strategy:
    name: buildah ❷
    kind: ClusterBuildStrategy
  output:
    image: quay.io/gitops-cookbook/sample-nodejs:latest
    credentials:
      name: push-secret
```

❶ 3.3절에서 설명했듯이 빌다는 소스 코드에서 바로 컨테이너 이미지를 생성할 수 있다. 도커파일은 필요 없다.

❷ 빌다를 ClusterBuildStrategy로 선택한다.

3.6 맺으며

컨테이너는 애플리케이션 패키징을 위한 사실상의 표준이며, 컨테이너 이미지 생성을 위한 도구는 이미 많이 공개되어 있다. 개발자는 도커를 비롯 다양한 도구와 프레임워크를 활용해 이미지를 만든 다음 임의의 CI/CD 시스템을 통해 쿠버네티스에 배포할 수 있다.

쿠버네티스 자체는 컨테이너 이미지 빌드를 지원하지 않지만, 쿠버네티스 API와 상호작용하여 이미지 빌드를 지원하는 도구들이 역시 공개되어 있다. 이런 도구는 개발 속도와 일관성을 전반적으로 개선하여 복잡한 부분은 플랫폼이 알아서 처리할 수 있도록 한다.

다음 장에서는 커스터마이즈(Kustomize)나 헬름(Helm) 같은 도구를 사용하여 쿠버네티스에서 실행되는 컨테이너의 배포를 제어하는 방법을 살펴보고, CI/CD 및 GitOps를 통해 규모 확장성이 요구되는 애플리케이션을 위한 자동화 구축 방안을 논의해 보도록 하겠다.

4장

커스터마이즈

쿠버네티스 클러스터에 배포한다는 것은 결국 YAML 파일들을 클러스터에 적용하고 결과를 확인하는 단순한 작업이다.

어려운 부분은 이 YAML 파일의 첫 버전을 개발하는 것이다. 그 이후에는 보통 컨테이너 이미지 태그 버전을 바꾸거나, 사본(replica) 수 또는 설정 값(configuration value) 변경 등의 작은 업데이트만 발생한다. 이런 변경 사항을 YAML에 적용하는 한 가지 방법은 파일을 직접 변경하는 것이지만, 그러다 실수하면(엉뚱한 줄을 수정하거나, 실수로 무언가 삭제하거나, 잘못된 공백 문자를 넣는 등) 치명적인 결과를 낳을 수 있다.

그래서 일부 도구는 자주 변경되지 않는 기본 쿠버네티스 매니페스트를 하나 두고, 자주 변경되는 파라미터를 설정하기 위한 파일만 환경별로 하나씩 정의할 수 있게 해준다. 이러한 도구 중 하나가 커스터마이즈(Kustomize)다.

이 장에서는 커스터마이즈를 사용해 DSL이나 템플릿 없이 쿠버네티스 리소스 파일을 관리하는 방법을 배운다.

우선 커스터마이즈 프로젝트를 생성하고 쿠버네티스 클러스터에 배포하는 방법을 배운다(4.1절).

첫 번째 배포 후 컨테이너 이미지, 설정 값, 사본 번호 등이 변경될 때마다 애플리케이션이 자동으로 갱신되는 과정도 살펴본다(4.2절 및 4.3절).

여러 개의 실행 환경(예: 스테이징, 프로덕션 등)이 있는 경우 그 환경들은

비슷하게 관리되어야 하지만 환경별로 특수한 설정도 따로 관리할 수 있어야
한다. 그 방법도 살펴본다(4.4절).

애플리케이션 설정 값은 일반적으로 쿠버네티스의 ConfigMap에 대응되는 속
성이다. ConfigMap의 변경은 (그 결과로 발생하는 클러스터의 업데이트를 포함
하여) 애플리케이션의 롤링 업데이트로 이어지지 않는다. 따라서 수동으로 다
시 시작하지 않으면 애플리케이션은 이전 버전으로 실행된다.

커스터마이즈는 애플리케이션의 ConfigMap이 변경되면 자동으로 롤링 업데
이트를 시작할 수 있도록 하는 몇 가지 함수를 제공하는데, 그에 관해서도 살
펴본다(4.5절).

4.1 커스터마이즈를 사용한 쿠버네티스 리소스 배포

과제

여러 개의 쿠버네티스 리소스를 한 번에 배포해 보자.

풀이

커스터마이즈[1]를 사용하여 배포할 리소스를 구성한다.

애플리케이션을 쿠버네티스 클러스터에 배포하는 것은 쿠버네티스 Deploy
ment 객체가 포함된 YAML/JSON 파일 하나를 클러스터에 적용하는 것만큼 단
순한 작업이 아니다. 보통 Service, Ingress, ConfigMaps 등의 객체가 함께 정의
되어야 한다. 여러 리소스를 관리하다 보면 잘못된 리소스를 수정하는 등의 실
수를 저지를 가능성이 높아지므로 리소스를 관리하고 수정하는 작업의 난이도
가 높아지며, kubectl을 여러 번 실행해야 할 수 있으므로 클러스터에 적용하
는 절차도 복잡해진다.

커스터마이즈(Kustomize)는 템플릿 없이도 쿠버네티스 리소스를 관리, 커스
터마이즈(customize), 적용할 수 있도록 kubectl에 통합된 CLI 도구다.

커스터마이즈를 사용하려면 그림 4-1처럼 표준 쿠버네티스 리소스 파일을

---

1   *https://kustomize.io*

담은 기본 디렉터리를 만들고 리소스와 커스터마이즈 세부사항을 담는 kus-tomization.yaml 파일을 만들어야 한다.

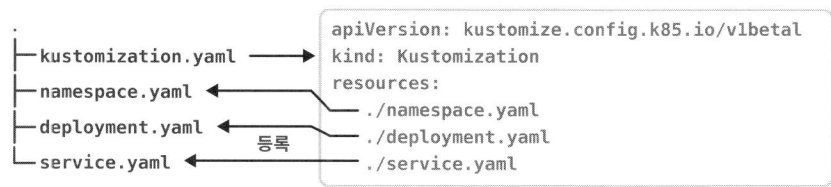

그림 4-1 커스터마이즈 폴더 레이아웃

이제 커스터마이즈를 사용해 HTML, JavaScript, CSS 파일이 포함된 간단한 웹 페이지를 배포해 보도록 하자.

　먼저 터미널 창을 열고 pacman 디렉터리를 생성한 다음 세 개의 쿠버네티스 리소스 파일을 생성하여 아래와 같은 내용으로 Namespace, Deployment, Service 객체를 만든다.

　Namespace는 pacman/namespace.yaml에 정의한다.

```
apiVersion: v1
kind: Namespace
metadata:
  name: pacman
```

Deployment는 pacman/deployment.yaml에 만든다.

```
apiVersion: apps/v1
kind: Deployment
metadata:
  name: pacman-kikd
  namespace: pacman
  labels:
    app.kubernetes.io/name: pacman-kikd
spec:
  replicas: 1
  selector:
    matchLabels:
      app.kubernetes.io/name: pacman-kikd
  template:
    metadata:
```

```
        labels:
          app.kubernetes.io/name: pacman-kikd
      spec:
        containers:
          - image: lordofthejars/pacman-kikd:1.0.0
            imagePullPolicy: Always
            name: pacman-kikd
            ports:
              - containerPort: 8080
                name: http
                protocol: TCP
```

Service는 pacman/service.yaml에 만든다.

```
apiVersion: v1
kind: Service
metadata:
  labels:
    app.kubernetes.io/name: pacman-kikd
  name: pacman-kikd
  namespace: pacman
spec:
  ports:
    - name: http
      port: 8080
      targetPort: 8080
  selector:
    app.kubernetes.io/name: pacman-kikd
```

특수 문자나 템플릿 변수 등이 없는, 쿠버네티스 클러스터에 바로 적용 가능한 파일들임에 유의하자.

그 다음으로는 커스터마이즈를 실행할 때 클러스터에 적용될 리소스 목록을 담은 kustomization.yaml 파일을 pacman 디렉터리에 만든다.

```
apiVersion: kustomize.config.k8s.io/v1beta1
kind: Kustomization ❶
resources: ❷
- ./namespace.yaml
- ./deployment.yaml
- ./service.yaml
```

❶ kustomization 파일

❷ 애플리케이션에 속한 리소스는 깊이 우선(depth-first) 순서로 처리된다.

이제 다음 명령을 실행하면 실행 중인 클러스터에 kustomization 파일을 적용할 수 있다.[2]

```
kubectl apply --dry-run=client -o yaml \ ❶
            -k ./ ❷❸
```

> ❶ kustomization을 실행한 결과를 클러스터로 보내지 않고 출력만 한다.
>
> ❷ -k 옵션을 사용하면 kubectl은 kustomization 결과를 클러스터에 적용한다.
>
> ❸ kustomization.yaml 파일이 있는 위치를 현재 디렉터리로 지정한다.

 2.3에 설명한 대로 미니큐브 클러스터를 시작했다고 가정한다.

dry-run 옵션을 사용하지 않을 경우 클러스터로 바로 전송될 내용이 화면에 다음과 같이 출력된다.

```
apiVersion: v1
items: ❶
- apiVersion: v1
  kind: Namespace ❷
  metadata:
    name: pacman
- apiVersion: v1
  kind: Service ❸
  metadata:
    labels:
      app.kubernetes.io/name: pacman-kikd
    name: pacman-kikd
    namespace: pacman
  spec:
    ports:
    - name: http
      port: 8080
      targetPort: 8080
    selector:
      app.kubernetes.io/name: pacman-kikd
- apiVersion: apps/v1
  kind: Deployment ❹
  metadata:
    labels:
```

---

2 (옮긴이) '드라이 런(dry-run)' 모드로 실행하므로 실제로 클러스터에 적용되는 것은 아니다. 다만 클러스터에 어떤 형태로 적용될지를 보여줄 뿐이다.

```
        app.kubernetes.io/name: pacman-kikd
    name: pacman-kikd
    namespace: pacman
  spec:
    replicas: 1
    selector:
      matchLabels:
        app.kubernetes.io/name: pacman-kikd
    template:
      metadata:
        labels:
          app.kubernetes.io/name: pacman-kikd
      spec:
        containers:
        - image: lordofthejars/pacman-kikd:1.0.0
          imagePullPolicy: Always
          name: pacman-kikd
          ports:
          - containerPort: 8080
            name: http
            protocol: TCP
kind: List
metadata: {}
```

❶ kustomization.yaml에 정의된 모든 쿠버네티스 객체 목록

❷ Namespace 객체

❸ Service 객체

❹ Deployment 객체

보충

Kustomization.yaml 파일의 **resources** 절은 YAML 파일 위치를 직접 지정하는 것 외에도 다양한 입력을 지원한다.

예를 들어, kustomization.yaml 및 쿠버네티스 리소스 파일을 담은 어떤 디렉터리를 다른 디렉터리에 있는 kustomization.yaml 파일에서 참조할 수도 있다.

가령 디렉터리가 다음과 같이 구성되어 있다고 하자.

```
.
├── base
│   ├── kustomization.yaml
│   └── deployment.yaml
├── kustomization.yaml
├── configmap.yaml
```

base 디렉터리에 있는 kustomization.yaml 파일의 내용은 다음과 같다.

```
apiVersion: kustomize.config.k8s.io/v1beta1
kind: Kustomization
resources:
- ./deployment.yaml
```

루트 디렉터리에 있는 kustomization.yaml 파일에는 base 디렉터리와 Config
Map 리소스 정의를 가리키는 링크가 있다.

```
apiVersion: kustomize.config.k8s.io/v1beta1
kind: Kustomization
resources:
- ./base
- ./configmap.yaml
```

루트 디렉터리에 있는 kustomization.yaml 파일을 적용하면 해당 파일이 참조
하는 다른 파일에 정의된 리소스도 자동으로 적용된다.

또한 resources는 하시코프 URL[3] 형식을 따르는 URL이 가리키는 외부 리소
스도 참조할 수 있다. 예를 들어, 다음과 같이 GitHub 저장소도 참조하는 것이
가능하다.

```
rescurces:
- github.com/lordofthejars/mysql          ❶
- github.com/lordofthejars/mysql?ref=test ❷
```

> ❶ 루트 kustomization.yaml 파일이 있는 GitHub 리포지토리
> ❷ 루트 kustomization.yaml 파일이 있는 GitHub 리포지토리 test 브랜치

---

3   *https://oreil.ly/lbeQC*

지금까지 kubectl을 사용하여 커스터마이즈 파일을 적용하는 사례를 보았다. 그러나 커스터마이즈는 커스터마이즈 리소스와 상호 작용하는 자체 CLI 도구도 함께 제공한다.

kubectl 대신 kustomize[4]를 사용하여 커스터마이즈 리소스를 빌드하려면 다음과 같이 하면 된다.

```
kustomize build
```

결과는 다음과 같다.

```
apiVersion: v1
kind: Namespace
metadata:
  name: pacman
---
apiVersion: v1
kind: Service
metadata:
  labels:
    app.kubernetes.io/name: pacman-kikd
  name: pacman-kikd
  namespace: pacman
spec:
  ports:
  - name: http
    port: 8080
    targetPort: 8080
  selector:
    app.kubernetes.io/name: pacman-kikd
---
apiVersion: apps/v1
kind: Deployment
metadata:
  labels:
    app.kubernetes.io/name: pacman-kikd
  name: pacman-kikd
  namespace: pacman
spec:
  replicas: 1
```

---

4 (옮긴이) 이 도구는 kubectl과 함께 배포되지 않으므로 별도 설치가 필요하다. kustomize.io 웹사이트를 참조하여 설치하도록 하자.

```
selector:
  matchLabels:
    app.kubernetes.io/name: pacman-kikd
template:
  metadata:
    labels:
      app.kubernetes.io/name: pacman-kikd
  spec:
    containers:
    - image: lordofthejars/pacman-kikd:1.0.0
      imagePullPolicy: Always
      name: pacman-kikd
      ports:
      - containerPort: 8080
        name: http
        protocol: TCP
```

이 빌드 결과를 클러스터에 적용하려면 다음과 같이 한다.

```
kustomize build . | kubectl apply -f -
```

참고

- 커스터마이즈[5]
- kustomize/v4.4.1 GitHub[6]
- 하시코프 URL 형식[7]

4.2 커스터마이즈를 활용한 컨테이너 이미지 업데이트

과제

커스터마이즈를 사용하여 deployment.yaml 파일의 컨테이너 이미지를 업데이트하자.

---

5 *https://kustomize.io*
6 *https://oreil.ly/h2yNd*
7 *https://oreil.ly/n7jwr*

풀이

images 절을 통해 컨테이너 이미지를 갱신하면 된다.

소프트웨어 개발에서 가장 중요하고 가장 빈번한 작업 하나는 버그가 수정된 또는 새로운 기능이 포함된 최신 버전 이미지로 애플리케이션을 업데이트하는 것이다. 쿠버네티스에서는 새 컨테이너 이미지를 만든 후 tag 절에 <registry>/<username>/<project>:<tag> 형식으로 새 이미지 이름을 지정해 주면 된다.

다음의 deployment.yaml 사례를 보자. 전체 코드의 일부다.

```
spec:
  containers:
  - image: lordofthejars/pacman-kikd:1.0.0 ❶
    imagePullPolicy: Always
    name: pacman-kikd

       ❶ 1.0.0 버전 이미지
```

kustomization.yaml 파일의 images 절을 통해 이 버전 태그를 1.0.1로 업데이트하려면 다음과 같이 kustomization.yaml 파일을 변경한다.

```
apiVersion: kustomize.config.k8s.io/v1beta1
kind: Kustomization
resources:
- ./namespace.yaml
- ./deployment.yaml
- ./service.yaml
images:                          ❶
- name: lordofthejars/pacman-kikd ❷
  newTag: 1.0.1                   ❸

       ❶ images 절
       ❷ 업데이트할 이미지 이름
       ❸ 이미지의 새 태그 값
```

마지막으로, kubectl을 dry-run 모드로 실행하거나 kustomize 명령을 사용하여 출력 결과물에 새 태그 버전이 포함되어 있는지 확인하자. 터미널 창에서 다음 명령을 실행하라.

```
kustomize build
```

다음과 같은 결과를 보게 될 것이다.

```
...
apiVersion: apps/v1
kind: Deployment
metadata:
  labels:
    app.kubernetes.io/name: pacman-kikd
  name: pacman-kikd
  namespace: pacman
spec:
  replicas: 1
  selector:
    matchLabels:
      app.kubernetes.io/name: pacman-kikd
  template:
    metadata:
      labels:
        app.kubernetes.io/name: pacman-kikd
    spec:
      containers:
      - image: lordofthejars/pacman-kikd:1.0.1 ❶
        imagePullPolicy: Always
        name: pacman-kikd
        ports:
        - containerPort: 8080
          name: http
          protocol: TCP
```

❶ kustomize.yaml 파일에 설정한 새 버전

 커스터마이즈는 침입적(intrusive) 도구가 아니다. 즉, deployment.yaml 파일에는 여전히 원래 태그(1.0.0)가 들어 있다는 뜻이다.

보충

newTag 필드를 업데이트하는 한 가지 방법은 앞서 보았듯이 kustomization. yaml 파일을 편집기에서 수정하는 것이지만 kustomize 도구를 통해서도 갱신할 수 있다.

kustomization.yaml 파일과 같은 디렉터리에서 다음 명령을 실행해 보자.

```
kustomize edit set image lordofthejars/pacman-kikd:1.0.2
```

kustomization.yaml 파일을 열어보면 다음과 같이 newTag 필드가 업데이트되어 있을 것이다.

```
...
images:
- name: lordofthejars/pacman-kikd
  newTag: 1.0.2
```

4.3 커스터마이즈를 통한 임의의 쿠버네티스 필드 업데이트

과제
커스터마이즈를 사용하여 사본 수 등의 쿠버네티스 필드를 업데이트하라.

풀이
patches 섹션에 JSON 패치 명세(JSON Patch Specification)대로 변경하고자 하는 내용을 입력한다.

앞 절에서는 컨테이너 이미지 태그를 업데이트하는 방법을 살펴보았지만 때로는 사본 수 같은 매개 변수를 변경해야 할 수도 있고, 주석이나 레이블, 제한(limit) 등을 추가해야 할 수도 있다.

커스터마이즈는 JSON 패치(JSON Patch)를 통해 커스터마이즈 리소스로 정의된 모든 쿠버네티스 리소스를 수정할 수 있도록 한다. 적용할 JSON 패치 표현식을 준비하고 패치를 적용할 리소스를 지정하면 된다.

예를 들어 다음 배포 파일의 사본 수를 1에서 3으로 수정해 보자.

```
apiVersion: apps/v1
kind: Deployment
metadata:
  labels:
    app.kubernetes.io/name: pacman-kikd
  name: pacman-kikd
```

```
    namespace: pacman
spec:
  replicas: 1
  selector:
    matchLabels:
      app.kubernetes.io/name: pacman-kikd
  template:
    metadata:
      labels:
        app.kubernetes.io/name: pacman-kikd
    spec:
      containers:
...
```

kustomization.yaml 파일은 다음과 같이 업데이트한다.

```
apiVersion: kustomize.config.k8s.io/v1beta1
kind: Kustomization
resources:
- ./deployment.yaml
patches:        ❶
  - target: ❷
      version: v1
      group: apps
      kind: Deployment
      name: pacman-kikd
      namespace: pacman
    patch: |-                  ❸
      - op: replace            ❹
        path: /spec/replicas   ❺
        value: 3               ❻
```

❶ 패치 리소스

❷ 변경해야 하는 쿠버네티스 객체 지정. 이전에 만든 deployment 파일에 사용한 것과 같은
  값이다.

❸ 패치 표현식

❹ 적용할 연산(이 예제의 경우에는 대체replace)

❺ 수정할 필드의 경로

❻ 새 값

그런 다음 kubectl을 dry-run 모드로 실행하거나 kustomize 명령을 돌려 배포
파일의 출력에 사본 수가 바뀌는지 확인한다.

```
kustomize build
```

다음과 같이 출력되어야 한다.

```
apiVersion: apps/v1
kind: Deployment
metadata:
  labels:
    app.kubernetes.io/name: pacman-kikd
  name: pacman-kikd
  namespace: pacman
spec:
  replicas: 3
  selector:
    matchLabels:
      app.kubernetes.io/name: pacman-kikd
...
```

 본 예제에서 다룬 사본(replica)의 설정치는 kustomization.yaml 파일의 replicas 필
드를 사용해 업데이트할 수도 있다. Kustomization.yaml 파일을 다음과 같이 수정하면
된다.

```
apiVersion: kustomize.config.k8s.io/v1beta1
kind: Kustomization
resources:
- ./deployment.yaml
replicas:
- name: pacman-kikd  ❶
  count: 3           ❷
```

> ❶사본 수를 변경할 Deployment 이름
> ❷새 값

커스터마이즈을 사용하면 값을 수정할 수도 있지만 추가하거나 지울 수도 있
다. 새 레이블을 추가하는 방법을 살펴보자.

```
...
patches:
- target:
    version: v1
    group: apps
    kind: Deployment
```

```
    name: pacman-kikd
    namespace: pacman
  patch: |-
    - op: replace
      path: /spec/replicas
      value: 3
    - op: add                        ❶
      path: /metadata/labels/testkey ❷
      value: testvalue               ❸
```

❶ 새 필드 추가

❷ 추가할 필드 경로

❸ 추가할 값

파일을 적용한 결과는 다음과 같다.

```
apiVersion: apps/v1
kind: Deployment
metadata:
  labels:
    app.kubernetes.io/name: pacman-kikd
    testkey: testvalue ❶
  name: pacman-kikd
  namespace: pacman
spec:
  replicas: 3
  selector:
...
```

❶ 추가된 레이블

보충

JSON 패치 표현식을 patch 절에 넣는 대신 별도 YAML 파일에 두고 path 필드를 사용하여 참조하는 방법도 가능하다.

우선 JSON 패치 표현식이 포함된 external_patch.yaml 파일을 다음과 같이 준비한다.

```
- op: replace
  path: /spec/replicas
  value: 3
- op: add
  path: /metadata/labels/testkey
  value: testvalue
```

그리고 path가 패치 표현식을 담은 파일 경로를 가리키도록 patch 필드를 변경한다.

```
...
patches:
  - target:
    version: v1
      group: apps
          kind: Deployment
          name: pacman-kikd
          namespace: pacman
        path: external_patch.yaml ❶
```

❶ 외부 패치 파일 경로

JSON 패치 표현식 외에도, 커스터마이즈는 전략적 머지 패치(SMP, Strategic Merge Patch)[8]를 통해 쿠버네티스 리소스를 수정하는 방안도 지원한다. SMP는 완성된 YAML 파일에 병합되는 불완전한 YAML 파일 조각이다.

컨테이너 이미지를 업데이트하려면 컨테이너 이름 정보가 포함된 최소한의 배포 파일만 있으면 된다.

```
apiVersion: kustomize.config.k8s.io/v1beta1
kind: Kustomization
resources:
- ./deployment.yaml
patches:
- target:
    labelSelector: "app.kubernetes.io/name=pacman-kikd" ❶
  patch: |-               ❷
    apiVersion: apps/v1 ❸
    kind: Deployment
    metadata:
      name: pacman-kikd
    spec:
      template:
        spec:
          containers:
          - name: pacman-kikd
            image: lordofthejars/pacman-kikd:1.2.0 ❹
```

8 *https://oreil.ly/vr3e3*

❶ 레이블을 사용하여 대상을 선택한다.

❷ 패치는 SMP인지 JSON 패치인지 자동으로 감지한다.

❸ 최소한의 배포 파일이다.

❹ 변경할 필드만 설정하고 나머지는 그대로 둔다.

생성된 출력은 원래 deployment.yaml 파일과 동일하지만 이미지만 새것으로
바뀌었다.

```
apiVersion: apps/v1
kind: Deployment
metadata:
  labels:
    app.kubernetes.io/name: pacman-kikd
  name: pacman-kikd
  namespace: pacman
spec:
  replicas: 1
  selector:
    matchLabels:
      app.kubernetes.io/name: pacman-kikd
  template:
    metadata:
      labels:
        app.kubernetes.io/name: pacman-kikd
    spec:
      containers:
      - image: lordofthejars/pacman-kikd:1.2.0
        imagePullPolicy: Always
...
```

 path도 지원한다.

참고

- RFC 6902: JavaScript Object Notation (JSON) Patch[9]

- SMP: Strategic Merge Patch[10]

9   *https://oreil.ly/gDn1A*
10 *https://oreil.ly/vr3e3*

4.4 다중 환경 배포

과제

커스터마이즈를 사용하여 동일 애플리케이션을 여러 네임스페이스에 배포
하자.

풀이

namespace 필드를 사용하여 대상 네임스페이스를 지정한다.

예를 들어, 한 네임스페이스는 스테이징 환경으로, 다른 네임스페이스는 프
로덕션 네임스페이스로 사용하는 등, 애플리케이션을 서로 다른 네임스페이스
에 배포하는 것이 좋은 경우가 있다. 두 경우 모두 기본 쿠버네티스 파일은 같
지만 배포되는 네임스페이스, 일부 설정치, 컨테이너 버전 등에서 최소한의 차
이가 있을 수 있다.

커스터마이즈는 namespace 필드를 사용하여 공통의 기본 리소스 정의 위에
네임스페이스별 변경 사항을 쌓아 올릴 수 있도록 한다. 이번 절에서는 기본
리소스 정의는 base 디렉터리에 놓고, 환경별로 달라지는 설정은 해당 환경 전
용 디렉터리에 둔다고 하겠다.

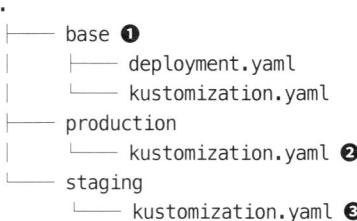

```
.
├── base ❶
│   ├── deployment.yaml
│   └── kustomization.yaml
├── production
│   └── kustomization.yaml ❷
└── staging
    └── kustomization.yaml ❸
```

❶ 기본 파일

❷ 프로덕션 환경과 관련된 변경 사항

❸ 스테이징 환경과 관련된 변경 사항

기본 kustomization.yaml은 기본 리소스 정의를 담은 파일들을 참조한다.

```
apiVersion: kustomize.config.k8s.io/v1beta1
kind: Kustomization
```

```
resources:
- ./deployment.yaml
```

각 환경별 디렉터리에는 몇 가지 인자를 기본 파일과 달리 설정하는 kustomization.yaml 파일이 있다. 이들 인자는 base 디렉터리의 위치, 쿠버네티스 리소스에 할당할 네임스페이스, 배포할 이미지 등을 지정한다. 스테이징 환경의 경우 프로덕션의 1.1.0과는 달리 1.2.0-beta를 참조한다.

스테이징 환경의 kustomization.yaml은 다음과 같다.

```
apiVersion: kustomize.config.k8s.io/v1beta1
kind: Kustomization
resources:
- ../base              ❶
namespace: staging ❷
images:
- name: lordofthejars/pacman-kikd
  newTag: 1.2.0-beta ❸
```

> ❶ base 디렉터리 참조
>
> ❷ 네임스페이스를 staging으로 설정
>
> ❸ staging 환경의 컨테이너 이미지 태그

프로덕션용 kustomization.yaml 파일은 스테이징과 유사하지만 네임스페이스와 태그가 다르다.

```
apiVersion: kustomize.config.k8s.io/v1beta1
kind: Kustomization
resources:
- ../base
namespace: prod ❶
images:
- name: lordofthejars/pacman-kikd
  newTag: 1.1.0 ❷
```

> ❶ 프로덕션 네임스페이스를 prod로 지정
>
> ❷ prod 환경을 위한 컨테이너 이미지 태그 지정

이 상태에서 kustomize를 실행하면 디렉터리에 따라 출력이 달라진다. 예를 들어, staging 디렉터리에서 kustomize build를 실행하면 다음과 같은 결과를 확인할 수 있다.

```
apiVersion: apps/v1
kind: Deployment
metadata:
  labels:
    app.kubernetes.io/name: pacman-kikd
  name: pacman-kikd
  namespace: staging ❶
spec:
  replicas: 1
...
  template:
    metadata:
      labels:
        app.kubernetes.io/name: pacman-kikd
    spec:
      containers:
      - image: lordofthejars/pacman-kikd:1.2.0-beta ❷
...
```

❶ staging 환경을 위한 네임스페이스

❷ staging 환경용 컨테이너 이미지 태그

그러나 프로덕션 디렉터리에서 실행하면 출력은 프로덕션 구성에 맞게 조정
된다.

```
apiVersion: apps/v1
kind: Deployment
metadata:
  labels:
    app.kubernetes.io/name: pacman-kikd
  name: pacman-kikd
  namespace: prod ❶
spec:
  replicas: 1
...
    spec:
      containers:
      - image: lordofthejars/pacman-kikd:1.1.0 ❷
...
```

❶ prod 환경을 위한 네임스페이스

❷ prod 환경용 컨테이너 이미지 태그

보충

커스터마이즈는 모든 리소스나 참조 이름 앞뒤에 특정한 문자열을 자동으로 붙이는 기능도 제공한다. 환경별로 리소스에 다른 이름이 필요하거나, 이름에 버전 정보를 붙이거나 해야 할 때 유용하다. name 필드에만 적용되는 기능이다.

```
apiVersion: kustomize.config.k8s.io/v1beta1
kind: Kustomization
resources:
- ../base
namespace: staging
namePrefix: staging-  ❶
nameSuffix: -v1-2-0  ❷
images:
- name: lordofthejars/pacman-kikd
  newTag: 1.2.0-beta
```

> ❶ 접두사
> ❷ 접미사

결과 출력은 다음과 같다.

```
apiVersion: apps/v1
kind: Deployment
metadata:
  labels:
    app.kubernetes.io/name: pacman-kikd
  name: staging-pacman-kikd-v1-2-0 ❶
  namespace: staging
spec:
...
```

> ❶ 배포 파일의 새 이름

4.5 커스터마이즈를 통한 ConfigMap 생성

과제

커스터마이즈를 사용하여 쿠버네티스 ConfigMaps을 생성하자.

풀이

ConfigMapGenerator 기능 필드(feature field)를 사용하여 쿠버네티스 Config
Map 리소스를 동적으로 생성하면 된다.

커스터마이즈는 ConfigMap을 커스터마이즈 리소스로 추가하는 두 가지 방법
을 제공한다. 첫 번째 방법은 다른 리소스와 같은 방법으로 ConfigMap을 정의
하는 것이다. 다른 한 가지 방법은 ConfigMapGenerator를 통해 ConfigMap을 선
언하는 것이다.

ConfigMap을 리소스로 정의해서 쓰는 경우에는 커스터마이즈를 사용한다고
해서 얻을 수 있는 이점이 특별히 많지는 않다. 그러나 ConfigMapGenerator을
사용하면 ConfigMap 메타데이터 이름에 해시가 자동으로 추가되고 배포 파일
도 해당 해시 값을 쓰도록 자동 변경된다. 곧 예제를 통해 살펴보겠지만, 이 작
은 차이가 애플리케이션의 생명 주기에 큰 영향을 미친다.

예를 들어, 데이터베이스 연결의 타임아웃 설정을 ConfigMap에 넣어두는 쿠
버네티스 애플리케이션이 있다고 하자. 해당 타임아웃 값을 늘리고 싶어서
ConfigMap 파일을 새 값으로 변경한 다음 다시 배포한다고 하자. ConfigMap만
변경되었으므로 애플리케이션의 롤링 업데이트는 일어나지 않는다. 애플리케
이션이 새로운 설정을 읽어가도록 하려면 수동으로 롤링 업데이트를 시작해야
한다. 그림 4-2은 ConfigMap 오브젝트가 업데이트될 때 어디가 바뀌는지를 보
여준다.

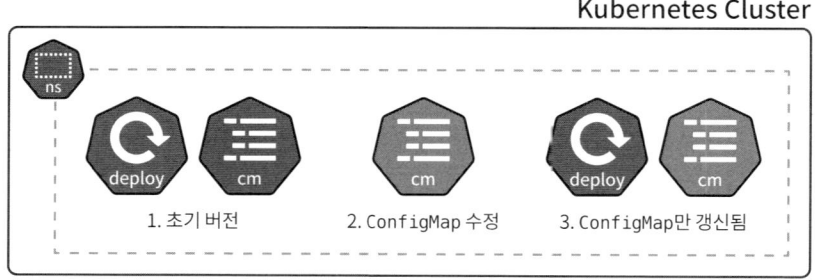

그림 4-2 ConfigMap 변경

그러나 ConfigMapGenerator가 ConfigMap을 관리하는 경우, 구성 파일을 변경하

면 Deployment 리소스도 변경된다. deployment 파일도 변경되므로 그림 4-3와 같이 자동으로 롤링 업데이트가 시작된다.

또한 ConfigMapGenerator를 사용하면 여러 개의 설정 데이터 파일을 하나의 ConfigMap으로 결합할 수 있어 환경마다 서로 다른 설정 파일이 있는 경우에 안성맞춤이다.

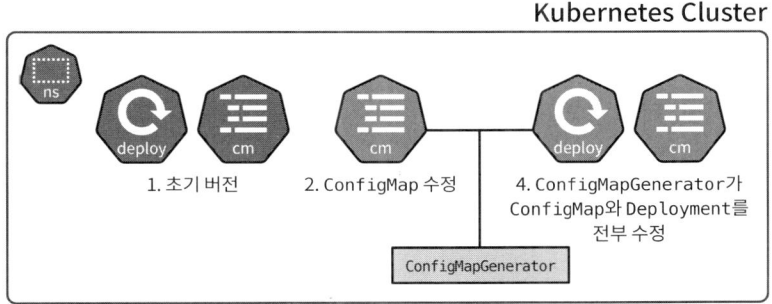

그림 4-3 ConfigMapGenerator를 사용한 ConfigMap 수정

kustomization.yaml file에 ConfigMapGenerator섹션을 추가하는 간단한 예부터 시작해 보겠다.

배포 파일은 이 장의 이전 섹션에서 사용한 파일과 유사하지만 volumes 섹션 이 포함되어 있다.

```
apiVersion: apps/v1
kind: Deployment
metadata:
  name: pacman-kikd
spec:
  replicas: 1
  selector:
    matchLabels:
      app.kubernetes.io/name: pacman-kikd
  template:
    metadata:
      labels:
        app.kubernetes.io/name: pacman-kikd
    spec:
      containers:
      - image: lordofthejars/pacman-kikd:1.0.0
```

```
        imagePullPolicy: Always
        name: pacman-kikd
        volumeMounts:
        - name: config
          mountPath: /config
      volumes:
      - name: config
        configMap:
          name: pacman-configmap ❶
```

❶ 이 ConfigMap 이름은 kustomization.yaml 파일에서 참조함

설정 속성은 kustomization.yaml 파일에 포함되어 있다. ConfigMap 객체는 kustomization 파일을 빌드하는 순간에 만들어진다는 사실에 유의하자.

```
apiVersion: kustomize.config.k8s.io/v1beta1
kind: Kustomization
resources:
- ./deployment.yaml
configMapGenerator:
- name: pacman-configmap ❶
  literals:              ❷
  - db-timeout=2000      ❸
  - db-username=Ada
```

❶ 배포 파일에 선언된 ConfigMap 집합 이름
❷ 아래 나열하는 설정치를 ConfigMap에 추가
❸ 각 설정의 키/값 쌍

마지막으로, kubectl을 dry-run 모드로 실행하거나 kustomize 명령을 직접 사용하여 화면 출력 결과를 확인하자.

```
kustomize build
```

kustomization.yaml에 설정한 값을 가진 ConfigMap이 출력되는지 확인하자. ConfigMap 이름과 Deployment 이름에 해시 값이 포함되어 있는지도 확인하자.

```
apiVersion: v1
data: ❶
  db-timeout: "2000"
  db-username: Ada
kind: ConfigMap
```

```
metadata:
  name: pacman-configmap-h27ch8fc52 ❷
---
apiVersion: apps/v1
kind: Deployment
metadata:
  name: pacman-kikd
spec:
  replicas: 1
  selector:
    matchLabels:
      app.kubernetes.io/name: pacman-kikd
  template:
    metadata:
      labels:
        app.kubernetes.io/name: pacman-kikd
    spec:
      containers:
      - image: lordofthejars/pacman-kikd:1.0.0
        imagePullPolicy: Always
        name: pacman-kikd
        volumeMounts:
        - mountPath: /config
          name: config
      volumes:
      - configMap:
          name: pacman-configmap-h27ch8fc52 ❸
        name: config
```

❶ ConfigMap에 저장된 데이터

❷ 해시가 추가된 이름

❸ 새 이름을 참조하도록 변경되었으므로 롤링 업데이트 시작

해시는 설정치가 변경되면 다시 계산된다. 따라서 속성이 변경되면 애플리케이션의 롤링 업데이트를 시작하는 출력 변경이 발생한다. 예를 들어 kustomization.yaml 파일을 열고 db-timeout 값을 2000에서 1000으로 수정하고 kustomize build 명령을 다시 실행해 보면 ConfigMap 이름의 해시 값이 바뀐 것을 볼 수 있다.

```
apiVersion: v1
data:
  db-timeout: "1000"
```

```
    db-username: Ada
kind: ConfigMap
metadata:
  name: pacman-configmap-dbd7g9bff5 ❶
---
apiVersion: apps/v1
kind: Deployment
...
      volumes:
      - configMap:
          name: pacman-configmap-dbd7g9bff5 ❷
```

❶ 새로운 해시 값

❷ 새로운 이름을 참조하도록 바뀌었으므로 롤링 업데이트 시작

보충

ConfigMapGenerator는 다른 소스의 설정 프로퍼티를 읽어 병합하는 기능도 제공한다.

앞서 만들었던 YAML 파일들은 literals 디렉터리로 옮긴 다음, dev_literals 디렉터리와 kustomization.yaml 파일을 새로 만들어 해당 디렉터리를 참조하도록 설정하고 db-username 값을 재정의하는 예제를 살펴보자.

```
apiVersion: kustomize.config.k8s.io/v1beta1
kind: Kustomization
resources:
- ../literals ❶
configMapGenerator:
- name: pacman-configmap
  behavior: merge ❷
  literals:
  - db-username=Alexandra ❸
```

❶ 기본 디렉터리

❷ 속성 병합(create 또는 replace도 가능)

❸ 병합을 통해 재정의할 값

kustomize build 명령을 실행하면 두 ConfigMap이 병합된 새 ConfigMap이 만들어진다.

```
apiVersion: v1
data:
  db-timeout: "1000"        ❶
  db-username: Alexandra ❷
kind: ConfigMap
metadata:
name: pacman-configmap-ttfdfdk5t8
---
apiVersion: apps/v1
kind: Deployment
metadata:
  name: pacman-kikd
...
```

❶ 기본 디렉터리에서 상속
❷ 설정치 재정의

설정치는 이렇게 리터럴(literal)로 정의할 수도 있지만 .properties 파일로 정의할 수도 있다.

두 개의 프로퍼티가 포함된 connection.properties 파일을 만들어 보자.

```
db-url=prod:4321/db
db-username=ada
```

kustomization.yaml 파일은 literals 대신 files 필드를 사용하도록 변경한다.

```
apiVersion: kustomize.config.k8s.io/v1beta1
kind: Kustomization
resources:
- ./deployment.yaml
configMapGenerator:
- name: pacman-configmap
  files:                   ❶
  - ./connection.properties ❷
```

❶ 읽을 파일 목록
❷ 파일 경로

그 다음 kustomize build 명령을 실행하면 파일 이름을 키로, 파일 내용을 값으로 쓰는 ConfigMap이 만들어진다.

```
apiVersion: v1
data:
  connection.properties: |-
    db-url=prod:4321/db
    db-username=ada
kind: ConfigMap
metadata:
  name: pacman-configmap-g9dm2gtt77
---
apiVersion: apps/v1
kind: Deployment
metadata:
  name: pacman-kikd
...
```

참고

커스터마이즈는 쿠버네티스 시크릿(Secret)을 다루는 방법도 제공한다. 그러나 8장에서 살펴보겠지만, 쿠버네티스 시크릿을 다루는 가장 좋은 방법은 봉인된 시크릿(Sealed Secret)을 사용하는 것이다.

4.6 맺으며

커스터마이즈는 기본 YAML 파일의 설정치를 병합 전략이나 JSON 패치 표현식을 통해 템플릿을 사용하지 않고도 재정의할 수 있도록 하는 간단한 도구다. 프로젝트의 디렉터리 구조는 본인이 편한 방식으로 만들면 된다. 반드시 지켜야 할 조건은 kustomization.yaml 파일을 두어야 한다는 것 뿐이다.

이보다 복잡하지만 더 강력한 도구도 있다. 배포할 애플리케이션/서비스가 데이터베이스, 메일 서버, 캐시 등의 다양한 의존성을 가지는 환경에 적합한 헬름(Helm)이라는 도구다. 다음 장에서 살펴보도록 하겠다.

5장

헬름

4장에서는 간단하면서도 강력한 쿠버네티스 리소스 관리 도구 커스터마이즈에 대해 배웠다. 하지만 쿠버네티스 리소스를 좀 더 쉽게 관리하도록 돕는 또다른 유명한 도구가 있으니, 바로 헬름(Helm)이다.

헬름은 커스터마이즈와 유사하지만 템플릿 기반 솔루션이며 패키지 관리자처럼 동작하여 버전 관리, 공유, 배포 가능 아티팩트(artifact)를 생성한다.

이번 장에서는 YAML 파일에서 Go 템플릿 언어를 사용하여 쿠버네티스 애플리케이션을 설치하고 관리하는 과정을 돕는 쿠버네티스 패키지 매니저 헬름을 소개한다.

그 첫 단계로 헬름 프로젝트를 생성하고 쿠버네티스 클러스터에 배포하는 절차를 살펴본다(5.1, 5.2절). 그 다음으로는 애플리케이션 컨테이너 이미지, 설정값, 사본 수 등을 갱신하는 절차를 살펴본다(5.3절).

커스터마이즈와 헬름의 차이점 하나는 차트(chart) 개념이다. 차트는 공유가능한 쿠버네티스 패키지로, 다른 차트에 대한 의존성 등 다양한 요소를 포함한다(5.4, 5.5, 5.6절).

애플리케이션 설정값은 일반적으로 쿠버네티스 ConfigMap에 대응되는 속성이다. ConfigMap은 수정되어도 애플리케이션의 롤링 업데이트로 이어지지않으므로, 수동으로 다시 시작할 때까지 애플리케이션은 이전 버전으로 실행된다.

헬름은 애플리케이션의 `ConfigMap`이 변경되면 자동으로 롤링 업데이트가 시작되도록 하는 기능 몇 가지를 제공한다(5.7절).

5.1 헬름 프로젝트 생성

과제

간단한 헬름 프로젝트를 만들어 보자.

풀이

헬름[1] CLI 도구를 사용하여 새 프로젝트를 생성한다.

커스터마이즈는 `kubectl` 명령어의 일부로 실행할 수도 있고 독립적인 CLI 명령어 형태로도 사용할 수 있었지만 헬름은 로컬 머신에 반드시 별도 CLI 도구로 설치하여 사용해야 한다.

헬름은 관련 매니페스트 파일을 번들로 묶어 하나의 논리적 배포 단위인 차트로 패키징 한다. 차트 단위로 간소화된 덕분에 때문에 많은 엔지니어들이 헬름을 통해 쿠버네티스 애플리케이션을 쉽게 설치하고 사용할 수 있게 되었다.

헬름 차트는 애플리케이션의 설치 복잡성을 낮추고 쉽게 업그레이드할 수 있도록 한다.

이 책에서는 헬름 3.7.2를 사용하며, 헬름 3.7.2는 깃허브[2]에서 다운로드하여 경로 디렉터리에 설치할 수 있다.

터미널을 열고 다음 명령을 실행하여 헬름 차트 디렉터리 레이아웃을 생성한다.

```
mkdir pacman
mkdir pacman/templates

cd pacman
```

그런 다음 파일을 세 개 만든다. 하나는 차트 정의 파일이고, 다른 하나는 Go

---

1   *https://helm.sh*
2   *https://oreil.ly/AWfiO*

템플릿 언어와 Sprig 라이브러리의 템플릿 함수를 사용해 정의한 배포 템플릿
이며, 마지막 파일은 차트 기본값(default value)이 담긴 파일이다.

Chart.yaml 파일에는 버전 또는 이름과 같은 정보를 담는다. 루트 디렉터리
에 만들면 된다.

```
apiVersion: v2
name: pacman
description: A Helm chart for Pacman

type: application

version: 0.1.0        ❶

appVersion: "1.0.0"  ❷
```

> ❶ 차트 버전. 차트 정의가 바뀌면 업데이트한다.
> ❷ 애플리케이션 버전.

이제 애플리케이션 배포를 위한 deployment.yaml 및 service.yaml 템플릿 파
일을 templates 디렉터리 아래에 만들어 보자.

deployment.yaml 파일은 배포 이름, 애플리케이션 버전, 사본 수, 컨테이너
이미지 및 태그, 이미지 풀(pull) 정책, 보안 컨텍스트(security context) 및 포트
(port)를 템플릿화 한다.

```
apiVersion: apps/v1
kind: Deployment
metadata:
  name: {{ .Chart.Name}} ❶
  labels:
    app.kubernetes.io/name: {{ .Chart.Name}}
    {{- if .Chart.AppVersion }}                          ❷
    app.kubernetes.io/version: {{ .Chart.AppVersion | quote }} ❸
    {{- end }}
spec:
  replicas: {{ .Values.replicaCount }} ❹
  selector:
    matchLabels:
      app.kubernetes.io/name: {{ .Chart.Name}}
  template:
    metadata:
      labels:
```

```
          app.kubernetes.io/name: {{ .Chart.Name}}
      spec:
        containers:
          - image: "{{ .Values.image.repository }}:{{ .Values.image.tag |
                    default .Chart.AppVersion}}" ❺❻
            imagePullPolicy: {{ .Values.image.pullPolicy }}
            securityContext:
              {{- toYaml .Values.securityContext | nindent 14 }} ❼
            name: {{ .Chart.Name}}
            ports:
              - containerPort: {{ .Values.image.containerPort }}
                name: http
                protocol: TCP
```

❶ Chart.yaml 파일에 설정된 이름을 가져와 배포 이름으로 설정한다.

❷ Chart.yaml 파일에 appVersion이 있는지 여부에 따라 버전을 설정한다.

❸ appVersion 값을 가져와 지정하고 따옴표 처리한다.

❹ replicaCount 속성을 넣을 자리(placeholder)

❺ 컨테이너 이미지를 지정할 자리

❻ 이미지 태그가 있으면 그 값을 넣고, 없으면 Chart.yaml에 있는 값을 기본값으로 설정

❼ securityContext의 값을 YAML 객체로 지정하며 14칸 들여쓰기 한다.

service.yaml 파일은 서비스 이름과 컨테이너 포트를 템플릿화 한다.

```
apiVersion: v1
kind: Service
metadata:
  labels:
    app.kubernetes.io/name: {{ .Chart.Name }}
  name: {{ .Chart.Name }}
spec:
  ports:
    - name: http
      port: {{ .Values.image.containerPort }}
      targetPort: {{ .Values.image.containerPort }}
  selector:
    app.kubernetes.io/name: {{ .Chart.Name }}
```

values.yaml 파일에는 차트의 기본값을 담는다. 애플리케이션 배포 시점에 다른 값으로 대체될 수도 있는, 기본 설정을 담아두는 곳이다.

values.yaml 파일은 루트 디렉터리에 만든다.

```
image: ❶
  repository: quay.io/gitops-cookbook/pacman-kikd ❷
  tag: "1.0.0"
  pullPolicy: Always
  containerPort: 8080

replicaCount: 1
securityContext: {} ❸
```

❶ image 절을 정의한다.

❷ repository 속성의 값을 지정한다.

❸ securityContext 속성의 값을 비운다.

헬름 내장(built-in) 프로퍼티 이름은 대문자로 시작한다. 따라서 Chart.yaml 파일에 정의된 속성 이름은 대문자로 시작한다.

securityContext 속성의 값을 채우기 위해 toYaml 함수를 사용하였으므로 values.yaml의 보안 컨텍스트 속성값은 YAML 객체여야 한다. 예를 들자면 다음과 같다.

```
securityContext:
  capabilities:
    drop:
    - ALL
  readOnlyRootFilesystem: true
  runAsNonRoot: true
  runAsUser: 1000
```

모든 요소 간의 관계는 그림 5-1과 같다.

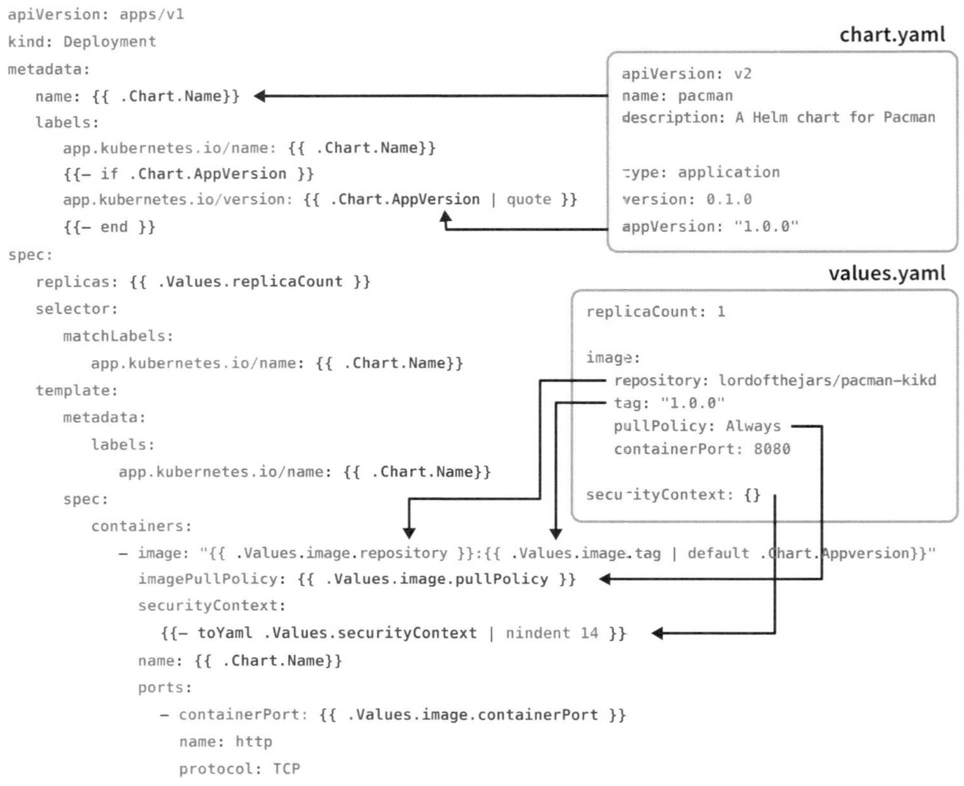

```
apiVersion: apps/v1
kind: Deployment
metadata:
  name: {{ .Chart.Name}}
  labels:
    app.kubernetes.io/name: {{ .Chart.Name}}
    {{- if .Chart.AppVersion }}
    app.kubernetes.io/version: {{ .Chart.AppVersion | quote }}
    {{- end }}
spec:
  replicas: {{ .Values.replicaCount }}
  selector:
    matchLabels:
      app.kubernetes.io/name: {{ .Chart.Name}}
  template:
    metadata:
      labels:
        app.kubernetes.io/name: {{ .Chart.Name}}
    spec:
      containers:
        - image: "{{ .Values.image.repository }}:{{ .Values.image.tag | default .Chart.Appversion}}"
          imagePullPolicy: {{ .Values.image.pullPolicy }}
          securityContext:
            {{- toYaml .Values.securityContext | nindent 14 }}
          name: {{ .Chart.Name}}
          ports:
            - containerPort: {{ .Values.image.containerPort }}
              name: http
              protocol: TCP
```

chart.yaml
```
apiVersion: v2
name: pacman
description: A Helm chart for Pacman

type: application
version: 0.1.0
appVersion: "1.0.0"
```

values.yaml
```
replicaCount: 1

image:
  repository: lordofthejars/pacman-kikd
  tag: "1.0.0"
  pullPolicy: Always
  containerPort: 8080

securityContext: {}
```

그림 5-1 헬름 요소 간 관계

이제 헬름 디렉터리 레이아웃은 다음과 비슷할 것이다.

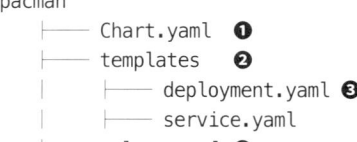

```
pacman
    ├── Chart.yaml       ❶
    ├── templates        ❷
    │     ├── deployment.yaml   ❸
    │     ├── service.yaml
    └── values.yaml      ❹
```

❶ Chart.yaml 파일은 차트를 기술하며(descriptor) 차트 관련 메타데이터를 포함한다.

❷ templates 디렉터리에는 차트 설치에 사용되는 모든 템플릿 파일이 들어있다.

❸ 애플리케이션 배포에 사용되는 헬름 템플릿 파일들이다.

❹ values.yaml 파일에는 차트 기본값이 들어있다.

헬름 차트를 로컬에서 YAML으로 렌더링해 보려면 터미널 창에서 다음 명령을
실행하면 된다.

```
helm template .
```

다음 내용이 화면에 출력될 것이다.

```
---
# Source: pacman/templates/service.yaml
apiVersion: v1
kind: Service
metadata:
  labels:
    app.kubernetes.io/name: pacman
  name: pacman ❶
spec:
  ports:
    - name: http
      port: 8080 ❷
      targetPort: 8080
  selector:
    app.kubernetes.io/name: pacman
---
# Source: pacman/templates/deployment.yaml
apiVersion: apps/v1
kind: Deployment
metadata:
  name: pacman
  labels:
    app.kubernetes.io/name: pacman
    app.kubernetes.io/version: "1.0.0" ❸
spec:
  replicas: 1
  selector:
    matchLabels:
      app.kubernetes.io/name: pacman
  template:
    metadata:
      labels:
        app.kubernetes.io/name: pacman
    spec:
      containers:
        - image: "quay.io/gitops-cookbook/pacman-kikd:1.0.0" ❹
          imagePullPolicy: Always
```

```
            securityContext: ❺
                {}
        name: pacman
        ports:
          - containerPort: 8080
            name: http
            protocol: TCP
```

❶ 이름은 Chart.yaml에서 가져온 것이다.

❷ 포트는 values.yaml에서 가져온 것이다.

❸ 버전은 차트의 버전에서 가져왔다.

❹ 두 속성의 내용이 하나로 연결되었다.

❺ 보안 컨텍스트는 빈 값이다.

헬름 명령어의 --set 파라미터를 사용하면 기본값을 재정의할 수 있다. replica Count 값을 1(values.yaml에 정의된 값)에서 3으로 재정의해 보겠다.

```
helm template --set replicaCount=3 .
```

그러면 replicas 값이 3으로 바뀐다.

```
...
apiVersion: apps/v1
kind: Deployment
metadata:
  name: pacman
  labels:
    app.kubernetes.io/name: pacman
    app.kubernetes.io/version: "1.0.0"
spec:
replicas: 3
...
```

보충

헬름은 쿠버네티스용 패키지 관리자로, 쿠버네티스 애플리케이션의 버전 관리, 공유 및 업그레이드 작업을 돕는다.

헬름 차트를 쿠버네티스 클러스터에 설치하고 애플리케이션을 업그레이드하는 방법을 살펴보자.

미니큐브가 실행 중이면 터미널 창에서 다음 명령을 실행하고 install 명령을 실행하여 애플리케이션을 클러스터에 배포해 보자.

```
helm install pacman .
```

차트는 실행 중인 쿠버네티스 인스턴스에 설치된다.

```
NAME: pacman
LAST DEPLOYED: Sat Feb 24 10:01:14 2024
NAMESPACE: default
STATUS: deployed
REVISION: 1
TEST SUITE: None
```

포드(pod), 배포 및 서비스 목록을 가져와서 차트가 클러스터에 배포되었는지 확인하려면 다음과 같이 하면 된다.

```
kubectl get pods
```

```
NAME                        READY   STATUS    RESTARTS   AGE
pacman-6786bb64f7-dvlvs     1/1     Running   0          48s
```

```
kubectl get deployments
```

```
NAME      READY   UP-TO-DATE   AVAILABLE   AGE
pacman    1/1     1            1           103s
```

```
kubectl get services
```

```
NAME       TYPE        CLUSTER-IP     EXTERNAL-IP   PORT(S)     AGE
pacman     ClusterIP   10.43.253.74   <none>        8080/TCP    2m1s
```

history 명령어를 사용하면 배포된 헬름 차트의 이력 정보도 얻을 수 있다.

```
helm history pacman
```

```
REVISION  UPDATED                    STATUS    CHART         APP VERSION  DESCRIPTION
1         Sat Feb 24 10:01:14 2024   deployed  pacman-0.1.0  1.0.0        Install complete
```

클러스터에서 차트를 제거하려면 uninstall 명령을 실행한다.

helm uninstall pacman

release "pacman" uninstalled

헬름은 차트(패키지)를 다른 차트가 이용할 수 있도록 하는 패키지 관리자다. 예를 들어 애플리케이션 배포를 정의하는 차트는 데이터베이스 배포를 정의하는 차트를 의존성으로 둘 수 있다. 이렇게 하면 애플리케이션을 설치할 때 데이터베이스도 자동으로 설치된다.

패키징 프로세스와 차트 간 의존성에 대해서는 이후 섹션에서 자세히 알아보겠다.

 helm create <name> 명령을 사용하면 헬름 CLI가 프로젝트 구조를 자동으로 만들어주므로 내용만 채우면 된다.

참고

- Helm[3]
- Go template package[4]
- Sprig Function Documentation[5]

5.2 템플릿 간 코드 공유

과제
여러 파일에서 같은 템플릿 코드를 재사용할 수 있도록 해 보자.

풀이
재사용 가능한 코드 블록을 정의하려면 _helpers.tpl을 사용하면 된다.

---

3 *https://helm.sh*
4 *https://oreil.ly/vYI40*
5 *https://oreil.ly/ngC2v*

앞 절에서 정의한 애플리케이션의 deployment.yaml과 service.yaml을 보면 selector 필드가 동일한 값을 가짐을 알 수 있다.

```
# deployment.yaml
...
spec:
  replicas: {{ .Values.replicaCount }}
  selector:
    matchLabels:
      app.kubernetes.io/name: {{ .Chart.Name}}
  template:
    metadata:
      labels:
        app.kubernetes.io/name: {{ .Chart.Name}}
...
# service.yaml
...
  selector:
    app.kubernetes.io/name: {{ .Chart.Name }}
...
```

이 필드를 업데이트하려면(selector 필드에 새 레이블을 추가하는 등의 이유로) 세 곳을 똑같이 업데이트해야 할 것이다.

템플릿 디렉터리에 _helpers.tpl 파일을 만들고 그 안에 재사용 가능한 템플릿 코드를 두면 이런 문제를 방지할 수 있다.

_helpers.tpl 파일을 사용하여 selector 레이블을 정의하도록 기존 코드를 디렉터링해 보자.

템플릿 디렉터리에 다음과 같은 _helpers.tpl 파일을 만든다.

```
{{- define "pacman.selectorLabels" -}}   ❶
app.kubernetes.io/name: {{ .Chart.Name}} ❷
{{- end }}
```

> ❶ statement 이름을 정의한다.
> ❷ 해당 statement가 하는 일을 정의한다.

그런 다음 deployment.html에 있는 레이블 관련 코드를 다음과 같이 include 키워드를 사용하여 podman.selectorLabels를 호출하도록 변경한다.

```
...
spec:
  replicas: {{ .Values.replicaCount }}
  selector:
    matchLabels:
      {{- include "pacman.selectorLabels" . | nindent 6}} ❶
  template:
    metadata:
      labels:
        {{- include "pacman.selectorLabels" . | nindent 8}} ❷
    spec:
      containers:
...
```

    ❶ pacman.selectorLabels를 호출한 결과를 6만큼 들여쓰기하여 주입한다.

    ❷ pacman.selectorLabels를 호출한 결과를 8만큼 들여쓰기하여 주입한다.

service.yaml 파일도 비슷하게 수정한다. 변경된 차트를 로컬에서 YAML로 렌더링해 보자.

```
helm template .
```

출력은 다음과 같다.

```
---
# Source: pacman/templates/service.yaml
apiVersion: v1
kind: Service
metadata:
  labels:
    app.kubernetes.io/name: pacman
  name: pacman
spec:
  ports:
    - name: http
      port: 8080
      targetPort: 8080
  selector:
    app.kubernetes.io/name: pacman ❶
---
# Source: pacman/templates/deployment.yaml
apiVersion: apps/v1
kind: Deployment
```

```
metadata:
  name: pacman
  labels:
    app.kubernetes.io/name: pacman
    app.kubernetes.io/version: "1.0.0"
spec:
  replicas: 1
  selector:
    matchLabels:
      app.kubernetes.io/name: pacman ❷
  template:
    metadata:
      labels:
        app.kubernetes.io/name: pacman ❸
    spec:
      containers:
        - image: "quay.io/gitops-cookbook/pacman-kikd:1.0.0"
          imagePullPolicy: Always
          securityContext:
              {}
          name: pacman
          ports:
            - containerPort: 8080
              name: http
              protocol: TCP
```

❶ _helpers.tpl에 설정된 값으로 갱신되었다.

❷ _helpers.tpl에 설정된 값으로 갱신되었다.

❸ _helpers.tpl에 설정된 값으로 갱신되었다.

보충

이제 selector 레이블을 업데이트하려면 _helpers.tpl 파일만 업데이트하면 된다.

```
{{- define "pacman.selectorLabels" -}}
app.kubernetes.io/name: {{ .Chart.Name}}
app.kubernetes.io/version: {{ .Chart.AppVersion}} ❶
{{- end }}
```

❶ 새 속성을 추가하였다.

차트를 다시 렌더링해 보자.

```
helm template .
```

출력은 다음과 같다.

```
---
# Source: pacman/templates/service.yaml
apiVersion: v1
kind: Service
metadata:
  labels:
    app.kubernetes.io/name: pacman
  name: pacman
spec:
  ports:
    - name: http
      port: 8080
      targetPort: 8080
  selector:
    app.kubernetes.io/name: pacman
    app.kubernetes.io/version: 1.0.0 ❶
---
# Source: pacman/templates/deployment.yaml
apiVersion: apps/v1
kind: Deployment
metadata:
  name: pacman
  labels:
    app.kubernetes.io/name: pacman
    app.kubernetes.io/version: "1.0.0" ❷
spec:
  replicas: 1
  selector:
    matchLabels:
      app.kubernetes.io/name: pacman
      app.kubernetes.io/version: 1.0.0 ❸
  template:
    metadata:
      labels:
        app.kubernetes.io/name: pacman
        app.kubernetes.io/version: 1.0.0 ❹
    spec:
      containers:
        - image: "quay.io/gitops-cookbook/pacman-kikd:1.0.0"
```

```
            imagePullPolicy: Always
            securityContext:
                {}
            name: pacman
            ports:
              - containerPort: 8080
                name: http
                protocol: TCP...
```

❶ 레이블이 추가되었다.

❷ 레이블이 추가되었다.

❸ 레이블이 추가되었다.

❹ 레이블이 추가되었다.

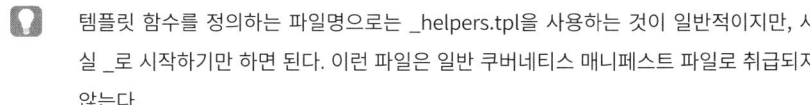 템플릿 함수를 정의하는 파일명으로는 _helpers.tpl을 사용하는 것이 일반적이지만, 사실 _로 시작하기만 하면 된다. 이런 파일은 일반 쿠버네티스 매니페스트 파일로 취급되지 않는다.

5.3 컨테이너 이미지 갱신

과제

배포 파일에서 컨테이너 이미지를 갱신하고 실행 중인 인스턴스를 업그레이드해 보자.

풀이

upgrade 명령을 사용하면 된다.

미니큐브를 실행하고 pacman 애플리케이션의 버전 1.0.0을 배포해 보자.[6]

```
helm install pacman .
```

이렇게 배포한 애플리케이션의 컨테이너 이미지를 새 버전으로 업데이트하고 다시 배포해 보자.

---

6 (옮긴이) 실습을 진행하기 전에 _helpers.tpl을 다음과 같이 되돌려 놓자.

```
{{- define "pacman.selectorLabels" -}}
app.kubernetes.io/name: {{ .Chart.Name}}
{{- end }}
```

우선 다음 명령을 실행하여 현재 리비전 번호를 확인한다.

```
helm history pacman
```

```
REVISION  UPDATED                  STATUS    CHART         APP VERSION  DESCRIPTION
1         Sat Feb 24 11:06:54 2024 deployed  pacman-0.1.0  1.0.0        Install complete
```

버전을 업데이트하려면 values.yaml을 열고 `image.tag` 필드를 최신 컨테이너 이미지 태그로 업데이트한다.

```
image:
  repository: quay.io/gitops-cookbook/pacman-kikd
  tag: "1.1.0" ❶
  pullPolicy: Always
  containerPort: 8080

replicaCount: 1
securityContext: {}
```

    ❶ 컨테이너 태그를 1.1.0으로 갱신하였다.

Chart.yaml 파일의 `appVersion` 필드도 갱신한다.

```
apiVersion: v2
name: pacman
description: A Helm chart for Pacman

type: application
version: 0.1.0
appVersion: "1.1.0" ❶
```

    ❶ 바꾼 이미지 버전에 맞게 갱신하였다.

 두 개의 개별 필드 대신 `appVersion`을 태그로도 쓰는 방법을 생각해 볼 수 있다. 버전 필드의 쓰임새, 버전 관리 전략, 소프트웨어 수명 주기에 따라 어느 쪽으로 할지 정하면 된다.

이러한 변경이 완료되면 다음 명령을 실행하여 배포를 업그레이드한다.

```
helm upgrade pacman .
```

새 리비전이 배포되었다고 화면에 출력될 것이다.

```
Release "pacman" has been upgraded. Happy Helming!
NAME: pacman
LAST DEPLOYED: Sat Feb 24 11:29:55 2024
NAMESPACE: default
STATUS: deployed
REVISION: 2 ❶
TEST SUITE: None
```

　❶ 새 리비전 번호

history 명령을 사용하면 리비전 변경 이력을 확인할 수 있다.

```
helm history pacman
REVISION  UPDATED                 STATUS      CHART          APP   VERSION DESCRIPTION
1         Sat Feb 24 11:29:27 2024  superseded  pacman-0.1.0  1.0.0  Install complete
2         Sat Feb 24 11:29:55 2024  deployed    pacman-0.1.0  1.1.0  Upgrade complete
```

 appVersion은 애플리케이션의 버전이므로 애플리케이션을 변경할 때마다 업데이트해야 한다. 반면에 version은 차트 버전이므로 차트 정의(템플릿 등)가 변경되면 갱신한다. 따라서 두 필드는 서로 관계가 없다.

실습

헬름으로 애플리케이션의 특정 버전을 설치하거나 업그레이드할 수 있고, 이전 버전으로 롤백할 수도 있다.

　터미널 창에서 다음 명령을 실행해 보자.

```
helm rollback pacman 1

Rollback was a success! Happy Helming!
```

history 명령으로 롤백 내역도 확인 가능하다.

```
REVISION  UPDATED                 STATUS      CHART          APP VERSION  DESCRIPTION
1         Sat Feb 24 11:29:27 2024  superseded  pacman-0.1.0  1.0.0        Install complete
2         Sat Feb 24 11:29:55 2024  superseded  pacman-0.1.0  1.1.0        Upgrade complete
3         Sat Feb 24 11:46:21 2024  deployed    pacman-0.1.0  1.0.0        Rollback to 1
```

마지막으로, 헬름은 5.1절에서 설명한 것처럼 --set 파라미터를 통해 속성의 값을 재정의하는 방법 뿐 아니라, YAML 파일을 통해서 재정의하는 방법도 제공한다.

루트 디렉터리에 다음 내용을 담은 newvalues.yaml이라는 이름의 새 YAML 파일을 만들어 보자.

```
image:
  tag: "1.2.0"
```

그런 다음 template 명령을 실행할 때 새 파일을 함께 전달한다.

```
helm template pacman -f newvalues.yaml .
```

결과로 만들어지는 YAML 문서는 기본적으로 values.yaml에 설정된 값을 사용하지만 newvalues.yaml에 설정된 images.tag 값은 재정의(override)한다.

```
apiVersion: apps/v1
kind: Deployment
metadata:
  name: pacman
...
spec:
  replicas: 1
  selector:
    matchLabels:
      app.kubernetes.io/name: pacman
  template:
    metadata:
      labels:
        app.kubernetes.io/name: pacman
    spec:
      containers:
        - image: "quay.io/gitops-cookbook/pacman-kikd:1.2.0"
          imagePullPolicy: Always
...
```

5.4 헬름 차트 패키징 및 배포

과제

다른 사람들이 재사용할 수 있도록 헬름 차트를 패키징하여 배포해 보자.

풀이

package 명령을 사용한다.

헬름은 쿠버네티스를 위한 패키지 관리자다. 지금까지 살펴본 것처럼, 헬름의 기본 단위는 애플리케이션 배포에 필요한 쿠버네티스 파일, 템플릿 기본값 등이 포함된 차트다.

지금부터는 헬름 차트를 패키징하고 공개하여 다른 차트의 의존성으로 이용될 수 있도록 하거나 다른 사용자가 시스템에 배포할 수 있도록 하는 방법을 살펴보도록 하겠다.

우선 pacman 차트를 .tgz 파일로 패키징해 보자. pacman 디렉터리에서 다음 명령을 실행한다.

```
heln package .
```

그러면 해당 아카이브 파일이 어디 생성되었는지 알려주는 메시지가 표시된다.

```
Successfully packaged chart and saved it to: gitops-cookbook/code/05_helm/
04_package/pacman/pacman-0.1.0.tgz
```

그런 다음에는 해당 차트를 차트 저장소(repository)에 게시해야 한다. 차트 저장소는 차트 및 .tgz 차트에 대한 메타데이터 정보를 담은 index.yaml 파일이 있는 HTTP 서버다.

차트를 저장소에 게시하려면 index.yaml 파일을 새 메타데이터 정보로 업데이트하고 아티팩트를 업로드해야 한다.

저장소의 디렉터리 레이아웃은 다음과 비슷할 것이다.

```
repo
├──── index.yaml
├──── pacman-0.1.0.tgz
```

차트의 메타데이터 정보를 담은 index.yaml 파일은 다음과 같은 형태를 띤다.

```
api'/ersion: v1
ent¯ies:
```

```
pacman:
- apiVersion: v2
  appVersion: 1.1.0
  created: "2024-02-24T12:23:47.438759-08:00"
  description: A Helm chart for Pacman
  digest: d581e89e62a11ba1776d9776708f15d37bc75b8ee61c8cb1e437605d3d
          8a9cbd
  name: pacman
  type: application
  urls:
  - pacman-0.1.0.tgz
  version: 0.1.0
generated: "2024-02-24T12:23:47.438218-08:00"
```

 패키징된 차트가 저장된 루트 디렉터리에서 helm repo index를 실행하면 이 인덱스 파일을 자동으로 생성할 수 있다.

보충

헬름은 패키징된 차트의 서명 파일을 생성하여 나중에 그 무결성을 검증할 수 있도록 하는 기능도 제공한다. 이 기능을 활용하면 차트가 임의로 수정되지 않은 올바른 차트인지 확인할 수 있다.

패키지를 서명하고 확인하려면 한 쌍의 GPG 키가 필요하다. 여기서는 이미 만들어져 있다고 가정하겠다.[7]

이제 패키지 명령을 실행할 때 서명 파일 생성에 필요한 gpg 키를 전달하고 --sign 플래그를 지정하여 서명한다.

```
helm package --sign --key 'me@example.com' --keyring ~/.gnupg/secring.gpg .
```

---

7 (옮긴이) 이 키가 없다면 만들어야 한다. 이 키를 만들려면 gpg라는 CLI 명령어가 필요하다. 맥 사용자는 다음 명령으로 설치할 수 있다.

```
brew install gpg
```

설치가 끝났다면 버전을 확인하고 다음 두 명령을 실행한다. 역자는 2.4 버전을 사용하였다.

```
gpg --full-generate-key
gpg --export-secret-keys --output ~/.gnupg/secring.gpg
gpg --export --output ~/.gnupg/pubring.gpg
```

키를 생성하고 내보낼 때(export) 이메일 주소를 입력해야 하는데, 이 이메일 주소는 다음에 설명할 절차를 진행할 때 키 식별자로, 즉 --key 옵션의 인자로 사용된다.

이 절차가 성공적으로 마무리되면 패키지 헬름 차트(.tgz)와 서명 파일(.tgz.prov)이 만들어진다.

```
.
├── Chart.yaml
├── pacman-0.1.0.tgz        ❶
├── pacman-0.1.0.tgz.prov   ❷
├── templates
│       ├── deployment.yaml
│       └── service.yaml
└── values.yaml
```

 ❶ 차트 패키지

❷ 서명 파일

> 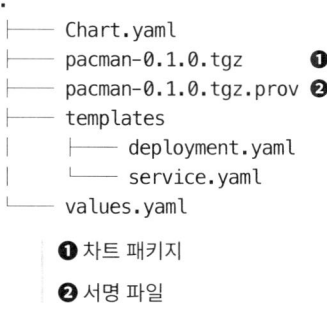 차트 저장소에는 이 두 파일을 전부 업로드해야 한다.

차트가 유효하고 조작되지 않았는지 확인하려면 verify 명령어를 사용한다.

```
helm verify pacman-0.1.0.tgz

Signed by: alexs (book) <asotobu@example.com>
Using Key With Fingerprint: 57C4511D738BC0B288FAF9D69B40EB787040F3CF
Chart Hash Verified: sha256:d8b2e0c5e12a8425df2ea3a903807b93aabe4a6ff82775
                     11a7865c847de3c0bf ❶
```

❶ 유효함

참고

- The Chart Repository Guide[8]
- Helm Provenance and Integrity[9]

---

8 *https://oreil.ly/pQ2Ab*
9 *https://oreil.ly/1Hql0*

5.5 저장소에 보관된 차트 배포

과제

저장소에 보관한 헬름 차트를 배포해 보자.

풀이

repo add 명령을 사용하여 원격 저장소를 추가하고 install 명령을 사용하여 배포한다.

이를 위해 비트나미(Bitnami)[10]와 같은 공개 저장소를 사용할 수 있다.

저장소에 보관된 차트를 설치하려면 저장소 URL부터 등록해야 한다.

```
helm repo add bitnami https://charts.bitnami.com/bitnami ❶
```

> ❶ index.yaml이 저장되는 헬름 차트 저장소 URL

등록된 저장소를 나열하고 싶을 때는 다음과 같이 한다.

```
helm repo list

NAME      URL
bitnami   https://charts.bitnami.com/bitnami ❶
```

> ❶ 비트나미 리포지토리가 등록되었다.

 helm repo update를 실행하면 각 저장소의 최신 차트 목록을 다시 내려받는다.

저장소를 등록한 후 사용 가능한 차트를 찾으려면 어떻게 해야 할까?

가령 클러스터에 PostgreSQL을 배포하고 싶다면 search 명령을 사용하여 모든 저장소에서 해당 이름을 갖는 차트를 검색한다.

```
helm search repo postgresql
```

주어진 이름을 포함하는 차트의 목록이 버전 정보 및 설명과 함께 출력된다.

---

10 *https://oreil.ly/QJzWZ*

차트 이름은 저장소 이름과 차트 이름(예: bitnami/postgresql)으로 구성된다
는 점에 유의하자.

```
NAME                      CHART VERSION   APP VERSION   DESCRIPTION
bitnami/postgresql        14.2.3          16.2.0        PostgreSQL (Postgres) is
                                                        an open source object-...
bitnami/postgresql-ha     13.4.3          16.2.0        This PostgreSQL cluster
                                                        solution includes the P...
bitnami/supabase          2.10.0          0.23.11       Supabase is an open source
                                                        Firebase alternative..
```

PostgreSQL 차트를 배포하려면 install 명령을 실행하되, 차트의 위치를 로컬
디렉터리가 아닌 차트의 전체 이름(<repo>/<chart>)으로 변경한다.

```
helm install my-db \ ❶
--set postgresql.postgresqlUsername=my-default,postgresql.postgresqlPass
  word=postgres,postgresql.postgresqlDatabase=mydb,postgresql.persistence.
  enabled=false \ ❷
bitnami/postgresql ❸
```

❶ 배포 이름을 설정한다.

❷ 차트 기본값을 명령줄 인자에 주어진 값으로 재정의한다.

❸ 비트나미 저장소에 저장된 차트를 설치한다.

콘솔에 상세한 설치 내역이 출력될 것이다.

```
NAME: my-db
LAST DEPLOYED: Sun Feb 25 11:17:01 2024
NAMESPACE: default
STATUS: deployed
REVISION: 1
TEST SUITE: None
NOTES:
CHART NAME: postgresql
CHART VERSION: 14.2.3
APP VERSION: 16.2.0

** Please be patient while the chart is being deployed **

PostgreSQL can be accessed via port 5432 on the following DNS names from
within your cluster:
```

```
    my-db-postgresql.default.svc.cluster.local - Read/Write connection

To get the password for "postgres" run:

    export POSTGRES_PASSWORD=$(kubectl get secret --namespace default
    my-db-postgresql -o jsonpath="{.data.postgres-password}" | base64 -d)

To connect to your database run the following command:

    kubectl run my-db-postgresql-client --rm --tty -i --restart='Never'
    --namespace default --image docker.io/bitnami/postgresql:16.2.0-
    debian-12-r5 --env="PGPASSWORD=$POSTGRES_PASSWORD" \
    --command -- psql --host my-db-postgresql -U postgres -d postgres -p
    5432

    > NOTE: If you access the container using bash, make sure that you
            execute "/opt/bitnami/scripts/postgresql/entrypoint.sh /bin/
            bash" in order to avoid the error "psql: local user with ID
            1001} does not exist"

To connect to your database from outside the cluster execute the following
commands:

    kubectl port-forward --namespace default svc/my-db-postgresql
    5432:5432 & PGPASSWORD="$POSTGRES_PASSWORD" psql --host 127.0.0.1 -U
    postgres -d postgres -p 5432

WARNING: The configured password will be ignored on new installation
         in case when previous PostgreSQL release was deleted through the
         helm command. In that case, old PVC will have an old password,
         and setting it through helm won't take effect. Deleting
         persistent volumes (PVs) will solve the issue.

WARNING: There are "resources" sections in the chart not set. Using
         "resourcesPreset" is not recommended for production. For
         production installations, please set the following values
         according to your workload needs:
  - primary.resources
  - readReplicas.resources

+info https://kubernetes.io/docs/concepts/configuration/manage-resources-
containers
```

쿠버네티스 리소스 상태를 출력하고 확인하여 정상적으로 동작하는지 보도록
하자.

```
kubectl get pods

NAME                    READY  STATUS    RESTARTS  AGE
...
my-db-postgresql-0  1/1    Running   0         6m45

kubectl get services

NAME                    TYPE        CLUSTER-IP      EXTERNAL-IP  PORT(S)    AGE
...
my-db-postgresql-hl  ClusterIP   None            <none>       5432/TCP
7m26s
my-db-postgresql     ClusterIP   10.43.197.208   <none>       5432/TCP
7m26s

kubectl get statefulset

NAME                    READY  AGE
my-db-postgresql  1/1    7m53s

kubectl get secrets

NAME                            TYPE              DATA  AGE
...
my-db-postgresql             Opaque            1     8m12s
sh.helm.release.v1.my-db.v1  helm.sh/release.v1  1   8m12s
```

보충

서드 파티 차트를 이용하는 경우에는 그 기본값(default value)이나 재정의 가
능 파라미터 목록을 직접 확인할 수는 없을 것이다. 헬름은 그런 값을 확인할
수 있도록 show 명령을 제공한다.

```
helm show values bitnami/postgresql
```

위와 같이 실행하면 설정 가능한 모든 값이 화면에 출력된다.

```
## @section Global parameters
## Please, note that this will override the parameters, including
## dependencies, configured to use the global value
##
```

```
global:
  ## @param global.imageRegistry Global Docker image registry
  ##
  imageRegistry: ""
  ## @param global.imagePullSecrets Global Docker registry secret names as
  ## an array
  ## e.g.
  ## imagePullSecrets:
  ##   - myRegistryKeySecretName
  ##
  imagePullSecrets: []
  ## @param global.storageClass Global StorageClass for Persistent
  ## Volume(s)
  ##
  storageClass: ""
  postgresql
...
```

5.6 의존성을 가진 차트 배포

과제

다른 차트를 의존성으로 사용하는 차트를 배포해 보자.

풀이

어떤 차트가 다른 차트에 의존한다는 사실을 선언할 때는 Chart.yaml 파일의 dependencies 섹션을 사용한다. 지금까지 차트를 통해 클러스터에 배포한 서비스는 간단했지만 일반적으로 서비스는 데이터베이스, 메일 서버, 분산 캐시 등에 의존한다.

앞 절에서는 쿠버네티스 클러스터에 PostgreSQL 서버를 배포하는 방법을 살펴봤다. 이번에는 PostgreSQL 데이터베이스에 저장된 노래 목록을 반환하는 Java 서비스를 배포하는 절차를 살펴보겠다. 이 애플리케이션의 구성은 그림 5-2와 같다.

Kubernetes Cluster

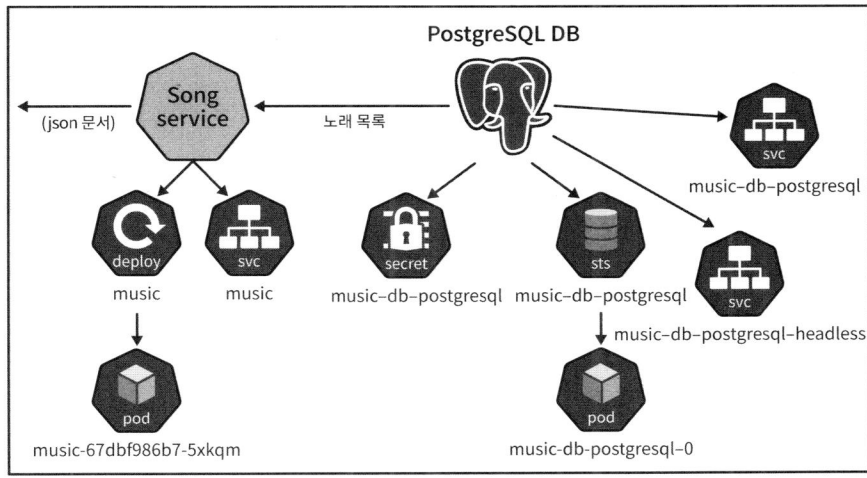

그림 5-2 음악 애플리케이션 개요

5.1절에서 했던 것처럼 차트 골격부터 만든다.

```
mkdir music
mkdir music/templates
cd music
```

그런 다음 음악 서비스 배포에 필요한 두 개의 템플릿 파일을 만든다.

우선 templates/deployment.yaml 파일에는 쿠버네티스 Deployment 리소스를 정의한다.

```
apiVersion: apps/v1
kind: Deployment
metadata:
  name: {{ .Chart.Name}}
  labels:
    app.kubernetes.io/name: {{ .Chart.Name}}
    {{- if .Chart.AppVersion }}
    app.kubernetes.io/version: {{ .Chart.AppVersion | quote }}
    {{- end }}
spec:
  replicas: {{ .Values.replicaCount }}
  selector:
    matchLabels:
```

```
        app.kubernetes.io/name: {{ .Chart.Name}}
  template:
    metadata:
      labels:
        app.kubernetes.io/name: {{ .Chart.Name}}
    spec:
      containers:
        - image: "{{ .Values.image.repository }}:{{ .Values.image.tag |
                  default .Chart.AppVersion}}"
          imagePullPolicy: {{ .Values.image.pullPolicy }}
          name: {{ .Chart.Name}}
          ports:
            - containerPort: {{ .Values.image.containerPort }}
              name: http
              protocol: TCP
          env:
            - name: QUARKUS_DATASOURCE_JDBC_URL
              value: {{ .Values.postgresql.server | default (printf
                      "%s-postgresql" ( .Release.Name )) | quote }}
            - name: QUARKUS_DATASOURCE_USERNAME
              value: {{ .Values.postgresql.postgresqlUsername | default
                      (printf "postgres" ) | quote }}
            - name: QUARKUS_DATASOURCE_PASSWORD
              valueFrom:
                secretKeyRef:
                  name: {{ .Values.postgresql.secretName | default (printf
                          "%s-postgresql" ( .Release.Name )) | quote }}
                  key: {{ .Values.postgresql.secretKey }}
```

그 다음으로 templates/service.yaml 파일에는 쿠버네티스 Service 리소스를 정의한다.

```
apiVersion: v1
kind: Service
metadata:
  labels:
    app.kubernetes.io/name: {{ .Chart.Name }}
  name: {{ .Chart.Name }}
spec:
  ports:
    - name: http
      port: {{ .Values.image.containerPort }}
      targetPort: {{ .Values.image.containerPort }}
  selector:
    app.kubernetes.io/name: {{ .Chart.Name }}
```

템플릿을 만든 후에는 차트 메타데이터를 위한 Chart.yaml 파일을 만든다. 다른 차트에 대한 의존성은 바로 이 파일에 둔다. 음악 서비스는 PostgreSQL 데이터베이스를 사용하므로 5.5절에서 사용한 동일한 차트를 의존성으로 추가한다.

```
apiVersion: v2
name: music
description: A Helm chart for Music service

type: application
version: 0.1.0
appVersion: "1.0.0"

dependencies:              ❶
  - name: postgresql ❷
    version: 14.2.3   ❸
    repository: https://charts.bitnami.com/bitnami ❹
```

❶ 의존성을 정의할 절

❷ 의존성으로 추가할 차트 이름

❸ 해당 차트의 버전

❹ 해당 차트 저장소

마지막으로 만들 파일은 기본값을 담은 values.yaml이다. 해당 파일에 애플리케이션이 PostgreSQL에 접속하는 방법을 설정하는 절을 추가한다.

```
image:
  repository: quay.io/gitops-cookbook/music
  tag: "1.0.0"
  pullPolicy: Always
  containerPort: 8080

replicaCount: 1

postgresql: ❶
  server: jdbc:postgresql://music-db-postgresql:5432/postgres
  secretName: music-db-postgresql
  secretKey: postgres-password
```

❶ PostgreSQL 섹션

그 다음으로 해야 할 일은 의존성으로 선언된 차트를 다운로드하여 차트 디렉터리에 저장하는 것이다. 이 과정은 dependency update 명령을 실행하면 자동으로 수행된다.

```
helm dependency update
```

차트 하나가 다운로드 및 저장되었음을 알리는 메시지가 출력된다.

```
Hang tight while we grab the latest from your chart repositories...
...Successfully got an update from the "bitnami" chart repository
Update Complete. *Happy Helming!*
Saving 1 charts
Downloading postgresql from repo https://charts.bitnami.com/bitnami
Deleting outdated chart
```

디렉터리 레이아웃은 다음과 같다.

```
music
├── Chart.lock
├── Chart.yaml
├── charts
│   └── postgresql-14.2.3.tgz ❶
├── templates
│   ├── deployment.yaml
│   └── service.yaml
└── values.yaml
```

   ❶ 의존성으로 선언된 차트가 올바른 디렉터리에 다운로드되었다.

마지막으로, 차트를 배포한다.

```
helm install music-db .
```

설치 프로세스에는 배포에 대한 정보가 표시된다.

```
NAME: music-db
LAST DEPLOYED: Sun Feb 25 17:45:11 2024
NAMESPACE: default
STATUS: deployed
REVISION: 1
TEST SUITE: None
```

포드, 서비스, 스테이트풀셋 또는 시크릿을 나열하여 설치를 검사한다.

```
kubectl get pods

NAME                       READY  STATUS   RESTARTS        AGE
music-77bbbb5b9f-j2f2v     1/1    Running  2 (2m21s ago)   2m29s
music-db-postgresql-0      1/1    Running  0               2m29s

kubectl get statefulset

NAME                READY  AGE
music-db-postgresql  1/1   2m52s

kubectl get services

NAME                     TYPE       CLUSTER-IP      EXTERNAL-IP   PORT(S)    AGE
kubernetes               ClusterIP  10.96.0.1       <none>        443/TCP    3m51s
music                    ClusterIP  10.105.136.26   <none>        8080/TCP   3m7s
music-db-postgresql      ClusterIP  10.107.251.15   <none>        5432/TCP   3m7s
music-db-postgresql-hl   ClusterIP  None            <none>        5432/TCP   3m7
```

쿠버네티스 서비스에 포트 포워딩을 설정하면 음악 서비스가 정상 동작하는지 확인할 수 있다.[11]

새 터미널 창을 열고 다음 명령을 실행한다.

```
kubectl port-forward service/music 8080:8080

Forwarding from 127.0.0.1:8080 -> 8080
Forwarding from [::1]:8080 -> 8080
```

화면에 포트 포워딩 내역이 출력된 이후에 프롬프트가 떨어지지 않아서 이상하게 보일 수 있지만 정상이며, Ctrl-C를 누르면 포트 포워딩이 중단되고 다시 프롬프트가 떨어진다. 포트 포워딩이 시작되고 나면 로컬 포트 8080이 쿠버네티스 서비스 8080 포트에 연결되므로 음악 서비스를 시험해 볼 수 있다.

다른 터미널에서 서비스를 curl 명령으로 다음과 같이 호출해 보자.

---

11 (옮긴이) 쿠버네티스 환경으로 랜처 데스크톱 1.12.3을 사용하는 경우 위의 포트 포워딩은 정상 동작하지 않을 수 있으니 도커 데스크톱에 내장된 쿠버네티스나 미니큐브를 이용하기 바란다.

```
curl http://localhost:8080/song
```

요청은 쿠버네티스에 배포된 음악 서비스로 전송되어 다음 노래 목록이 반환
된다.

```
[
  {
    "id": 1,
    "artist": "DT",
    "name": "Quiero Munchies"
  },
  {
    "id": 2,
    "artist": "Lin-Manuel Miranda",
    "name": "We Don't Talk About Bruno"
  },
  {
    "id": 3,
    "artist": "Imagination",
    "name": "Just An Illusion"
  },
  {
    "id": 4,
    "artist": "Txarango",
    "name": "Tanca Els Ulls"
  },
  {
    "id": 5,
    "artist": "Halsey",
    "name": "Could Have Been Me"
  }
]
```

5.7 자동 롤링 업데이트

과제
ConfigMap 객체가 변경될 때 배포 롤링 업데이트가 자동으로 시작되도록 구성
하자.

풀이

sha256sum 템플릿 함수를 사용하여 배포 파일에 변경 내역을 주입하면 된다.

커스터마이즈를 사용하는 경우에는 ConfigMap이 수정되면 그 메타데이터 이름에 자동으로 해시 값을 덧붙이고 배포 파일이 그 해시 값을 참조하도록 수정하는 ConfigMapGenerator를 통해 문제를 해결할 수 있음을 4.5절에서 배운 바 있다.

헬름은 그런 직접적인 방법 대신 모든 파일의 SHA-256 해시를 계산하고 그 결과를 템플릿에 포함하는 템플릿 함수를 제공한다.

인사말 메시지를 반환하는 Node.js 애플리케이션이 있다고 가정해 보자. 인사말은 ConfigMap에 설정된다. 쿠버네티스 Deployment에서는 ConfigMap에 저장된 값을 꺼내서 환경 변수로 변환한 다음에 애플리케이션에 주입한다.

그림 5-3은 이 애플리케이션의 개요이다.

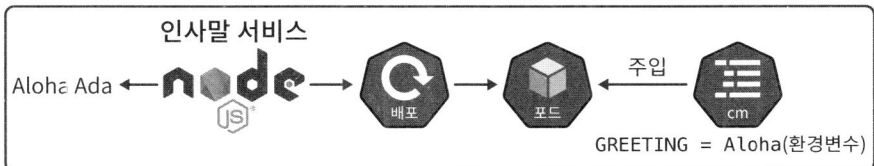

그림 5-3 인사말 애플리케이션 개요

지금부터 이 애플리케이션의 헬름 차트를 살펴본다. 차트를 만드는 전체 과정은 다루지 않으며 필수적인 부분만 설명할 것이다. 설명하지 않는 부분은 5.1절을 참고하기 바란다.

아래 파일은 ConfigMap에 저장된 값을 꺼내어 환경 변수로 바꾸어 애플리케이션에 주입하는 과정을 보여준다.

```
apiVersion: apps/v1
kind: Deployment
metadata:
  name: {{ .Chart.Name}}
  labels:
    app.kubernetes.io/name: {{ .Chart.Name}}
    {{- if .Chart.AppVersion }}
```

```
      app.kubernetes.io/version: {{ .Chart.AppVersion | quote }}
    {{- end }}
spec:
  replicas: {{ .Values.replicaCount }}
  selector:
    matchLabels:
      app.kubernetes.io/name: {{ .Chart.Name}}
  template:
    metadata:
      labels:
        app.kubernetes.io/name: {{ .Chart.Name}}
    spec:
      containers:
        - image: "{{ .Values.image.repository }}:{{ .Values.image.tag |
                  default .Chart.AppVersion}}"
          imagePullPolicy: {{ .Values.image.pullPolicy }}
          name: {{ .Chart.Name}}
          ports:
            - containerPort: {{ .Values.image.containerPort }}
              name: http
              protocol: TCP
          env:
            - name: GREETING
              valueFrom:
                configMapKeyRef:
                  name: {{ .Values.configmap.name}} ❶
                  key: greeting                      ❷
```

❶ ConfigMap 이름

❷ ConfigMap에 보관된 속성의 키

ConfigMap 파일은 다음과 같이 구성한다.

```
apiVersion: v1
kind: ConfigMap
metadata:
  name: greeting-config ❶
data:
  greeting: Aloha        ❷
```

❶ ConfigMap 이름 설정

❷ 키/값

Service 리소스는 다음과 같이 구성하여 서비스에 대한 외부 접근이 가능하도록 한다.

```
apiVersion: v1
kind: Service
metadata:
  labels:
    app.kubernetes.io/name: {{ .Chart.Name }}
  name: {{ .Chart.Name }}
spec:
  ports:
    - name: http
      port: {{ .Values.image.containerPort }}
      targetPort: {{ .Values.image.containerPort }}
  selector:
    app.kubernetes.io/name: {{ .Chart.Name }}
```

values.yaml 파일은 deployment.yaml에 `ConfigMap` 이름을 주입할 수 있도록 구성한다.

```
image:
  repository: quay.io/gitops-cookbook/greetings
  tag: "1.0.0"
  pullPolicy: Always
  containerPort: 8080

replicaCount: 1

configmap:
name: greeting-config ❶
```

> ❶ ConfigMap의 이름

그런 다음 install 명령을 사용하여 차트를 설치한다.

```
helm install greetings .
```

차트가 배포되고 나면 새 터미널 창을 열어 `kubectl port-forward` 명령을 실행하여 서비스에 접근이 가능하도록 한다.

```
kubectl port-forward service/greetings 8080:8080
```

그 상태에서 다른 터미널 창에서 다음과 같이 `curl` 명령을 실행해 보면 인사말 서비스가 보내는 응답을 확인할 수 있다.

```
curl localhost:8080
Aloha Ada ❶
```

　　❶ 인사말 서비스가 보낸 응답

이제 ConfigMap 파일을 새 인사말 메시지로 업데이트해 보자.

```
apiVersion: v1
kind: ConfigMap
metadata:
  name: greeting-config
data:
  greeting: Hola ❶
```

　　❶ 새 인사말 메시지

그런 뒤에 Chart.yaml 파일에서 `appVersion` 필드를 1.0.1로 업데이트한다. 그리고 upgrade 명령을 통해 쿠버네티스에 설치된 차트를 업그레이드한다.

```
helm upgrade greetings .
```

그러나 `kubectl port-forward` 프로세스를 다시 시작하고 curl 명령을 통해 서비스를 호출해 보면 인사말이 업데이트되지 않은 것을 확인할 수 있다.

```
curl localhost:8080
Aloha Alexandra ❶
```

　　❶ 인사말 메시지가 업데이트되지 않음

업그레이드 중에 ConfigMap 오브젝트가 갱신되지만 Deployment 리소스에는 변경된 부분이 없으므로 포드는 다시 시작되지 않는다. 그러므로 환경 변수의 값도 갱신되지 않는다. 포드 목록을 출력해 보면 포드에 아무 변화가 없는 것을 확인할 수 있다.

```
kubectl get pods
NAME                         READY   STATUS    RESTARTS   AGE
greetings-75cf4d589b-zz8j9   1/1     Running   0          2m21s ❶
```

　　❶ 연령 값에 롤링 업데이트가 표시되지 않음

그림 5-4는 지금까지 변경한 내용을 요약한 것이다.

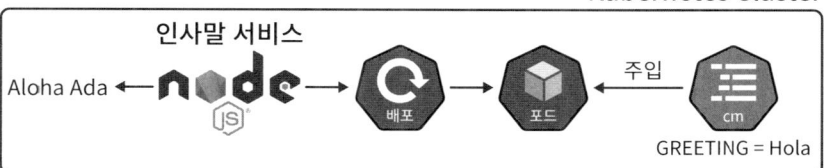

그림 5-4 새 구성 값을 사용한 인사말 애플리케이션

sha256sum 함수를 사용하여 configmap.yaml 파일 콘텐츠의 SHA-256 값을 계산하고 이를 포드 어노테이션(annotation)으로 설정하면 ConfigMap의 내용이 바뀔 때마다 포드 정의도 바뀌므로 롤링 업데이트가 자동으로 시작된다.

deployment.yaml 파일의 내용을 다음과 같이 변경하자.

```
...
spec:
  replicas: {{ .Values.replicaCount }}
  selector:
    matchLabels:
      app.kubernetes.io/name: {{ .Chart.Name}}
  template:
    metadata:
      labels:
        app.kubernetes.io/name: {{ .Chart.Name}}
      annotations:
        checksum/config: {{ include (print $.Template.BasePath
                            "/configmap.yaml") . | sha256sum }} ❶
...
```

> ❶ configmap.yaml 파일의 SHA-256 값을 계산하여 어노테이션으로 설정한다.

이 코드가 예상대로 동작하는지 보려면 우선 차트를 uninstall한 다음 Chart. yaml의 appVersion을 1.0.0으로 돌려놓은 후 다시 install한다.

그런 다음 새 값으로 ConfigMap을 다시 업데이트한다.

```
apiVersion: v1
kind: ConfigMap
metadata:
  name: greeting-config
```

```
data:
  greeting: Namaste ❶
```

> ❶ 새 인사말 메시지

Chart.yaml의 appVersion 필드를 1.0.1로 갱신하고 다음 명령으로 차트를 업그레이드한다.

```
helm upgrade greetings .
```

클러스터에 배포된 포드를 다시 나열하면 롤링 업데이트가 진행되고 있음을 알 수 있다.

```
kubectl get pods
```

```
NAME                           READY  STATUS            RESTARTS  AGE
greetings-5c6b86dbbd-2p9bd     0/1    ContainerCreating  0        3s ❶
greetings-64ddfcb649-m5pml     1/1    Running            0        2m21s
```

> ❶ 롤링 업데이트가 진행 중이다.

이제 kubectl port-forward 프로세스를 다시 시작하고 서비스를 다시 curl 하면 다음과 같은 내용이 출력된다.

```
curl localhost:8080
Namaste Alexandra ❶
```

> ❶ 새로운 인사말 메시지

SHA-256 값의 어노테이션이 있는지 확인할 수 있도록 포드의 상세 정보를 출력해 보려면 다음과 같이 하면 된다.

```
kubectl describe pod greetings-5c6b86dbbd-2p9bd
```

출력에는 모든 포드 파라미터가 표시된다. Annotations 항목을 보면 checksum/config 어노테이션에 SHA-256 값이 잘 붙어있음을 확인할 수 있다.

```
Name:         greetings-5c6b86dbbd-s4n7b
Namespace:    default
Priority:     0
```

```
Service Account:    default
Node:               docker-desktop/192.168.65.3
Start Time:         Mon, 26 Feb 2024 20:54:45 -0800
Labels:             app.kubernetes.io/name=greetings
                    pod-template-hash=57c77cb575
Annotations:        checksum/config: 38f96b801b3a9f43e67bf729e33729fd0576ebc
                                      15332a6fcbea5c05c679238de ❶
...
```

❶ 계산된 SHA-256 값

그림 5-5는 애플리케이션이 업데이트될 때 변경된 요소를 요약한 것이다.

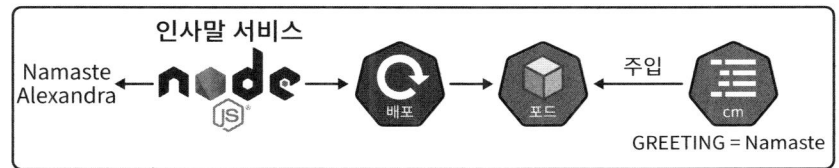

그림 5-5 인사말 애플리케이션의 최종 개요

5.8 맺으며

앞 장에서는 커스터마이즈라는 도구에 대해 살펴보았고, 이번 장에서는 쿠버네티스 애플리케이션의 배포를 돕는 헬름이라는 도구에 대해 알아보았다.

커스터마이즈와 헬름 중 하나를 택해야 한다면, 어떤 도구가 바람직할까?

새로 배포할 때 바뀔 부분이 많지 않은 애플리케이션이라면 커스터마이즈가 더 낫다.

외부 의존성이 많아 복잡하고 배포 파라미터가 많은 프로젝트에는 헬름이 바람직하다.

6장

클라우드 네이티브 CI/CD

앞 장에서는 쿠버네티스에서 널리 사용되는 템플릿 시스템인 헬름을 배웠다. 쿠버네티스 컨테이너를 만들고 관리하는 가장 일반적인 도구를 살펴보았으니, 이제 그 도구를 활용한 쿠버네티스 자동화에 대해 생각해 볼 순서다. 클라우드 환경에 걸맞은 지속적 통합/지속적 배포(CI/CD) 방안에 대해 집중적으로 살펴 보도록 하겠다.

지속적 통합(Continuous Integration)은 개발자가 만든 새 코드를 가져와서 빌드, 테스트, 실행하는 과정을 자동으로 처리하는 프로세스다. 클라우드 네이 티브 CI는 이 프로세스에 클라우드 컴퓨팅과 클라우드 서비스가 결합한 모델 이다. 이 모델의 장점은 다양한데, 그중 하나는 높은 규모 확장성이 요구되는 주문형(on-demand) 사용 패턴을 이식성/재현성이 높은 워크로드(workload) 를 통해 지원한다는 점이다. Git을 통해 수행되는 작업에 기반하여 자동화를 지원하므로 GitOps 워크플로의 기본 구성 요소이기도 하다.

텍톤[1](Tekton)은 많은 인기를 누리고 있는 쿠버네티스 기반 오픈 소스 클라 우드 네이티브 CI/CD 시스템이다. 쿠버네티스 클러스터에 확장 모듈 형태로 설치 및 실행되며, CI/CD 파이프라인 구축에 쓰이는 쿠버네티스 커스텀 리소 스 꾸러미도 제공한다(6.1절).

---

1 *https://tekton.dev*

텍톤 엔진은 쿠버네티스 클러스터 내부에 상주하며 API 객체를 통해 수행할 작업을 선언적으로 정의할 수 있도록 한다. 태스크(Task), 파이프라인(Pipeline) 같은 핵심 컴포넌트를 사용하면 Git 저장소의 내용을 읽어 아티팩트 및 컨테이너를 만드는 파이프라인을 정의할 수 있다[2](6.2절, 6.3절 및 6.4절).

또한 텍톤은 트리거(Trigger)를 사용하여 파이프라인을 자동으로 시작하는 메커니즘도 지원한다. 이를 통해 웹훅 등 다양한 곳에서 오는 이벤트를 감지하고 정보를 추출하여 태스크나 파이프라인을 시작할 수 있다(6.8절).

텍톤은 비공개 Git 저장소와의 연동을 잘 지원한다(6.4절). 아티팩트를 빌드하고 컨테이너를 생성하는 것은 빌다(6.4절)나 3장에서 설명했던 십라이트 등으로 할 수 있다. 커스터마이즈(6.9절)나 헬름(6.10절)과 연동하면 CI 절차를 좀 더 동적으로 구성하고 쿠버네티스 생태계가 제공하는 다양한 도구도 활용할 수 있다.

텍톤은 쿠버네티스 네이티브 솔루션이므로 범용이다. 하지만 시장에 출시된 유일한 클라우드 네이티브 CI/CD는 아니다. GitHub 액션(6.11절) 등 GitOps를 지원하는 다른 솔루션도 있다.

6.1 텍톤 설치

과제

클라우드 네이티브 CI/CD를 위해 쿠버네티스 클러스터에 텍톤을 설치해 보자.

풀이

텍톤[3]은 어떤 쿠버네티스 클러스터에도 설치 가능한 쿠버네티스 네이티브 CI/CD 솔루션이다. 설치하면 그림 6-1에 표시된 것처럼 파이프라인 구축에 사용할 수 있는 일련의 쿠버네티스 커스텀 리소스 CRD[4]가 제공된다.

---

2 텍톤 공식 문서를 참고하기 바란다(*https://oreil.ly/NxpqN*).
3 *https://tekton.dev*
4 *https://oreil.ly/mv0cl*

Task

특정 기능(예: 컨테이너 이미지 빌드)을 수행하는 재사용 가능하고 느슨하게 결합된 여러 개의 단계(steps). 태스크는 쿠버네티스 포드로 실행되고, 태스크의 각 단계는 컨테이너에 대응된다.

Pipeline

앱을 빌드 및/또는 배포하는 데 필요한 Task의 목록.

TaskRun

Task 인스턴스의 실행 및 그 결과.

PipelineRun

Pipeline 인스턴스의 실행 및 그 결과. 다수의 TaskRun 포함.

Trigger

이벤트를 감지하고 다른 CRD에 연결하여 해당 이벤트가 발생했을 때 어떤 일이 발생하는지 지정.

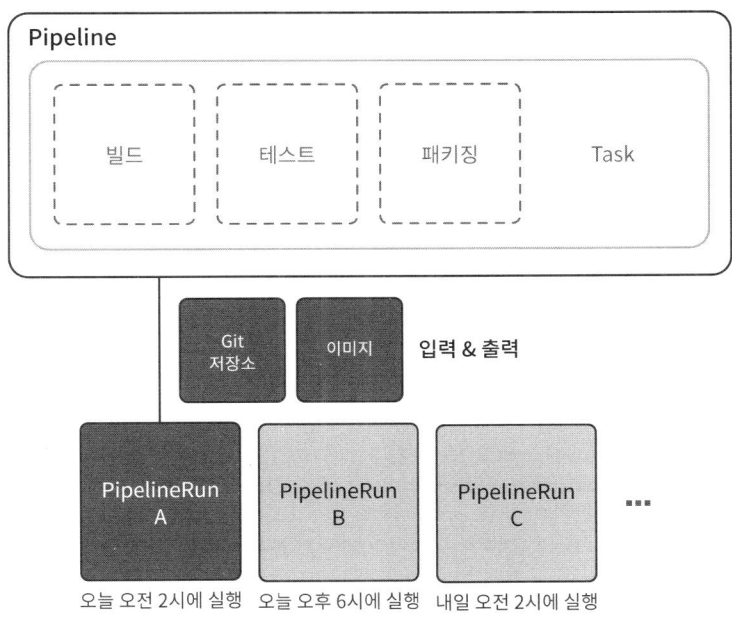

그림 6-1 텍톤 파이프라인

텍톤을 설치하려면 kubectl CLI와 미니큐브(2장) 같은 쿠버네티스 클러스터만 있으면 된다.

텍톤은 모듈식 구조로 되어 있다. 모든 구성 요소를 개별적으로 또는 한 번에 설치할 수 있다.

텍톤 파이프라인

Task 및 Pipeline 포함

텍톤 트리거

Trigger 및 EventListener 포함

텍톤 대시보드

파이프라인과 로그를 시각화 할 수 있는 편리한 대시보드

텍톤 CLI

텍톤 객체를 관리하기 위한 CLI(파이프라인 및 작업 시작/중지, 로그 확인)

 쿠버네티스 오퍼레이터(Operator)를 사용하여 클러스터에 텍톤 구성 요소를 설치하고 관리할 수도 있다. 자세한 내용은 OperatorHub[5]에서 확인하기 바란다.

먼저 텍톤 파이프라인[6] 구성 요소를 설치해야 한다. 0.57.0 버전을 사용하도록 하겠다.

```
kubectl apply -f https://storage.googleapis.com/tekton-releases/pipeline/
previous/v0.57.0/release.yaml
```

설치하면 tekton-pipelines라는 새로운 쿠버네티스 네임스페이스가 생성된다. 화면에는 다음과 유사한 메시지가 출력될 것이다.

```
namespace/tekton-pipelines created
clusterrole.rbac.authorization.k8s.io/tekton-pipelines-controller-tenant-
    access created
clusterrole.rbac.authorization.k8s.io/tekton-pipelines-webhook-cluster-
```

5 *https://oreil.ly/6UoU3*
6 *https://oreil.ly/oOL2V*

```
    access created
clusterrole.rbac.authorization.k8s.io/tekton-events-controller-cluster-
    access created
role.rbac.authorization.k8s.io/tekton-pipelines-controller created
role.rbac.authorization.k8s.io/tekton-pipelines-webhook created
role.rbac.authorization.k8s.io/tekton-pipelines-events-controller created
role.rbac.authorization.k8s.io/tekton-pipelines-leader-election created
role.rbac.authorization.k8s.io/tekton-pipelines-info created
serviceaccount/tekton-pipelines-controller created
serviceaccount/tekton-pipelines-webhook created
serviceaccount/tekton-events-controller created
clusterrolebinding.rbac.authorization.k8s.io/tekton-pipelines-controller-
    cluster-access created
clusterrolebinding.rbac.authorization.k8s.io/tekton-pipelines-controller-
    tenant-access created
clusterrolebinding.rbac.authorization.k8s.io/tekton-pipelines-webhook-
    cluster-access created
clusterrolebinding.rbac.authorization.k8s.io/tekton-events-controller-
    cluster-access created
rolebinding.rbac.authorization.k8s.io/tekton-pipelines-controller created
rolebinding.rbac.authorization.k8s.io/tekton-pipelines-webhook created
rolebinding.rbac.authorization.k8s.io/tekton-pipelines-controller-
    leaderelection created
rolebinding.rbac.authorization.k8s.io/tekton-pipelines-webhook-
    leaderelection created
rolebinding.rbac.authorization.k8s.io/tekton-pipelines-info created
rolebinding.rbac.authorization.k8s.io/tekton-pipelines-events-controller
    created
rolebinding.rbac.authorization.k8s.io/tekton-events-controller-
    leaderelection created
customresourcedefinition.apiextensions.k8s.io/clustertasks.tekton.dev
    created
customresourcedefinition.apiextensions.k8s.io/customruns.tekton.dev
    created
customresourcedefinition.apiextensions.k8s.io/pipelines.tekton.dev created
customresourcedefinition.apiextensions.k8s.io/pipelineruns.tekton.dev
    created
customresourcedefinition.apiextensions.k8s.io/resolutionrequests.
    resolution.tekton.dev created
customresourcedefinition.apiextensions.k8s.io/stepactions.tekton.dev
    created
customresourcedefinition.apiextensions.k8s.io/tasks.tekton.dev created
customresourcedefinition.apiextensions.k8s.io/taskruns.tekton.dev created
customresourcedefinition.apiextensions.k8s.io/verificationpolicies.tekton.
    dev created
secret/webhook-certs created
```

```
validatingwebhookconfiguration.admissionregistration.k8s.io/validation.
    webhook.pipeline.tekton.dev created
mutatingwebhookconfiguration.admissionregistration.k8s.io/webhook.
    pipeline.tekton.dev created
validatingwebhookconfiguration.admissionregistration.k8s.io/config.
    webhook.pipeline.tekton.dev created
clusterrole.rbac.authorization.k8s.io/tekton-aggregate-edit created
clusterrole.rbac.authorization.k8s.io/tekton-aggregate-view created
configmap/config-defaults created
configmap/config-events created
configmap/feature-flags created
configmap/pipelines-info created
configmap/config-leader-election-controller created
configmap/config-leader-election-events created
configmap/config-leader-election-webhook created
configmap/config-logging created
configmap/config-observability created
configmap/config-registry-cert created
configmap/config-spire created
configmap/config-tracing created
deployment.apps/tekton-pipelines-controller created
service/tekton-pipelines-controller created
deployment.apps/tekton-events-controller created
service/tekton-events-controller created
namespace/tekton-pipelines-resolvers created
clusterrole.rbac.authorization.k8s.io/tekton-pipelines-resolvers-
    resolution-request-updates created
role.rbac.authorization.k8s.io/tekton-pipelines-resolvers-namespace-rbac
    created
serviceaccount/tekton-pipelines-resolvers created
clusterrolebinding.rbac.authorization.k8s.io/tekton-pipelines-resolvers
    created
rolebinding.rbac.authorization.k8s.io/tekton-pipelines-resolvers-
    namespace-rbac created
configmap/bundleresolver-config created
configmap/cluster-resolver-config created
configmap/resolvers-feature-flags created
configmap/config-leader-election-resolvers created
configmap/config-logging created
configmap/config-observability created
configmap/git-resolver-config created
configmap/http-resolver-config created
configmap/hubresolver-config created
deployment.apps/tekton-pipelines-remote-resolvers created
service/tekton-pipelines-remote-resolvers created
horizontalpodautoscaler.autoscaling/tekton-pipelines-webhook created
```

```
deployment.apps/tekton-pipelines-webhook created
service/tekton-pipelines-webhook created
```

다음 명령으로 설치를 모니터링하고 확인할 수 있다.

```
kubectl get pods -w -n tekton-pipelines
```

다음과 같은 내용이 출력되어야 한다.

```
NAME                                           READY  STATUS    RESTARTS  AGE
tekton-events-controller-77857f9b75-jv5mp      1/1    Running   0         3m33s
tekton-pipelines-controller-6987c95899-4dxhs   1/1    Running   0         3m33s
tekton-pipelines-webhook-7f556bb7d9-842rr      1/1    Running   0         3m33s
```

 앞의 명령은 -w 플래그를 설정하였으므로 감시 모드에서 실행된다. 컨트롤러와 웹훅 포드의 상태가 전부 "Running"으로 바뀌면 Ctrl+C를 눌러 실행을 중지시키자.

다음으로는 텍톤 트리거[7]를 설치한다. 0.26.1 버전을 설치하도록 하겠다.

```
kubectl apply -f https://storage.googleapis.com/tekton-releases/triggers/p
    revious/v0.26.1/release.yaml
kubectl apply -f https://storage.googleapis.com/tekton-releases/triggers/
    previous/v0.26.1/interceptors.yaml
```

다음과 같은 출력이 표시된다.

```
clusterrole.rbac.authorization.k8s.io/tekton-triggers-admin created
clusterrole.rbac.authorization.k8s.io/tekton-triggers-core-interceptors
    created
clusterrole.rbac.authorization.k8s.io/tekton-triggers-core-interceptors-
    secrets created
clusterrole.rbac.authorization.k8s.io/tekton-triggers-eventlistener-roles
    created
clusterrole.rbac.authorization.k8s.io/tekton-triggers-eventlistener-
    clusterroles created
role.rbac.authorization.k8s.io/tekton-triggers-admin-webhook created
role.rbac.authorization.k8s.io/tekton-triggers-core-interceptors created
role.rbac.authorization.k8s.io/tekton-triggers-info created
serviceaccount/tekton-triggers-controller created
```

---

7 *https://oreil.ly/Vq32h*

```
serviceaccount/tekton-triggers-webhook created
serviceaccount/tekton-triggers-core-interceptors created
clusterrolebinding.rbac.authorization.k8s.io/tekton-triggers-controller-
    admin created
clusterrolebinding.rbac.authorization.k8s.io/tekton-triggers-webhook-admin
    created
clusterrolebinding.rbac.authorization.k8s.io/tekton-triggers-core-
    interceptors created
clusterrolebinding.rbac.authorization.k8s.io/tekton-triggers-core-
    interceptors-secrets created
rolebinding.rbac.authorization.k8s.io/tekton-triggers-webhook-admin
    created
rolebinding.rbac.authorization.k8s.io/tekton-triggers-core-interceptors
    created
rolebinding.rbac.authorization.k8s.io/tekton-triggers-info created
customresourcedefinition.apiextensions.k8s.io/clusterinterceptors.
    triggers.tekton.dev created
customresourcedefinition.apiextensions.k8s.io/clustertriggerbindings.
    triggers.tekton.dev created
customresourcedefinition.apiextensions.k8s.io/eventlisteners.triggers.
    tekton.dev created
customresourcedefinition.apiextensions.k8s.io/interceptors.triggers.
    tekton.dev created
customresourcedefinition.apiextensions.k8s.io/triggers.triggers.tekton.dev
    created
customresourcedefinition.apiextensions.k8s.io/triggerbindings.triggers.
    tekton.dev created
customresourcedefinition.apiextensions.k8s.io/triggertemplates.triggers.
    tekton.dev created
secret/triggers-webhook-certs created
validatingwebhookconfiguration.admissionregistration.k8s.io/validation.
    webhook.triggers.tekton.dev created
mutatingwebhookconfiguration.admissionregistration.k8s.io/webhook.
    triggers.tekton.dev created
validatingwebhookconfiguration.admissionregistration.k8s.io/config.
    webhook.triggers.tekton.dev created
clusterrole.rbac.authorization.k8s.io/tekton-triggers-aggregate-edit
    created
clusterrole.rbac.authorization.k8s.io/tekton-triggers-aggregate-view
    created
configmap/config-defaults-triggers created
configmap/feature-flags-triggers created
configmap/triggers-info created
configmap/config-leader-election-triggers-controller created
configmap/config-leader-election-triggers-webhook created
configmap/config-logging-triggers created
```

```
configmap/config-observability-triggers created
service/tekton-triggers-controller created
deployment.apps/tekton-triggers-controller created
service/tekton-triggers-webhook created
deployment.apps/tekton-triggers-webhook created
secret/tekton-triggers-core-interceptors-certs created
deployment.apps/tekton-triggers-core-interceptors created
service/tekton-triggers-core-interceptors created
clusterinterceptor.triggers.tekton.dev/cel created
clusterinterceptor.triggers.tekton.dev/bitbucket created
clusterinterceptor.triggers.tekton.dev/slack created
clusterinterceptor.triggers.tekton.dev/github created
clusterinterceptor.triggers.tekton.dev/gitlab created
```

다음 명령으로 설치를 모니터링하고 확인할 수 있다.

```
kubectl get pods -w -n tekton-pipelines
```

다음과 같은 포드들이 실행되고 있는 것을 볼 수 있다(tekton-events-controller, tekton-pipelines-controller, tekton-pipelines-webhook, tekton-triggers-controller, tekton-triggers-core-intercepters, tekton-triggers-webhook).

```
NAME                                             READY  STATUS   RESTARTS  AGE
tekton-events-controller-77857f9b75-jv5mp        1/1    Running  0         10m
tekton-pipelines-controller-6987c95899-4dxhs     1/1    Running  0         10m
tekton-pipelines-webhook-7f556bb7d9-842rr        1/1    Running  0         10m
tekton-triggers-controller-5b6d5f54b7-xlv5l      1/1    Running  0         56s
tekton-triggers-core-interceptors-f58696689-zwg6m 1/1   Running  0         55s
tekton-triggers-webhook-689688fc54-tcj5g         1/1    Running  0         56s
```

이렇게 하면 쿠버네티스 클러스터 위에 완전히 작동하는 텍톤이 설치되어 파이프라인과 이벤트 트리거를 통한 자동화를 지원하게 된다. 이 위에 텍톤 대시보드[8]를 설치하면 UI를 통해 Task, Pipeline, 로그 등을 시각적으로 확인할 수 있다. 0.43.1 LTS 버전을 설치해 보도록 하겠다.

```
kubectl apply --filename https://storage.googleapis.com/tekton-releases/
dashboard/previous/v0.43.1/release.yaml
```

---

8 *https://oreil.ly/Db56q*

다음과 비슷한 결과가 출력될 것이다.

```
customresourcedefinition.apiextensions.k8s.io/extensions.dashboard.tekton.
    dev created serviceaccount/tekton-dashboard created
role.rbac.authorization.k8s.io/tekton-dashboard-info created
clusterrole.rbac.authorization.k8s.io/tekton-dashboard-backend created
clusterrole.rbac.authorization.k8s.io/tekton-dashboard-tenant created
rolebinding.rbac.authorization.k8s.io/tekton-dashboard-info created
clusterrolebinding.rbac.authorization.k8s.io/tekton-dashboard-backend
    created
configmap/dashboard-info created
service/tekton-dashboard created
deployment.apps/tekton-dashboard created
clusterrolebinding.rbac.authorization.k8s.io/tekton-dashboard-tenant
    created
```

다음 명령으로 설치를 모니터링하고 확인할 수 있다.

```
kubectl get pods -w -n tekton-pipelines
```

새 포드가 생성되고 실행 중인 tekton-dashboard가 표시되어야 한다.

```
NAME                                              READY  STATUS   RESTARTS  AGE
tekton-dashboard-667d5ccbff-5rw2l                 1/1    Running  0         2m32s
tekton-events-controller-77857f9b75-jv5mp         1/1    Running  0         20m
tekton-pipelines-controller-6987c95899-4dxhs      1/1    Running  0         20m
tekton-pipelines-webhook-7f556bb7d9-842rr         1/1    Running  0         20m
tekton-triggers-controller-5b6d5f54b7-xlv5l       1/1    Running  0         10m
tekton-triggers-core-interceptors-f58696689-zwg6m 1/1    Running  0         10m
tekton-triggers-webhook-689688fc54-tcj5g          1/1    Running  0         10m
```

기본적으로 대시보드는 쿠버네티스 클러스터 외부에 노출되지 않는다. 다음 명령을 사용하면 이용 가능하다.

```
kubectl port-forward svc/tekton-dashboard 9097:9097 -n tekton-pipelines
```

 쿠버네티스에서 내부 서비스를 노출하는 방법은 여러 가지이며, 텍톤 대시보드 설명서[9]에 나와 있는 것처럼 이를 위한 인그레스(Ingress)[10]를 생성할 수도 있다.

---

9   *https://oreil.ly/BeOlq*
10 *https://oreil.ly/wwWcX*

이제 브라우저에서 *http://localhost:9097*를 열면 그림 6-2와 같이 대시보드를 이용할 수 있다.

여러분이 사용하는 운영 체제에 맞는 텍톤 CLI[11]를 다운로드하여 설치하면 명령줄에서 작업 및 파이프라인 생성을 시작할 수 있다.[12] 이 책에서는 0.35.1 버전을 사용한다.

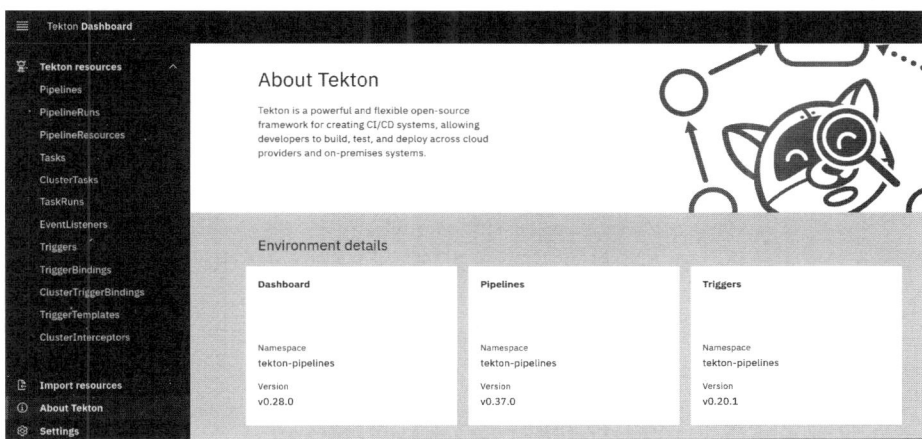

그림 6-2 텍톤 대시보드

마지막으로 다음 명령을 통해 텍톤 CLI (tkn)와 텍톤이 올바르게 구성되었는지 확인한다.

```
tkn version
```

다음과 같은 출력이 표시된다.

```
Client version: 0.35.1
Pipeline version: v0.57.0
Triggers version: v0.26.1
Dashboard version: v0.43.1
```

---

11 *https://oreil.ly/U7FSt*
12 (옮긴이) 맥에서는 brew install tektoncd-cli 명령으로 설치할 수 있다.

참고

- 텍톤 시작하기[13]

6.2 "Hello World" Task

과제

간단한 Task를 하나 만들어 텍톤을 실제로 사용해 보자.

풀이

텍톤에서 Task는 작업 수행에 필요한 로직을 순차적으로 실행하는 일련의 단계(step)들로 정의된다. 모든 Task[14]는 쿠버네티스 클러스터에서 포드로 실행되며, 각 단계는 자체 컨테이너에서 실행된다. 한 Task 안의 각 단계들은 순차적으로 실행되지만, Task들끼리는 서로 병렬적으로 실행될 수 있다. 따라서 Task는 텍톤으로 파이프라인을 만드는 데 가장 기본이 되는 단위다.

Hello World 작업을 만들어 보자.

```
apiVersion: tekton.dev/v1
kind: Task      ❶
metadata:
  name: hello ❷
spec:
  steps:                ❸
    - name: say-hello ❹
      image: registry.access.redhat.com/ubi8/ubi ❺
      command:
        - /bin/bash
      args: ['-c', 'echo Hello GitOps Cookbook reader!']
```

❶ API 종류는 Task

❷ Task 이름

❸ 이 Task를 구성하는 단계들 (본 예제의 경우에는 하나)

❹ 단계의 이름

❺ 단계를 수행할 컨테이너 이미지

---

13 *https://oreil.ly/7I7ev*
14 *https://oreil.ly/5ldpn*

먼저 이 리소스를 쿠버네티스에서 생성해야 한다.

```
kubectl create -f helloworld-task.yaml
```

다음과 같은 출력이 표시된다.

```
task.tekton.dev/hello created
```

현재 쿠버네티스 네임스페이스에서 오브젝트가 생성되었는지 확인할 수 있다.

```
kubectl get tasks
```

다음과 비슷한 메시지가 화면에 출력될 것이다.

```
NAME   AGE
hello   90s
```

이제 tkn CLI로 텍톤 작업을 시작할 수 있다.

```
tkn task start --showlog hello
```

화면에 다음과 같은 메시지가 출력될 것이다.

```
TaskRun started: hello-run-nrcgt
Waiting for logs to be available...
[say-hello] Hello GitOps Cookbook reader!
```

 태스크 실행은 실행 중인 태스크의 API 표현이다. 자세한 내용은 6.3절을 참조하자.

참고

- 텍톤 Task 공식 레퍼런스[15]

---

15 *https://oreil.ly/5ldpn*

6.3 Git 저장소에 보관된 앱 코드를 컴파일하고 패키징하는 Task

과제

텍톤을 사용하여 Git 저장소에 보관된 앱 코드를 컴파일하고 패키징하는 작업을 자동화하자.

풀이

6.2절에서 보았듯이 텍톤 Task는 어떤 동작을 순차적으로 실행되는 단계들로 자동화할 수 있도록 하는 유연한 메커니즘을 제공한다. 이번 절의 핵심 아이디어는 추후 파이프라인을 만들 때 쓸 수 있도록 입력과 출력이 잘 규정된 Task를 만드는 것이다. 리소스를 좀 더 잘 통제할 수 있도록 하는 선택적 필드들도 준비한다.

inputs
> 해당 Task가 소비하는 리소스.

outputs
> 해당 Task가 생산하는 리소스.

params
> Task에 포함된 단계들이 사용할 인자. 각 인자는 다음 필드를 갖는다.

> name
>> 인자의 이름.

> description
>> 인자에 대한 설명.

> default
>> 인자의 기본값.

> results
>> Task가 실행 결과를 기록할 이름들.

workspaces

　Task가 필요로 하는 볼륨(volume)들의 경로.

volumes

　Task에 마운트될 외부 볼륨들.

지금부터 살펴볼 예제는 build-app라는 이름의 Task다(그림 6-3). 이 작업은 git 명령어를 사용하여 소스 코드를 복제(clone)하고, 그 내용을 출력으로 나열한다.

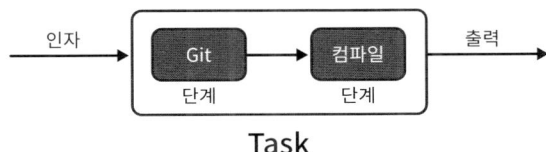

그림 6-3 build-app 작업

```
apiVersion: tekton.dev/v1
kind: Task
metadata:
  name: build-app
spec:
  workspaces: ❶
    - name: source
      description: The git repo will be cloned onto the volume backing
this workspace
  params: ❷
    - name: contextDir
      description: the context dir within source
      default: quarkus
    - name: tlsVerify
      description: tls verify
      type: string
      default: "false"
    - name: url
      type: string
      default: "https://github.com/gitops-cookbook/tekton-tutorial-
greeter.git"
    - name: revision
      default: master
    - name: sslVerify
      description: defines if http.sslVerify should be set to true or
```

```
false in the global git config
      type: string
      default: "false"
  steps:
    - image: 'gcr.io/tekton-releases/github.com/tektoncd/pipeline/cmd/
            git-init:v0.44.5'
      name: clone
      script: |
        cleandir() {
          # Delete any existing contents of the repo directory if it exists.
          #
          # We don't just "rm -rf $CHECKOUT_DIR" because $CHECKOUT_DIR might be "/"
          # or the root of a mounted volume.
          if [[ -d "$CHECKOUT_DIR" ]] ; then
            # Delete non-hidden files and directories
            rm -rf "$CHECKOUT_DIR"/*
            # Delete files and directories starting with . but excluding ..
            rm -rf "$CHECKOUT_DIR"/.[!.]*
            # Delete files and directories starting with .. plus any other charac
            rm -rf "$CHECKOUT_DIR"/..?*
          fi
        }
        /ko-app/git-init -url="$(params.url)" \
          -revision="$(params.revision)" \
          -path="$(workspaces.source.path)" \
          -sslVerify="$(params.sslVerify)"
        cd "$(workspaces.source.path)"
        RESULT_SHA="$(git rev-parse HEAD)"
    - name: build-sources
      image: gcr.io/cloud-builders/mvn
      script: |
        cd $(workspaces.source.path)/$(params.contextDir)
        mvn -DskipTests clean install
      env:
        - name: user.home
          value: /home/tekton
```

❶ Task에 속한 각 단계(step)와 Task는 텍톤 워크스페이스(workspace)라 불리는 파일 시스템을 공유할 수 있다. 이 공유 파일 시스템은 PVC(PersistentVolumeClaim)로 만들어진 지속성(persistent) 파일 시스템이거나 ConfigMap이거나 emptyDir이라 불리는 휘발성(ephemeral) 볼륨이다.

❷ Task는 인자를 받을 수 있으며, 그 인자를 통해 실제 작업 내용을 동적으로 결정할 수 있다.

다음 명령으로 Task를 만들어 보자.

```
kubectl create -f build-app-task.yaml
```

다음과 유사한 출력이 표시된다.

```
task.tekton.dev/build-app created
```

다음 명령을 통해 실제 Task 객체가 만들어졌는지 확인할 수 있다.

```
kubectl get tasks
```

다음과 같은 메시지가 화면에 출력될 것이다.

```
NAME        AGE
build-app   3s
```

tkn CLI로 Task 목록을 나열할 수도 있다.

```
tkn task ls
```

다음과 같은 메시지가 화면에 표시될 것이다.

```
NAME        DESCRIPTION  AGE
build-app                11 minutes ag
```

이렇게 해서 만들어진 Task를 시작하면 TaskRun(*https://oreil.ly/MZ5DY*) 객체가 새로 만들어진다. TaskRun은 실행 중인 Task를 API로 표현한 것이다. tkn CLI 명령으로 Task를 실행하면 해당 객체가 만들어진다.

```
tkn task start build-app \
  --param contextDir='quarkus' \
  --workspace name=source,emptyDir="" \
  --showlog
```

 인자를 받도록 설정된 Task나 Pipeline을 텍톤 CLI를 통해서 실행하면 기본값을 그대로 쓸지 아니면 다른 값으로 바꿀지 매번 묻는다. 그런 질의 없이 기본값을 그대로 쓰려면 위의 코드에 --use-param-defaults 옵션을 추가하자.

화면에 다음과 같은 텍스트가 출력될 것이다.

```
TaskRun started: build-app-run-zdlf2
Waiting for logs to be available...
[clone] {"level":"info","ts":1709511729.6441572,"caller":"git/git.
    go:176","msg":"Successfully cloned https://github.com/gitops-cookbook
    /tekton-tutorial-greeter.git @ d9291c456db1ce29177b77ffeaa9b71ad80a5
    0e6 (grafted, HEAD, origin/master) in path /workspace/source"}
[clone] {"level":"info","ts":1709511729.6718516,"caller":"git/git.go:215",
    "msg":"Successfully initialized and updated submodules in path /work
space/source"

[build-sources] [INFO] Scanning for projects...
[build-sources] Downloading from central: https://repo.maven.apache.org/
    maven2/io/quarkus/quarkus-universe-bom/1.6.1.Final/quarkus-universe-
    bom-1.6.1.Final.Pom
...
[build-sources] Downloaded from central: https://repo.maven.apache.org/
    maven2/org/codehaus/plexus/plexus-utils/3.0.5/plexus-utils-3.0.5.jar
    (230 kB at 4.5 MB/s)
[build-sources] [INFO] Installing /workspace/source/quarkus/target/tekton-
    quarkus-greeter.jar to /root/.m2/repository/com/redhat/developers/
    tekton-quarkus-greeter/1.0.0-SNAPSHOT/tekton-quarkus-greeter-1.0.0-
    SNAPSHOT.jar
[build-sources] [INFO] Installing /workspace/source/quarkus/pom.xml to
    /root/.m2/repository/com/redhat/developers/tekton-quarkus-greeter/
    1.0.0-SNAPSHOT/tekton-quarkus-greeter-1.0.0-SNAPSHOT.pom
[build-sources] [INFO] -----------------------------------------------
[build-sources] [INFO] BUILD SUCCESS
[build-sources] [INFO] -----------------------------------------------
[build-sources] [INFO] Total time:  41.602 s
[build-sources] [INFO] Finished at: 2024-03-04T00:22:54Z
[build-sources] [INFO] -----------------------------------------------
```

또는 다음과 같이 수동으로 TaskRun 개체를 만들어도 된다.

```
apiVersion: tekton.dev/v1
kind: TaskRun
metadata:
  generateName: build-app-run- ❶
  labels:
    app.kubernetes.io/managed-by: tekton-pipelines
    tekton.dev/task: build-app
spec:
  params:
```

```
        - name: contextDir
          value: quarkus
        - name: revision
          value: master
        - name: sslVerify
          value: "false"
        - name: subdirectory
          value: ""
        - name: tlsVerify
          value: "false"
        - name: url
          value: https://github.com/gitops-cookbook/tekton-tutorial-greeter.git
      taskRef: ❷
        kind: Task
        name: build-app
  workspaces:
  - emptyDir: {}
        name: source
```

> ❶ TaskRun마다 이름을 명시하는 일을 피하려면 generateName 속성을 통해 텍톤으로 하여
>   금 지정한 문자열 나머지 부분만 자동으로 생성하게 한다.
>
> ❷ TaskRun이 시작할 Task의 이름을 지정한다.

그리고 다음과 같이 TaskRun 객체를 만든다.

```
kubectl create -f build-app-taskrun.yaml
```

다음과 같은 메시지가 출력될 것이다.

```
taskrun.tekton.dev/build-app-run-4997n created
```

tkn CLI로 확인하려면 다음과 같이 한다.

```
tkn taskrun ls
```

화면에 다음과 같은 메시지가 출력될 것이다.

```
NAME                 STARTED         DURATION  STATUS
build-app-run-65vmh  1 minutes ago   2m37s     Succeeded
build-app-run-rzcd8  2 minutes ago   3m58s     Succeeded
```

특정한 TaskRun의 로그를 출력하려면 다음과 같이 한다.[16]

```
tkn taskrun logs build-app-run-65vmh -f
```

참고

- TaskRun 디버깅 방법[17]

6.4 비공개 Git 저장소의 앱을 컴파일하고 패키징하는 Task

과제

비공개 Git 저장소의 앱을 컴파일하고 패키징하는 과정을 텍톤으로 자동화해 보자.

풀이

6.3절에서는 공개 Git 저장소의 샘플 자바 애플리케이션을 컴파일하고 패키징하는 방법을 살펴보았지만, 현업에서는 대부분 비공개 저장소(private repository)를 사용한다. 어떻게 하면 그런 저장소와 연동할 수 있을까? 텍톤은 Git을 위해 다음과 같은 인증 체계를 지원한다.

- 기본 인증(Basic-auth)
- SSH

두 가지 옵션 모두 쿠버네티스 시크릿(Kubernetes Secret)[18]을 사용하여 자격 증명을 저장하고, 이를 텍톤 Task 또는 Pipeline을 실행하는 ServiceAccount[19]에 연결하는 방식이다.

---

16 (옮긴이) 이번 절에서는 텍톤의 동작 원리를 보이기 위해 다소 장황한 예제를 사용하였지만, 사실 텍톤은 git 저장소를 복제(clone)하는 Task `git-clone`을 커뮤니티 허브(Community Hub)을 통해 제공하고 있어서 해당 태스크를 활용해 복제 및 빌드 과정을 구현해도 된다. 해당 방안이 궁금하다면 *https://tekton.dev/docs/how-to-guides/clone-repository/*를 방문해 보기 바란다.

17 *https://oreil.ly/PxRNG*

18 *https://oreil.ly/Oxj6W*

19 *https://oreil.ly/6UC3O*

텍톤은 기본 서비스 어카운트(default service account)를 사용하지만, 이 지침서[20]를 따르면 다른 계정으로 전환할 수 있다.

GitHub 같은 유명 Git 서비스에 대한 기본 인증 사례부터 살펴보자.

GitHub는 비밀번호 인증 이외에도 개인 액세스 토큰(Personal Access Token, PAT)이라는 인증 수단을 제공하고 있다. 보안 측면에서 비밀번호보다 더 낫다.

먼저 시크릿부터 만들자. 다음과 같은 YAML 파일을 만들면 된다.

```
apiVersion: v1
kind: Secret
metadata:
  name: git-secret
  annotations:
    tekton.dev/git-0: https://github.com ❶
type: kubernetes.io/basic-auth        ❷
stringData:
  username: YOUR_USERNAME ❸
password: YOUR_PASSWORD  ❹
```

❶ 텍톤이 해당 시크릿을 사용하게 될 URL(이 경우 GitHub)을 지정한다.

❷ 시크릿 유형(이 경우 기본 인증)

❸ Git 사용자(이 경우 GitHub 사용자)

❹ Git 비밀번호(이 경우 여러분의 GitHub 개인 액세스 토큰)

이제 다음 명령으로 시크릿을 생성한다.

```
kubectl create -f git-secret.yaml
```

화면에 다음 메시지가 출력될 것이다.

```
secret/git-secret created
```

아래와 같이 YAML을 작성하지 않고 kubectl을 통해 만들 수도 있다.

---

20 *https://oreil.ly/ID6m0*

```
kubectl create secret generic git-secret \
    --type=kubernetes.io/basic-auth \
    --from-literal=username=YOUR_USERNAME \
    --from-literal=password=YOUR_PASSWORD
```

이렇게 만든 시크릿에 다음과 같이 어노테이션을 붙인다.

```
kubectl annotate secret git-secret "tekton.dev/git-0=https://github.com"
```

시크릿을 만들고 어노테이션을 붙인 뒤에는, 텍톤 Task나 Pipeline을 실행할 ServiceAccount에 연결해야 한다.

다음과 같이 새로운 ServiceAccount를 만들고 tekton-bot-sa.yaml 파일에 저장한다.

```
apiVersion: v1
kind: ServiceAccount
metadata:
  name: tekton-bot-sa
secrets:
- name: git-secret ❶
```

> ❶ 이 ServiceAccount에 연결될 시크릿 목록

그리고 해당 파일을 다음과 같이 적용한다.

```
kubectl create -f tekton-bot-sa.yaml
```

다음과 같은 메시지가 화면에 출력될 것이다.

```
serviceaccount/tekton-bot-sa created
```

 다음과 같이 kubectl로 직접 ServiceAccount를 만드는 방법도 있다.

```
kubectl create serviceaccount tekton-bot-sa
```

위의 명령으로 생성한 서비스 어카운트를 패치하여 시크릿 참조 목록을 붙인다.

```
kubectl patch serviceaccount tekton-bot-sa -p
'{"secrets": [{"name": "git-secret"}]}'
```

이상의 작업을 마친 후, 6.3절에서 예제로 살펴본 tkn 명령에 --serviceac-count=<NAME> 옵션을 추가하여 실행해 보자.

```
tkn task start build-app \
  --serviceaccount='tekton-bot-sa' \ ❶
  --param url='https://github.com/gitops-cookbook/tekton-greeter-private.git' \ ❷
  --param contextDir='quarkus' \
  --workspace name=source,emptyDir="" \
  --showlog
```

> ❶ 여기에서 사용할 ServiceAccount를 지정하면 런타임에 기본 서비스 어카운트를 대체하게 된다.
>
> ❷ 기본 저장소를 원하는 저장소로 오버라이드할 수 있다. 여기 사용된 URL은 여러분이 접근할 수 없는 비공개 저장소이므로 방금 여러분이 직접 만든 서비스 어카운트로는 접근이 불가능하다. 원한다면 직접 비공개 리포지토리를 만들어 테스트해 보도록 하자.

화면에는 다음과 같은 메시지가 출력되어야 한다.

```
TaskRun started: build-app-run-8mz88
Waiting for logs to be available...
[clone] {"level":"info","ts":1710007053.4321172,"caller":"git/git.go:176",
    "msg":"Successfully cloned https://github.com/gitops-cookbook/tekton-
    tutorial-greeter.git @ d9291c456db1ce29177b77ffeaa9b71ad80a50e6
    (grafted, HEAD, origin/master) in path /workspace/source"}
[clone] {"level":"info","ts":1710007053.46291,"caller":"git/git.go:215",
    "msg":"Successfully initialized and updated submodules in path
    /workspace/source"}
...
[build-sources] [INFO] -------------------------------------------------
[build-sources] [INFO] BUILD SUCCESS
[build-sources] [INFO] -------------------------------------------------
[build-sources] [INFO] Total time:  41.249 s
[build-sources] [INFO] Finished at: 2024-03-09T18:36:06Z
[build-sources] [INFO] -------------------------------------------------
```

참고

- 텍톤에서의 인증 처리[21]

---

21 *https://oreil.ly/6W9xF*

6.5 텍톤 Task와 빌다를 통한 애플리케이션 컨테이너 생성

과제

텍톤 Task를 사용하여 앱 컴파일, 패키징, 컨테이너 이미지 생성까지의 과정을 처리해 보자.

풀이

클라우드 네이티브 접근법을 채택할 때 자동화는 필수적이다. 워크로드(workload)를 쿠버네티스에 배포하기로 결정했다면 애플리케이션을 자동으로 패키징하고 배포하는 방법도 제공해야 한다.

사실 쿠버네티스에는 컨테이너 빌드 메커니즘이 내장되어 있지 않다. 따라서 텍톤과 같은 애드온(add-on)이나 외부 서비스를 이용해야 한다. 그렇기 때문에 3장에서 다양한 오픈 소스 도구로 애플리케이션을 패키징하고 컨테이너 이미지를 만드는 방법을 다룬 것이다. 3.3절에서는 빌다를 사용하여 Dockerfile에서 바로 컨테이너 이미지를 만드는 방법을 설명하였다.

텍톤의 확장 가능한 모델 덕분에 6.3절에서 사용한 Task를 재사용하는 것이 가능하다. 이전 단계(step)의 결과물을 가져와 컨테이너 이미지를 만드는 새로운 단계를 그림 6-4와 같이 추가하는 방식이다.

그림 6-4 이미지를 만들고 푸시하는 Task

컨테이너 이미지는 도커허브(DockerHub) 또는 퀘이(Quay.io)와 같은 공용 저장소 또는 비공개 저장소로 푸시한다. 비공개 Git 저장소의 경우와 마찬가지로 (6.4절) 컨테이너 이미지를 저장소로 푸시하려면 인증이 필요하다. 작업을 실행할 ServiceAccount에 인증에 쓰일 정보를 시크릿으로 연결해야 한다. 공개 저장소의 사용법은 2장을 참고하기 바란다.

```
kubectl create secret docker-registry container-registry-secret \
    --docker-server='YOUR_REGISTRY_SERVER' \
    --docker-username='YOUR_REGISTRY_USER' \
    --docker-password='YOUR_REGISTRY_PASS'[22]
```

화면에 다음과 같은 메시지가 출력될 것이다.

```
secret/container-registry-secret created
```

이제 다음 명령으로 해당 시크릿이 실재하는지, 그리고 시크릿 유형이 kuber
netes.io/dockerconfigjson인지 확인한다.

```
kubectl get secrets
```

다음과 같은 메시지가 화면에 출력되어야 한다.

```
NAME                         TYPE                              DATA  AGE
container-registry-secret    kubernetes.io/dockerconfigjson    1     1s
```

실습을 위한 ServiceAccount는 다음과 같이 만든다.

```
kubectl create serviceaccount tekton-registry-sa
```

그리고 앞서 만든 시크릿을 이 ServiceAccount에 연결한다.

```
kubectl patch serviceaccount tekton-registry-sa \
    -p '{"secrets": [{"name": "container-registry-secret"}]}'
```

화면에 다음과 같은 메시지가 출력될 것이다.

```
serviceaccount/tekton-registry-sa patched
```

이제 build-app-task.yaml을 복사하여 build-push-app-task.yaml 파일을 만든
다. 그런 다음 컨테이너 이미지를 만들고 저장소에 푸시하는 단계를 다음 코드
와 같이 추가한다. 태스크 이름도 build-push-app으로 변경하였음에 유의하자.
아래 예제에서 컨테이너 이미지는 quay.io/gitops-cookbook/tekton-greeter:

---

22 (옮긴이) YOUR_REGISTRY_SERVER는 quay.io로 설정하고, YOUR_REGISTRY_USER와 USER_REGISTRY_
    PASS는 각각 여러분의 quay.io 사용자 아이디와 패스워드로 설정하자.

latest의 저장소로 푸시한다고 가정하였으나 여러분은 여러분의 저장소 이름
을 사용하도록 변경하여 실습하기 바란다.

```yaml
apiVersion: tekton.dev/v1
kind: Task
metadata:
  name: build-push-app
spec:
  workspaces:
    - name: source
      description: The git repo will be cloned onto the volume backing this
workspace
  params:
    - name: contextDir
      description: the context dir within source
      default: quarkus
    - name: tlsVerify
      description: tls verify
      type: string
      default: "false"
    - name: url
      type: string
      default: "https://github.com/gitops-cookbook/tekton-tutorial-
              greeter.git"
    - name: revision
      default: master
    - name: sslVerify
      description: defines if http.sslVerify should be set to true or
                  false in the global git config
      type: string
      default: "false"
    - name: storageDriver
      description: storage driver
      type: string
      default: "vfs"
    - name: destinationImage
      description: the fully qualified image name
      type: string
  steps:
    - image: 'gcr.io/tekton-releases/github.com/tektoncd/pipeline/cmd/git-
            init:v0.44.5'
      name: clone
      script: |
        cleandir() {
          # Delete any existing contents of the repo directory if it exists.
          #
```

```
        # We don't just "rm -rf $CHECKOUT_DIR" because $CHECKOUT_DIR
          might be "/"
        # or the root of a mounted volume.
        if [[ -d "$CHECKOUT_DIR" ]] ; then
          # Delete non-hidden files and directories
          rm -rf "$CHECKOUT_DIR"/*
          # Delete files and directories starting with . but excluding ..
          rm -rf "$CHECKOUT_DIR"/.[!.]*
          # Delete files and directories starting with .. plus any other charac
          rm -rf "$CHECKOUT_DIR"/..?*
        fi
      }
      /ko-app/git-init -url="$(params.url)" \
        -revision="$(params.revision)" \
        -path="$(workspaces.source.path)" \
        -sslVerify="$(params.sslVerify)"
      cd "$(workspaces.source.path)"
      RESULT_SHA="$(git rev-parse HEAD)"
  - name: build-sources
    image: gcr.io/cloud-builders/mvn
    script: |
      cd $(workspaces.source.path)/$(params.contextDir)
      mvn -DskipTests clean install
    env:
      - name: user.home
        value: /home/tekton
  - name: build-and-push-image
    image: quay.io/buildah/stable
    script: |
      #!/usr/bin/env bash
      buildah --storage-driver=$STORAGE_DRIVER --tls-verify=$(params.tlsVerify)
          bud --layers -t $DESTINATION_IMAGE $CONTEXT_DIR
      buildah --storage-driver=$STORAGE_DRIVER --tls-verify=$(params.tlsVerify)
          push $DESTINATION_IMAGE docker://$DESTINATION_IMAGE
    env:
      - name: DESTINATION_IMAGE
        value: "$(params.destinationImage)"
      - name: CONTEXT_DIR
        value: "$(workspaces.source.path)/$(params.contextDir)"
      - name: STORAGE_DRIVER
        value: "$(params.storageDriver)"
    volumeMounts:
      - name: varlibc
        mountPath: /var/lib/containers
volumes:
  - name: varlibc
    emptyDir: {}
```

이 Task를 다음과 같이 클러스터에 생성한다.

```
kubectl create -f build-push-app-task.yaml
```

다음과 같은 메시지가 화면에 출력될 것이다.

```
task.tekton.dev/build-push-app created
```

그런 다음 매개변수 destinationImage를 통해 이미지를 푸시할 저장소 위치를 지정하고 실행한다.

```
tkn task start build-push-app \
    --serviceaccount=tekton-registry-sa \
    --param destinationImage='quay.io/gitops-cookbook/tekton-
greeter:latest' \ ❶
    --param contextDir='quarkus' \
    --workspace name=source,emptyDir="" \
    --use-param-defaults \
    --showlog
```

❶ 여기에 컨테이너 이미지를 저장할 저장소와 이미지 태그를 지정한다. gitops-cookbook
   은 여러분의 quay.io 저장소 아이디로 대체하기 바란다.

```
...
[build-sources] Downloading from central: https://repo.maven.apache.org/
    maven2/org/codehaus/plexus/plexus-utils/3.0.5/plexus-utils-3.0.5.jar
[build-sources] Downloading from central: https://repo.maven.apache.org/
    maven2/org/codehaus/plexus/plexus-digest/1.0/plexus-digest-1.0.jar
Downloaded from central: https://repo.maven.apache.org/maven2/org/
    haus/plexus/plexus-digest/1.0/plexus-digest-1.0.jar (12 kB at
    208 kB/s)
Downloaded from central: https://repo.maven.apache.org/maven2/org/
codehaus/plexus/plexus-utils/3.0.5/plexus-utils-3.0.5.jar (230 kB at
    2.4 MB/s)
[build-sources] [INFO] Installing /workspace/source/quarkus/target/tekton-
    quarkus-greeter.jar to /root/.m2/repository/com/redhat/developers/
    tekton-quarkus-greeter/1.0.0-SNAPSHOT/tekton-quarkus-greeter-1.0.0-
    SNAPSHOT.jar
[build-sources] [INFO] Installing /workspace/source/quarkus/pom.xml to
    /root/.m2/repository/com/redhat/developers/tekton-quarkus-greeter
    /1.0.0-SNAPSHOT/tekton-quarkus-greeter-1.0.0-SNAPSHOT.pom
[build-sources] [INFO] -------------------------------------------------
[build-sources] [INFO] BUILD SUCCESS
```

```
[build-sources] [INFO] ------------------------------------------------
[build-sources] [INFO] Total time:  53.001 s
[build-sources] [INFO] Finished at: 2024-03-09T21:35:00Z
[build-sources] [INFO] ------------------------------------------------
[build-and-push-image] STEP 1/2: FROM registry.access.redhat.com/ubi8/
    openjdk-11
[build-and-push-image] Trying to pull registry.access.redhat.com/ubi8/
    openjdk-11:latest...
[build-and-push-image] Getting image source signatures
[build-and-push-image] Checking if image destination supports signatures
[build-and-push-image] Copying blob sha256:2c4c07dbc80419961a4afec481bfcb4
    221efca54fdbf2cf08e8408c96c0b75bc
[build-and-push-image] Copying blob sha256:8e28da886b0e90f6705a87ca9a6ff13
    dba4703ae1858b611e2b156f21ed46b9c
[build-and-push-image] Copying config sha256:57852b1db8f9d0ff0a0a9366fc0df
    7200a3a99ffc660b3a03fa90ad6c8d9ecae
[build-and-push-image] Writing manifest to image destination
[build-and-push-image] Storing signatures
[build-and-push-image] STEP 2/2: COPY target/quarkus-app /deployments/
[build-and-push-image] COMMIT quay.io/bjlee72/tekton-greeter:latest
[build-and-push-image] --> 4dc08fe5754c
[build-and-push-image] Successfully tagged quay.io/bjlee72/tekton-
    greeter:latest
[build-and-push-image] 4dc08fe5754c9b4ca3ac1cb7a580773a9eded1b5488609c79a3
    b9669f146d073
[build-and-push-image] Getting image source signatures
[build-and-push-image] Copying blob sha256:74fc7a804232dceb0379c8e8642c69d
    c64c399bd59ccbab7d0482bc6fb38585d
[build-and-push-image] Copying blob sha256:8d408130feec50928da7793dfea2f7d
    fd81496513cf6952a8ae23bd1604c270c
[build-and-push-image] Copying blob sha256:9903099c843bbd7ab53d3349dc05367
    769aea9994bb3da4f8f4057b446beea22
[build-and-push-image] Copying config sha256:4dc08fe5754c9b4ca3ac1cb7a5807
    73a9eded1b5488609c79a3b9669f146d073
[build-and-push-image] Writing manifest to image destination
```

참고

- 빌다[23]
- 텍톤 도커 인증 가이드[24]

---

23 *https://buildah.io*
24 *https://oreil.ly/QJlVW*

6.6 텍톤 Task를 통한 쿠버네티스 애플리케이션 배포

과제
텍톤 Task로 애플리케이션 이미지를 쿠버네티스 클러스터에 배포해 보자.

풀이
6.3절, 6.4절, 6.5절에서는 지속적 통합(CI)에 유용한 텍톤 Task들을 살펴보았다. 이번 절에서는 컨테이너 이미지를 쿠버네티스에 배포하는 지속적 배포(CD) 절차를 살펴보겠다.

6.5절에서 만들고 푸시한 컨테이너 이미지를 재사용할 것이다. quay.io/gitops-cookbook/tekton-greeter:latest에서 확인할 수 있다.

```
apiVersion: tekton.dev/v1
kind: Task
metadata:
  name: kubectl
spec:
  params:
    - name: SCRIPT
      description: The kubectl CLI
      type: string
      default: "kubectl help"
  steps:
    - name: oc
      image: quay.io/openshift/origin-cli:4.6 ❶
      script: |
        #!/usr/bin/env bash
        $(params.SCRIPT)
```

> ❶ 이 예제에서는 gcr.io/cloud-builders/kubectl보다 크기는 작으면서 OpenShift CLI
> 까지 포함하는 컨테이너 이미지에 내장된 kubectl 명령어를 이용할 것이다.

위의 파일로 실제 Task를 생성하려면 다음과 같이 한다.

```
kubectl create -f kubectl-task.yaml
```

화면에 다음과 같은 메시지가 출력될 것이다.

```
task.tekton.dev/kubectl created
```

6.5절에서 설명한 바와 같이, 텍톤 시스템은 런타임 시점에, 또는 전역 범위 (global scope)에서 특정 서비스 어카운트를 지정하지 않는 한 기본 Service Account를 사용하여 Task나 Pipeline을 실행한다. 하지만 업계 전반에 권장되는 방법은 특정 작업을 수행할 때는 항상 특정한 ServiceAccount를 이용하는 것이다. 이번 예제의 경우에는 tekton-deployer-sa 서비스 어카운트를 사용할 것이다. 다음과 같이 생성한다.

```
kubectl create serviceaccount tekton-deployer-sa
```

다음 메시지가 화면에 출력될 것이다.

```
serviceaccount/tekton-deployer-sa created
```

애플리케이션을 쿠버네티스에 배포하려는 ServiceAccount는 그에 맞는 권한을 가져야 한다. Role과 RoleBinding[25]은 특정 사용자나 ServiceAccount에 권한을 지정할 때 사용하는 API 객체다.

우선 앱을 배포하는 작업을 처리하는 서비스 어카운트에 부여할 Role을 task-role이라는 이름으로 정의해 보도록 하자.

```
apiVersion: rbac.authorization.k8s.io/v1
kind: Role
metadata:
  name: task-role
rules:
  - apiGroups:
      - ""
    resources:
      - pods
      - services
      - endpoints
      - configmaps
      - secrets
    verbs:
      - "*"
```

---

25 *https://oreil.ly/6ov6J*

```
  - apiGroups:
    - apps
    resources:
    - deployments
    - replicasets
    verbs:
    - "*"
  - apiGroups:
    - ""
    resources:
    - pods
    verbs:
    - get
  - apiGroups:
    - apps
    resources:
    - replicasets
    verbs:
    - get
```

이 Role을 ServiceAccount에 바인딩하기 위한 RoleBinding은 다음과 같이 정의한다.

```
apiVersion: rbac.authorization.k8s.io/v1
kind: RoleBinding
metadata:
  name: task-role-binding
roleRef:
  kind: Role
  name: task-role
  apiGroup: rbac.authorization.k8s.io
subjects:
  - kind: ServiceAccount
    name: tekton-deployer-sa
```

다음 명령을 실행하면 해당 리소스가 쿠버네티스 클러스터에 생성된다.

```
kubectl create -f task-role.yaml
kubectl create -f task-role-binding.yaml
```

화면에는 다음과 같은 메시지가 출력될 것이다.

```
role.rbac.authorization.k8s.io/task-role created
rolebinding.rbac.authorization.k8s.io/task-role-binding created
```

앞서 정의한 Task를 서비스 어카운트 tekton-deployer-sa를 통해 실행하기 위한 TaskRun은 다음과 같이 준비한다.

```
apiVersion: tekton.dev/v1
kind: TaskRun
metadata:
  name: kubectl-taskrun
spec:
  serviceAccountName: tekton-deployer-sa
  taskRef:
    name: kubectl
  params:
    - name: SCRIPT
      value: |
        kubectl create deploy tekton-greeter --image=quay.io/gitops-
cookbook/tekton-greeter:latest
```

다음 명령을 통해 실제로 실행할 수 있다.

```
kubectl create -f kubectl-taskrun.yaml
```

위 명령을 내리면 화면에는 다음 메시지가 출력될 것이다.

```
taskrun.tekton.dev/kubectl-taskrun created
```

실제 실행 과정의 로그는 다음과 같이 확인할 수 있다.

```
tkn taskrun logs kubectl-taskrun -f
```

다음과 같은 메시지가 화면에 출력될 것이다.

```
[oc] deployment.apps/tekton-greeter created
```

그리고 몇 초 뒤에 배포가 "READY" 상태로 바뀌었음을 확인할 수 있을 것이다.

```
kubectl get deploy

NAME             READY   UP-TO-DATE   AVAILABLE   AGE
tekton-greeter   1/1     1            0           30s
```

 컨테이너 이미지를 가져오는데 시간이 걸리기 때문에 처음에는 시간이 좀 더 오래 걸릴 수 있다.

앱이 "AVAILABLE"한 상태가 되었는지 확인하고, 해당 배포의 특정 포트를 노출(expose)한 다음 여러분의 실습용 기기의 특정 포트로 오는 트래픽을 해당 쿠버네티스 앱으로 보내도록 설정하여 테스트한다.

```
kubectl expose deploy/tekton-greeter --port 8080
kubectl port-forward svc/tekton-greeter 8080:8080
```

위의 명령을 실행한 다음 다른 터미널에서 다음 명령을 실행해 보자.

```
curl localhost:8080
```

다음 메시지가 화면에 출력되어야 한다.

```
Meeow!! from Tekton 🐱🚀
```

참고

- 텍톤 Task[26]

6.7 텍톤 파이프라인을 통한 앱 빌드 및 쿠버네티스 배포

과제

텍톤 Pipeline을 사용하여 앱을 컴파일, 패키징, 배포하는 과정을 자동화하라.

풀이

지금까지는 하나 이상의 단계를 순차적으로 실행하는 Task를 통해 앱을 빌드

---

26 *https://oreil.ly/YllZI*

하는 방법을 살펴봤다. 이번 절에서는 그림 6-5과 같이 Task들이 특정한 순서로 실행되도록 정의하고 구성할 수 있는 Pipeline[27]에 대해 설명한다. 파이프라인에 속한 Task들은 순차적으로 실행될 수도 있고 병렬적으로 실행될 수도 있다.

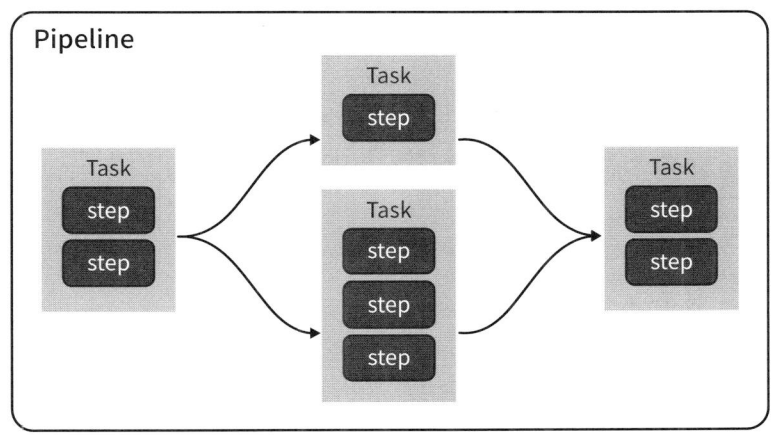

그림 6-5 텍톤 파이프라인 흐름

텍톤 Pipeline에 속한 Task들은 인자(parameters) 등의 메커니즘을 통해 서로 실행 결과를 주고받을 수 있다. 서로 다른 태스크 간에 결과를 교환할 수 있는 매개변수와 메커니즘을 지원한다. 6.5절과 6.6절에서 살펴본 Task들을 연결하는 파이프라인 예제를 통해 좀 더 자세히 알아보자.

```
apiVersion: tekton.dev/v1
kind: Pipeline
metadata:
  name: tekton-greeter-pipeline
spec:
  params: ❶
    - name: GIT_REPO
      type: string
    - name: GIT_REF
      type: string
    - name : DESTINATION_IMAGE
      type: string
```

---

27 *https:// oreil.ly/aN8lv*

```
    workspaces: ❷
      - name: pipeline-shared
    tasks: ❸
      - name: build-push-app
        taskRef: ❹
          name: build-push-app
        params:
          - name: url
            value: "$(params.GIT_REPO)"
          - name: revision
            value: "$(params.GIT_REF)"
          - name: destinationImage
            value: "$(params.DESTINATION_IMAGE)"
        workspaces:
          - name: source
            workspace: pipeline-shared
      - name: deploy-app
        taskRef: ❹
          name: kubectl
        params:
          - name: SCRIPT
            value: "kubectl create deploy tekton-greeter --image=$(params.
                    DESTINATION_IMAGE) --dry-run=client -o yaml | kubectl
                    apply -f -"
        runAfter: ❺
          - build-push-app
```

❶ 파이프라인 인자

❷ 작업 간에 데이터를 공유하는데 사용되는 하나 이상의 공통작업 영역

❸ 파이프라인에 속한 Task 목록

❹ 이용할 Task의 정확한 이름

❺ 이 Task가 하나 이상의 다른 태스크 이후에 실행되어야 함을 나타내는 필드

위의 파일이 준비되면 다음 명령으로 Pipeline을 클러스터에 만들 수 있다.

```
kubectl create -f tekton-greeter-pipeline.yaml
```

화면에는 다음 메시지가 출력될 것이다.

```
pipeline.tekton.dev/tekton-greeter-pipeline created
```

Task를 실행하기 위해 TaskRun을 만드는 것과 마찬가지로, 이 파이프라인도 다음과 같이 PipelineRun[28] 리소스를 생성하면 실행할 수 있다.

이 파이프라인이 참조하는 서비스 어카운트들은 앞서 만들어 두었던 것들로, Task를 실행하는 데 필요한 Role이 이미 바인딩 되어 있다. 이 서비스 어카운트들을 사용하지 않으면 Task들은 실패한다.

```yaml
apiVersion: tekton.dev/v1
kind: PipelineRun
metadata:
  generateName: tekton-greeter-pipeline-run-
spec:
  taskRunSpecs:
    - pipelineTaskName: build-push-app
      serviceAccountName: tekton-registry-sa
    - pipelineTaskName: deploy-app
      serviceAccountName: tekton-deployer-sa
  pipelineRef:
    name: tekton-greeter-pipeline
  params:
  - name: GIT_REPO
    value: https://github.com/gitops-cookbook/tekton-tutorial-greeter.git
  - name: GIT_REF
    value: "master"
  - name: DESTINATION_IMAGE
    value: "quay.io/gitops-cookbook/tekton-greeter:latest"
  workspaces:
    - name: pipeline-shared
      emptyDir: {}
```

파일이 준비되고 나면 다음 명령으로 파이프라인을 실행할 수 있다. 실행에 앞서 DESTINATION_IMAGE의 값은 여러분의 이미지 저장소를 가리키도록 변경하는 것을 잊지 말자.

```
kubectl create -f tekton-greeter-pipelinerun.yaml
```

어떤 파이프라인이 실행되고 있는지 확인하려면 다음과 같이 한다.

---

28 *https://oreil.ly/N8K3a*

```
tkn pipelinerun ls

NAME                                     STARTED        DURATION   STATUS
tekton-greeter-pipeline-run-ntl5r  7 seconds ago  ---        Running
```

실행 중인 파이프라인의 로그는 다음과 같이 확인 가능하다.

```
tkn pipelinerun logs tekton-greeter-pipeline-run-ntl5r -f
```

이제 파이프라인 내에서 기존 태스크를 재사용하는 방법까지 살펴보았으니, 개발자가 재사용 가능한 태스크와 파이프라인 구현을 발견하고, 공유하고, 기여할 수 있는 웹 기반 플랫폼 텍톤 허브[29]를 소개할 때가 된 것 같다(그림 6-6).

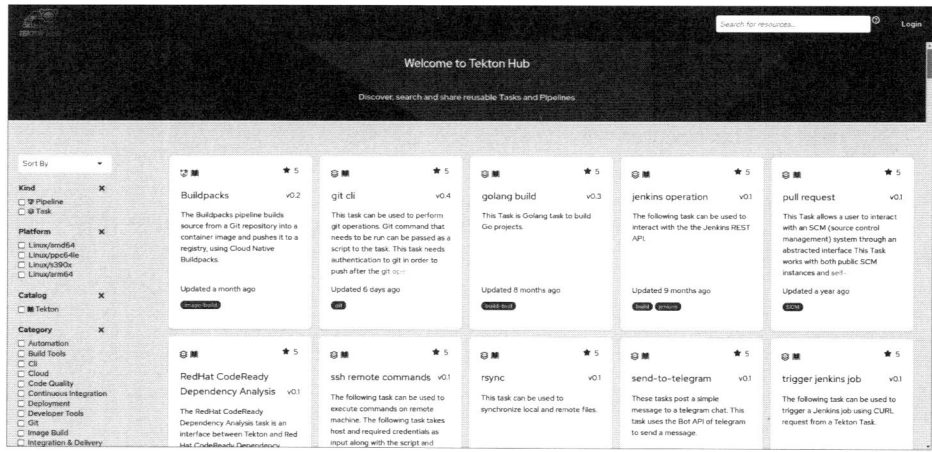

그림 6-6 텍톤 허브

우리가 지금까지 구현한 파이프라인은 텍톤 허브에 이미 있는 Task들로도 충분히 구현 가능하다. 다음 Task들을 살펴보자.

git-clone[30]
　　주어진 URL이 가리키는 코드 저장소를 워크스페이스로 복제한다.

---

29 *https://hub.tekton.dev*
30 *https://oreil.ly/tVLAG*

buildah[31]

소스 코드를 컨테이너 이미지로 빌드하고 이미지 저장소에 푸시한다.

kubernetes-actions[32]

모든 종류의 k8s 명령어 실행에 사용 가능한 범용 kubectl CLI.

필요한 Task들을 네임스페이스에 설치하려면 다음과 같이 한다.

```
tkn hub install task git-clone
tkn hub install task maven
tkn hub install task buildah
tkn hub install task kubernetes-actions
```

다음과 같은 메시지가 출력될 것이다. 여러분의 쿠버네티스 네임스페이스에
정상적으로 설치되었음을 보여준다.

```
Task git-clone(0.9) installed in default namespace
Task maven(0.3) installed in default namespace
Task buildah(0.7) installed in default namespace
Task kubernetes-actions(0.2) installed in default namespace
```

확실히 하고 싶다면 다음 명령어로 확인할 수 있다.

```
kubectl get tasks
```

다음과 비슷한 메시지가 화면에 표시될 것이다.

```
NAME                  AGE
...
buildah               50s
git-clone             52s
kubernetes-actions    49s
maven                 51s
...
```

---

31 *https://oreil.ly/nTUkZ*
32 *https://oreil.ly/A3Hui*

> 💡 텍톤 배포판 가운데는 오픈시프트 파이프라인용 오퍼레이터[33]처럼 방금 나열한 것과 같
> 은 유용한 Task들을 ClusterTask 형태로 제공하는 것도 있다. ClusterTask는 쿠버네티
> 스 클러스터 내의 모든 네임스페이스에서 사용 가능한 Task다. 여러분의 텍톤 배포판이
> 해당 Task를 제공하는지 확인하려면 kubectl get clustertasks 명령을 실행해보기
> 바란다.

이제 그림 6-7과 같이 4개의 Task로 구성된 파이프라인을 만들어보자.

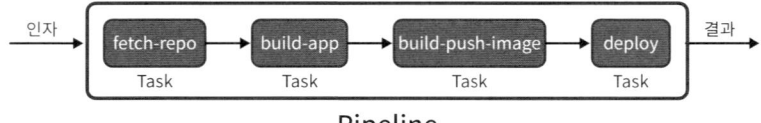

그림 6-7 파이프라인

이 예제는 PersistentVolumeClaim[34]을 워크스페이스로 사용하는데 여러 Task
가 공유하는 데이터의 지속성(persistency)을 보장할 필요가 있기 때문이다.

```
apiVersion: v1
kind: PersistentVolumeClaim
metadata:
  name: app-source-pvc
spec:
  accessModes:
    - ReadWriteOnce
  resources:
    requests:
      storage: 1Gi
```

다른 리소스와 마찬가지로 kubectl로 생성한다.

```
kubectl create -f app-source-pvc.yaml
```

다음과 같은 메시지가 출력될 것이다.

```
persistentvolumeclaim/app-source-pvc created
```

---

33 *https://oreil.ly/dAKhL*
34 *https://oreil.ly/Opio5*

상태를 확인하려면 다음과 같이 한다.

```
kubectl get pvc
```

```
NAME              STATUS   VOLUME                                        CAPACITY
ACCESS MODES   STORAGECLASS   VOLUMEATTRIBUTESCLASS   AGE
app-source-pvc  Bound    pvc-53df198b-8f4e-4d12-8443-23d1a4c41630   1Gi
RWO              hostpath        <unset>                       83s
```

 미니큐브에는 클러스터에 동적 스토리지를 제공하는 기본 스토리지 클래스[35]가 있다. 다른 쿠버네티스 클러스터를 실습에 사용하고 있다면 동적 스토리지가 지원되는지 확인하기 바란다. 도커 데스크톱 같은 시스템은 지원한다.

이제 파이프라인 정의를 살펴보자.

```
apiVersion: tekton.dev/v1
kind: Pipeline
metadata:
  name: tekton-greeter-pipeline-hub
spec:
  params:
    - name: GIT_REPO
      type: string
      default: "https://github.com/gitops-cookbook/tekton-tutorial-
greeter.git"
    - name: GIT_REF
      type: string
      default: "master"
    - name : DESTINATION_IMAGE
      type: string
      default: "quay.io/gitops-cookbook/tekton-greeter:lastest"
    - name: CONTEXT_DIR
      type: string
      default: "quarkus"
  workspaces:
    - name: app-source
    - name: maven-settings
  tasks:
    - name: fetch-repo
      taskRef:
```

---

35 *https://oreil.ly/ ZiPnA*

```
        name: git-clone
      workspaces:
        - name: output
          workspace: app-source
      params:
        - name: url
          value: $(params.GIT_REPO)
        - name: revision
          value: $(params.GIT_REF)
        - name: deleteExisting
          value: true
        - name: verbose
          value: true
  - name: build-app
    taskRef:
      name: maven
    workspaces:
      - name: maven-settings
        workspace: maven-settings
      - name: source
        workspace: app-source
    runAfter:
      - fetch-repo
    params:
      - name: GOALS
        value:
          - -DskipTests
          - clean
          - package
      - name: CONTEXT_DIR
        value: "$(params.CONTEXT_DIR)"
  - name: build-push-image
    taskRef:
      name: buildah
    workspaces:
      - name: source
        workspace: app-source
    runAfter:
      - build-app
    params:
      - name: IMAGE
        value: "$(params.DESTINATION_IMAGE)"
      - name: DOCKERFILE
        value: "$(params.CONTEXT_DIR)/Dockerfile"
      - name: CONTEXT
        value: "$(params.CONTEXT_DIR)"
```

```
  - name: deploy
    taskRef:
      name: kubernetes-actions
    runAfter:
      - build-push-image
    params:
      - name: script
        value: "kubectl create deploy tekton-greeter --image=$(params.
                DESTINATION_IMAGE) --dry-run=true -o yaml | kubectl
                apply -f -"
```

다음 명령으로 이 파이프라인 리소스를 클러스터에 생성한다.

```
kubectl create -f tekton-greeter-pipeline-hub.yaml
```

 컨테이너를 빌드 및 푸시하고 클러스터에 배포하려면 앞서 정의했던 두 서비스 어카운트를 사용해야 한다. 그래야 quay.io에 로그인하고 클러스터에 배포하는 등의 작업을 처리할 수 있다. 이를 위해 --task-serviceaccount 옵션을 이용할 것이다. Task별로 다른 서비스 어카운트를 사용해야 할 때 유용하다.

파이프라인 리소스가 만들어지고 나면 다음과 같은 tkn CLI 명령으로 파이프라인을 돌릴 수 있다. 화면 출력 내용까지 함께 보였다. DESTINATION_IMAGE의 값으로는 앞서 여러분이 만든 quay.io 저장소를 지정해야 정상동작 한다는 점에 유의하기 바란다.

```
tkn pipeline start tekton-greeter-pipeline-hub \
  --task-serviceaccount deploy=tekton-deployer-sa \
  --task-serviceaccount build-push-image=tekton-registry-sa \
  --param DESTINATION_IMAGE=quay.io/gitops-cookbook/tekton-greeter:latest \
  --workspace name=app-source,claimName=app-source-pvc \
  --workspace name=maven-settings,emptyDir="" \
  --use-param-defaults \
  --showlog
...
[build-app : mvn-goals] Downloaded from central: https://repo.maven.
    apache.org/maven2/io/quarkus/quarkus-resteasy-deployment/1.6.1.Final/
    quarkus-resteasy-deployment-1.6.1.Final.jar (20 kB at 61 kB/s)
[build-app : mvn-goals] Downloaded from central: https://repo.maven.
    apache.org/maven2/io/quarkus/quarkus-arc-deployment/1.6.1.Final/
    quarkus-arc-deployment-1.6.1.Final.jar (161 kB at 471 kB/s)
```

```
[build-app : mvn-goals] Downloaded from central: https://repo.maven.
    apache.org/maven2/io/quarkus/arc/arc-processor/1.6.1.Final/arc-
    processor-1.6.1.Final.jar (316 kB at 896 kB/s)
[build-app : mvn-goals] [INFO] [org.jboss.threads] JBoss Threads version
    3.1.1.Final
[build-app : mvn-goals] [INFO] [io.quarkus.deployment.QuarkusAugmentor]
    Quarkus augmentation completed in 3879ms
[build-app : mvn-goals] [INFO] ----------------------------------------
[build-app : mvn-goals] [INFO] BUILD SUCCESS
[build-app : mvn-goals] [INFO] ----------------------------------------
[build-app : mvn-goals] [INFO] Total time:  45.106 s
[build-app : mvn-goals] [INFO] Finished at: 2024-03-11T00:07:49Z
[build-app : mvn-goals] [INFO] ----------------------------------------
[build-push-image : build-and-push] STEP 1/2: FROM registry.access.redhat.
    com/ubi8/openjdk-11
[build-push-image : build-and-push] Trying to pull registry.access.redhat.
    com/ubi8/openjdk-11:latest...
[build-push-image : build-and-push] Getting image source signatures
[build-push-image : build-and-push] Checking if image destination supports
    signatures
[build-push-image : build-and-push] Copying blob sha256:8e28da886b0e90f670
    5a87ca9a6ff13dba4703ae1858b611e2b156f21ed46b9c
[build-push-image : build-and-push] Copying blob sha256:2c4c07dbc80419961a
    4afec481bfcb4221efca54fdbf2cf08e8408c96c0b75bc
[build-push-image : build-and-push] Copying config sha256:57852b1db8f9d0ff
    0a0a9366fc0df7200a3a99ffc660b3a03fa90ad6c8d9ecae
[build-push-image : build-and-push] Writing manifest to image destination
[build-push-image : build-and-push] Storing signatures
[build-push-image : build-and-push] STEP 2/2: COPY target/quarkus-app
    /deployments/
[build-push-image : build-and-push] COMMIT quay.io/bjlee72/tekton-
    greeter:latest
[build-push-image : build-and-push] Getting image source signatures
[build-push-image : build-and-push] Copying blob sha256:8d408130feec50928d
    a7793dfea2f7dfd81496513cf6952a8ae23bd1604c270c
[build-push-image : build-and-push] Copying blob sha256:9903099c843bbd7ab5
    3d3349dc05367769aea9994bb3da4f8f4057b446beea22
[build-push-image : build-and-push] Copying blob sha256:322e2ac15f197eaaa0
    723fd2c66d12865aaf4a6c3def48b3c11296c9ee48a5da
[build-push-image : build-and-push] Copying config sha256:10556b560b6c4b5f
    a65328c04150b7b3b8fc16858326d500af3f792026b06073
[build-push-image : build-and-push] Writing manifest to image destination
[build-push-image : build-and-push] --> 10556b560b6c
[build-push-image : build-and-push] Successfully tagged quay.io/bjlee72/
    tekton-greeter:latest
[build-push-image : build-and-push] 10556b560b6c4b5fa65328c04150b7b3b8fc16
```

```
858326d500af3f792026b06073
[build-push-image : build-and-push] Getting image source signatures
[build-push-image : build-and-push] Copying blob sha256:322e2ac15f197eaaa0
    723fd2c66d12865aaf4a6c3def48b3c11296c9ee48a5da
[build-push-image : build-and-push] Copying blob sha256:8d408130feec50928d
    a7793dfea2f7dfd81496513cf6952a8ae23bd1604c270c
[build-push-image : build-and-push] Copying blob sha256:9903099c843bbd7ab5
    3d3349dc05367769aea9994bb3da4f8f4057b446beea22
[build-push-image : build-and-push] Copying config sha256:10556b560b6c4b5f
    a65328c04150b7b3b8fc16858326d500af3f792026b06073
[build-push-image : build-and-push] Writing manifest to image destination
[build-push-image : build-and-push] sha256:39a13250a727b240197dc69516ac600
    9385fc8b3961606a5de7c0984bd71556bquay.io/bjlee72/tekton-greeter:latest
[deploy : kubectl] deployment.apps/tekton-greeter configured
```

 그림 6-8과 같이 텍톤 대시보드를 통해 Task, Pipeline 등을 만들고 시각화 할 수도 있다.

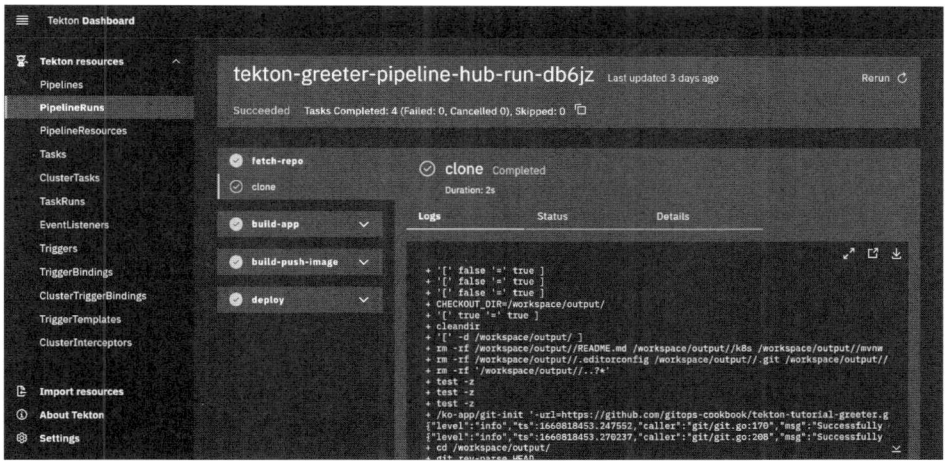

그림 6-8 텍톤 대시보드를 통해 시각화한 TaskRun

참고

- 텍톤 카탈로그[36]

---

36 *https://oreil.ly/bnUiR*

6.8 텍톤 트리거를 사용한 Git 변경 사항 자동 컴파일 및 패키징

과제

Git 저장소에서 변경 사항이 발생했을 때 새로운 이미지를 만들고 배포하는 CI/CD 프로세스를 텍톤 파이프라인으로 자동화하자.

풀이

텍톤 트리거[37]는 Task나 Pipeline을 자동으로 실행할 수 있도록 하는 구성 요소다. Git 이벤트(Git 푸시 또는 풀 리퀘스트) 등 많은 저장소에서 발생하는 외부 이벤트를 지원하므로, 클라우드 네이티브 CI/CD를 위한 GitOps 전략을 실제로 구축하는데 큰 도움을 준다.

대부분의 Git 저장소는 코드에 변경 사항이 발생하면 HTTP를 통해 외부 시스템을 호출하는 웹훅 개념을 지원한다. 텍톤은 외부에 웹훅을 API 엔드 포인트로 제공하며, 웹훅이 호출되면 자동으로 빌드를 시작하도록 구성할 수 있다. 웹훅을 통해 코드 저장소를 텍톤 리소스에 연결하면 자동화된 코드/빌드/배포 파이프라인을 구현할 수 있는 것이다.

6.1절에서 설명한 텍톤 트리거를 설치하면 태스크와 파이프라인에 대한 이벤트 처리를 관리할 수 있는 CRD들을 사용할 수 있게 된다. 이번 절에서는 그림 6-9의 CRD들을 사용할 것이다.

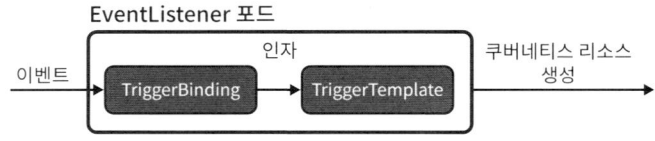

EventListener 포드

이벤트 → TriggerBinding → 인자 → TriggerTemplate → 쿠버네티스 리소스 생성 →

그림 6-9 텍톤 트리거

TriggerTemplate
새로 생성하는 리소스를 위한 템플릿이다. PipelineRuns를 만들기 위한 인

---

37 *https://oreil.ly/zVcfe*

자를 지원한다.

TriggerBinding
이벤트의 유효성을 검사하고 페이로드(payload) 필드를 추출한다.

EventListener
TriggerBindings과 TriggerTemplates를 주소 지정이 가능한 엔드포인트(이벤트가 최종적으로 도달할 곳)에 연결한다. 각 TriggerBindings에서 동적으로 추출하였거나 정적으로 지정한 인자를 사용하여 TriggerTemplates에 명시된 리소스를 생성한다. 또한 선택적으로 외부 서비스가 인터셉터 필드를 통해 이벤트 페이로드를 전처리(preprocess)할 수 있도록 한다.

이러한 리소스를 만들기 전에 텍톤 트리거가 Pipeline과 Task를 생성할 수 있도록 권한을 주어야 한다. 이 책의 예제 저장소[38]에 실린 설정을 이용하여 다음과 같이 권한을 부여하자.

```
kubectl apply \
  -f https://raw.githubusercontent.com/gitops-cookbook/chapters/main/
     chapters/ch06/rbac.yaml
```

이렇게 하면 텍톤 Pipeline 컴포넌트와 상호작용하기 위한 권한을 갖춘 tekton-triggers-sa라는 이름의 새 ServiceAccount가 만들어진다. 다음과 같은 메시지가 화면에 출력될 것이다.

```
serviceaccount/tekton-triggers-sa created
rolebinding.rbac.authorization.k8s.io/triggers-example-eventlistener-
    binding created
clusterrolebinding.rbac.authorization.k8s.io/triggers-example-
    eventlistener-clusterbinding created
```

이제 6.7절에서 정의한 것과 같은 파이프라인이 트리거를 통해 자동 실행되도록 하려면 TriggerTemplate, TriggerBinding, EventListener의 세 가지 리소스를 다음 코드와 같이 정의하여 각각 주석에 명시된 파일명으로 저장한다.

---

38 *https://oreil.ly/fPTzU*

```
# file: tekton-greeter-triggertemplate.yaml
apiVersion: triggers.tekton.dev/v1beta1
kind: TriggerTemplate
metadata:
  name: tekton-greeter-triggertemplate
spec:
  params:
    - name: git-revision
    - name: git-repo-url
    - name: destination-image
  resourcetemplates:
    - apiVersion: tekton.dev/v1
      kind: PipelineRun
      metadata:
        labels:
          tekton.dev/pipeline: tekton-greeter-pipeline-hub
        name: greeter-prun-$(uid)
      spec:
        params:
          - name: GIT_REPO
            value: $(tt.params.git-repo-url)
          - name: GIT_REF
            value: $(tt.params.git-revision)
          - name: DESTINATION_IMAGE
            value: $(tt.params.destination-image)
        pipelineRef:
          name: tekton-greeter-pipeline-hub
        taskRunTemplate:
          serviceAccountName: tekton-triggers-sa
        workspaces:
        - name: app-source
          persistentVolumeClaim:
            claimName: app-source-pvc
        - name: maven-settings
          emptyDir: {}

# file: tekton-greeter-triggerbinding.yaml
apiVersion: triggers.tekton.dev/v1beta1
kind: TriggerBinding
metadata:
  name: tekton-greeter-triggerbinding
spec:
  params:
  - name: git-repo-url
    value: $(body.repository.clone_url)
  - name: git-revision
```

```
    value: $(body.after)
  - name: destination-image
    value: "quay.io/gitops-cookbook/tekton-greeter:latest"

# file: tekton-greeter-eventlistener.yaml
apiVersion: triggers.tekton.dev/v1beta1
kind: EventListener
metadata:
  name: tekton-greeter-eventlistener
spec:
  serviceAccountName: tekton-triggers-sa
  triggers:
  - bindings:
    - ref: tekton-greeter-triggerbinding
    template:
      ref: tekton-greeter-triggertemplate
```

이 가운데 tekton-greeter-triggerbinding.yaml 파일의 destination-image 인자
의 값은 여러분이 만든 quay.io 저장소 위치로 대체하도록 하자. 호출 시점에
값이 정해지는 다른 두 인자와는 달리, 이 인자는 정적 인자다.

파일이 준비되었다면 다음 명령으로 리소스를 클러스터에 생성한다.

```
kubectl create -f tekton-greeter-triggertemplate.yaml
kubectl create -f tekton-greeter-triggerbinding.yaml
kubectl create -f tekton-greeter-eventlistener.yaml
```

화면에 다음과 같은 메시지가 출력될 것이다.

```
triggertemplate.triggers.tekton.dev/tekton-greeter-triggertemplate created
triggerbinding.triggers.tekton.dev/tekton-greeter-triggerbinding created
eventlistener.triggers.tekton.dev/tekton-greeter-eventlistener created
```

EventListener가 정상적으로 실행되었다면 관련된 포드가 만들어졌어야 한
다. 다음 명령으로 확인할 수 있다.

```
kubectl get pods
```

다음과 유사한 내용이 화면에 출력되어야 한다.

```
NAME                                                  READY  STATUS   RESTARTS  AGE
el-tekton-greeter-eventlistener-6cbc7fdbc5-gmlnl      1/1    Running  0         14s
```

EventListener 포드는 특정 포트를 열어놓고 이벤트가 수신되기를 기다린다. 이 포트는 쿠버네티스 Service 리소스에 바인딩되며, 다음 명령으로 확인할 수 있다.

```
kubectl get svc
```

다음과 같은 메시지가 출력되어야 한다.

```
NAME                                TYPE        CLUSTER-IP      EXTERNAL-IP
PORT(S)                  AGE
el-tekton-greeter-eventlistener  ClusterIP   10.106.213.176   <none>
8080/TCP,9000/TCP   57s
...
```

Git 서버가 클러스터 밖에 있는 경우에는(예: GitHub이나 GitLab) 쿠버네티스 Ingress 리소스[39]에 Service를 연결하여 클러스터 외부로 노출해야 한다. 그래야 Ingress에 연결된 EventListener URL을 Git 서버에 웹훅으로 설정할 수 있다.

 실습에 미니큐브를 사용하고 있다면 minikube addons enable ingress 명령을 실행하여 클러스터에 Ingress 기능을 추가할 수 있다. 그런 후에 Ingress에 호스트명을 지정한다.

이 책에서는 간단하게 Git 서버가 웹훅을 호출하는 상황을 흉내 내 보도록 하겠다.

우선 다음 명령을 사용하여 EventListener 서비스를 로컬 네트워크에 노출한다.

```
kubectl port-forward svc/el-tekton-greeter-eventlistener 8080
```

그런 다음 curl 명령어를 사용하여 *http://localhost:8080*으로 HTTP 요청을 보내 트리거가 호출되도록 한다. HTTP 요청은 JSON 페이로드를 포함하는 POST 요청이어야 하고, TriggerBinding이 참조하는 필드를 포함해야 한다. 따라서

---

39 *https://oreil.ly/qAUhw*

body.repository.clone_url과 body.after를 적당히 입력해 주었다.

 전달되는 인자의 목록을 확인하려면 해당 Git 서버의 설명서를 참조하자. 이 예에서는 GitHub 웹훅 공식 문서[40]를 참조했다.

트리거가 실제로 불리는지 확인하려면 다음과 같이 한다.

```
curl -X POST \
    http://localhost:8080 \
    -H 'Content-Type: application/json' \
    -d '{ "after": "d9291c456db1ce29177b77ffeaa9b71ad80a50e6",
        "repository" : { "clone_url" : "https://github.com/gitops-
        cookbook/tekton-tutorial-greeter.git" } }
```

다음과 비슷한 메시지가 화면에 출력될 것이다.

```
{"eventListener":"tekton-greeter-eventlistener","namespace":"default",
    "eventListenerUID":"654f274a-3455-4535-ad0c-0d2fcc523954",
    "eventID":"4be1facd-2646-4fe8-8fe1-7c0ca5c648c6"}
```

이제 새 파이프라인이 시작되며 다음 명령으로 확인할 수 있다.

```
tkn pipelinerun ls
```

다음과 같이 Running 상태로 표시되어야 한다.

```
NAME                                            STARTED         DURATION  STATUS
greeter-prun-1b0c408f-50c1-42db-8131-423e192e8efe  46 seconds ago  ---       Running
```

참고

- 텍톤 트리거 예제[41]
- 텍톤 트리거 시작하기[42]
- 이벤트 리스너로 웹훅 보호[43]

---

40 *https://oreil.ly/4AUlu*
41 *https://oreil.ly/Xr0ne*
42 *https://oreil.ly/gqKyz*
43 *https://oreil.ly/iIbXc*

6.9 커스터마이즈로 쿠버네티스 리소스를 갱신하고 Git에 푸시

과제

쿠버네티스 매니페스트 업데이트를 자동화하라.

풀이

4장에서 설명한 대로, 커스터마이즈는 강력한 쿠버네티스 매니페스트 관리 도구다. 커스터마이즈를 사용하면 포크(fork)없이도 설정에서 옵션을 추가, 제거, 패치할 수 있다. 4.2절에서는 커스터마이즈 CLI를 사용하여 쿠버네티스 Deployment를 새 컨테이너 이미지 해시로 갱신하는 방법을 살펴보았다.

이번 절에서는 텍톤에서 커스터마이즈를 이용해 리소스를 업데이트하는 방법을 살펴볼 것이다. Git에 저장된 쿠버네티스 애플리케이션 매니페스트를 자동 업데이트할 수 있으므로 Git 저장소와 클러스터 상태를 자동으로 동기화하는 Argo CD 등의 GitOps 도구와 함께 사용하기 적합하다(7장).

GitOps 접근법을 도입할 때는 쿠버네티스 매니페스트용 저장소나 앱의 소스 코드를 저장할 저장소를 하나 이상 사용하는 것이 일반적이다.

지금부터 쿠버네티스 매니페스트 저장소를 인자로 받아 컨테이너 이미지를 참조하는 설정만 갱신하는(4.2절 참조) 텍톤 Task 예제를 살펴보겠다.

```
apiVersion: tekton.dev/v1beta1
kind: Task
metadata:
  annotations:
    tekton.dev/pipelines.minVersion: 0.12.1
    tekton.dev/tags: git
  name: git-update-deployment
  labels:
    app.kubernetes.io/version: '0.2'
    operator.tekton.dev/provider-type: community
spec:
  description: >-
    This Task can be used to update image digest in a Git repo using
        kustomize.
```

It requires a secret with credentials for accessing the git repo.

```
params:
  - name: GIT_REPOSITORY
    type: string
  - name: GIT_REF
    type: string
  - name: NEW_IMAGE
    type: string
  - name: NEW_DIGEST
    type: string
  - name: KUSTOMIZATION_PATH
    type: string
results:
  - description: The commit SHA
    name: commit
workspaces:
  - description: The workspace consisting of maven project.
    name: workspace
steps:
  - image: 'docker.io/alpine/git:v2.43.0'
    name: git-clone
    workingDir: $(workspaces.workspace.path)
    script: |
      rm -rf git-update-digest-workdir
      git clone $(params.GIT_REPOSITORY) -b $(params.GIT_REF) git-
          update-digest-workdir
  - image: 'quay.io/wpernath/kustomize-ubi:latest'
    name: update-digest
    workingDir: $(workspaces.workspace.path)
    script: |
      cd git-update-digest-workdir/$(params.KUSTOMIZATION_PATH)
      kustomize edit set image $(params.NEW_IMAGE)@$(params.NEW_DIGEST)
      echo "#######################"
      echo "### kustomization.yaml ###"
      echo "#######################"
      cat kustomization.yaml
  - image: 'docker.io/alpine/git:v2.26.2'
    name: git-commit
    workingDir: $(workspaces.workspace.path)
    script: |
      cd git-update-digest-workdir
      git config user.email "tektonbot@redhat.com"
      git config user.name "My Tekton Bot"
      git status
      git add $(params.KUSTOMIZATION_PATH)/kustomization.yaml
      git commit -m "[ci] Image digest updated"
```

```
git push
RESULT_SHA="$(git rev-parse HEAD | tr -d '\n')"
EXIT_CODE="$?"
if [ "$EXIT_CODE" != 0 ]
then
  exit $EXIT_CODE
fi
# Make sure we don't add a trailing newline to the result!
echo -n "$RESULT_SHA" > $(results.commit.path)
```

이 Task는 세 가지 단계로 이루어져 있다.

git-clone

쿠버네티스 매니페스트 저장소[44]를 복제(clone)한다.

update-digest

Kustomize 명령을 실행하여 Deployment에 포함된 컨테이너 이미지를 인자로 주어진 값으로 고친다.

git-commit

갱신된 Deployment 매니페스트를 매니페스트 저장소에 반영한다.

이 Task를 클러스터에 반영하려면 다음 명령을 실행한다.

```
kubectl create -f git-update-deployment-task.yaml
```

다음 명령어가 화면에 출력될 것이다.

```
task.tekton.dev/git-update-deployment created
```

그런 다음, 저장소를 클론하고 수정한 다음 푸시하는 파이프라인을 다음과 같이 정의한다. 6.7절에서 보았던 것과 유사한 파이프라인이다.

```
apiVersion: tekton.dev/v1
kind: Pipeline
```

---

44 (옮긴이) 실습을 위해 매니페스트가 저장된 GitHub 저장소가 하나 필요하다. *https://github.com/gitops-cookbook/pacman-kikd-manifests*로 가서 해당 저장소를 여러분의 계정 아래로 포크(fork)하자.

```
metadata:
  name: pacman-pipeline
spec:
  params:
    - name: GIT_REPO
      type: string
      default: "https://github.com/gitops-cookbook/pacman-kikd.git"
    - name: GIT_REF
      type: string
      default: "main"
    - name: DESTINATION_IMAGE
      type: string
      default: "quay.io/gitops-cookbook/pacman-kikd:latest"
    - name: CONTEXT_DIR
      type: string
      default: "."
    - name: CONFIG_GIT_REPO
      type: string
      default: 'https://github.com/gitops-cookbook/pacman-kikd-manifests.git'
    - name: CONFIG_GIT_REF
      type: string
      default: main
  workspaces:
    - name: app-source
    - name: maven-settings
    - name: config-source
  tasks:
    - name: fetch-repo
      taskRef:
        name: git-clone
      workspaces:
        - name: output
          workspace: app-source
      params:
        - name: url
          value: $(params.GIT_REPO)
        - name: revision
          value: $(params.GIT_REF)
        - name: deleteExisting
          value: true
        - name: verbose
          value: true
    - name: build-app
      taskRef:
        name: maven
      workspaces:
```

```
        - name: maven-settings
          workspace: maven-settings
        - name: source
          workspace: app-source
      runAfter:
        - fetch-repo
      params:
        - name: GOALS
          value:
            - -DskipTests
            - clean
            - package
        - name: CONTEXT_DIR
          value: "$(params.CONTEXT_DIR)"
    - name: build-push-image
      taskRef:
        name: buildah
      workspaces:
        - name: source
          workspace: app-source
      runAfter:
        - build-app
      params:
        - name: IMAGE
          value: "$(params.DESTINATION_IMAGE)"
        - name: DOCKERFILE
          value: "$(params.CONTEXT_DIR)/Dockerfile"
        - name: CONTEXT
          value: "$(params.CONTEXT_DIR)"
    - name: git-update-deployment
      taskRef:
        name: git-update-deployment
      workspaces:
        - name: workspace
          workspace: config-source
      runAfter:
        - build-push-image
      params:
        - name: GIT_REPOSITORY
          value: $(params.CONFIG_GIT_REPO)
        - name: NEW_IMAGE
          value: $(params.DESTINATION_IMAGE)
        - name: NEW_DIGEST
          value: $(tasks.build-push-image.results.IMAGE_DIGEST) ❶
        - name: KUSTOMIZATION_PATH
          value: "env/dev"
```

```
    - name: GIT_REF
      value: $(params.CONFIG_GIT_REF)
```

❶ 이전 작업의 결과를 다음 작업의 입력으로 사용할 수 있다. 이 파이프라인 예제에서는 build-push-image 태스크에서 생성한 컨테이너 이미지의 해시 값을 입력으로 받아 커스터마이즈로 매니페스트를 갱신할 때 사용한다.

다음 명령으로 파이프라인을 만들 수 있다.

```
kubectl create -f pacman-pipeline.yaml
```

다음과 같은 출력이 표시된다.

```
pipeline.tekton.dev/pacman-pipeline created
```

git-update-deployment Task의 git-commit 단계에서 업데이트를 Git 저장소에 푸시하려면 인증이 필요하다. 이 매니페스트 예제는 GitHub에 있으므로 쿠버네티스 서비스 어카운트 tekton-bot-sa에 연결된 GitHub 개인 액세스 토큰(6.4절)을 사용하여 인증을 처리한다.

```
kubectl patch serviceaccount tekton-bot-sa -p '{"secrets": [{"name":
"gitsecret"}]}' kubectl patch serviceaccount tekton-bot-sa -p
'{"secrets": [{"name": "containerregistrysecret"}]}'
```

 6.7절에 정의된 대로 파이프라인용 PVC를 생성했는지 확인하자.

이저 다음과 같이 파이프라인을 실행해 보자.[45]

```
tkn pipeline start pacman-pipeline \
  --task-serviceaccount build-push-image=tekton-registry-sa \
  --task-serviceaccount git-update-deployment=tekton-bot-sa \
  --param GIT_REPO=http://github.com/bjlee72/pacman-kikd.git \
  --param DESTINATION_IMAGE=quay.io/gitops-cookbook/pacman-kikd:latest \
  --param CONFIG_GIT_REPO=http://github.com/gitops-cookbook/pacman-kikd-
        manifests.git \
```

---

45 (옮긴이) GIT_REPO의 값으로 역자의 개인 저장소를 지정하였음에 유의하자. 예제 저장소에 포함된 Dockerfile에 오류가 있어서 역자의 개인 저장소로 대신하였다.
아울러 DESTINATION_IMAGE와 CONFIG_GIT_REPO의 값은 여러분의 개인 저장소로 대체하여야 한다.

```
    --workspace name=app-source,claimName=app-source-pvc \
    --workspace name=config-source,emptyDir="" \
    --workspace name=maven-settings,emptyDir="" \
    --use-param-defaults \
    --showlog
```

이 명령을 실행하면 다음과 같은 메시지가 화면에 출력된다.

```
...
[git-update-deployment : git-clone] Cloning into 'git-update-digest-
    workdir'...
[git-update-deployment : git-clone] warning: redirecting to https://
    github.com/bjlee72/pacman-kikd-manifests.git/
[git-update-deployment : update-digest] #########################
[git-update-deployment : update-digest] ### kustomization.yaml ###
[git-update-deployment : update-digest] #########################
[git-update-deployment : update-digest] apiVersion: kustomize.config.k8s.
    io/v1beta1
[git-update-deployment : update-digest] kind: Kustomization
[git-update-deployment : update-digest] resources:
[git-update-deployment : update-digest] - ../../k8s/
[git-update-deployment : update-digest] images:
[git-update-deployment : update-digest] - digest: sha256:349052aae5b08acdc
    a011e1ed03c3085b0588c91fba68eebfa97cc2ffac0f9bb
[git-update-deployment : update-digest]   name: quay.io/bjlee72/pacman-
    kikd:latest
[git-update-deployment : git-commit] On branch main
[git-update-deployment : git-commit] Your branch is up to date with
    'origin/main'.
[git-update-deployment : git-commit]
[git-update-deployment : git-commit] Changes not staged for commit:
[git-update-deployment : git-commit]   (use "git add <file>..." to update
    what will be committed)
[git-update-deployment : git-commit]   (use "git restore <file>..." to
    discard changes in working directory)
[git-update-deployment : git-commit]     modified:   env/dev/kustomization.
    yaml
[git-update-deployment : git-commit]
[git-update-deployment : git-commit] no changes added to commit (use "git
    add" and/or "git commit -a")
[git-update-deployment : git-commit] [main cda1aff] [ci] Image digest
    updated
[git-update-deployment : git-commit]  1 file changed, 7 insertions(+),
    2 deletions(-)
[git-update-deployment : git-commit] warning: redirecting to https://
```

```
github.com/bjlee72/pacman-kikd-manifests.git/
[git-update-deployment : git-commit] To http://github.com/bjlee72/pacman-
    kikd-manifests.git
[git-update-deployment : git-commit]    423d9fb..cda1aff  main -> main
```

그 결과로 여러분이 복제한 GitHub 저장소 pacman-kikd-manifest에 다음과 같
은 커밋(commit)이 새롭게 추가되어야 한다.

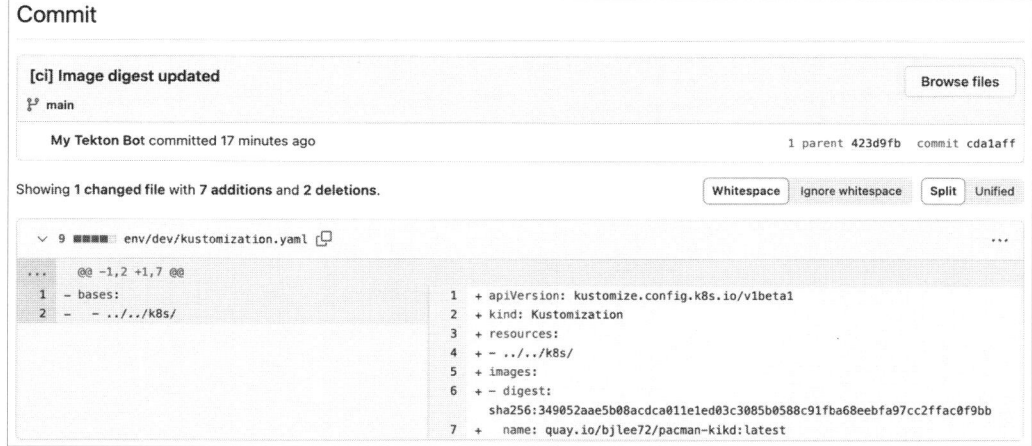

그림 6-10 새로 추가된 커밋

6.10 헬름을 사용한 쿠버네티스 리소스 업데이트 및 PR 생성

과제

텍톤 파이프라인으로 헬름 앱 배포를 자동화하자.

풀이

5장에서는 헬름을 사용하여 쿠버네티스 애플리케이션을 좀 더 편리하게 관리
하는 방법을 알아보았다. 이번 절에서는 파이프라인을 통해 헬름 배포를 자
동화하여 쿠버네티스 애플리케이션을 설치하거나 업데이트하는 방법을 살펴
본다.

6.7절에서 설명한 대로, 우선 텍톤 허브에서 필요한 텍톤 Task를 찾아 설치

하자. `helm-upgrade-from-repo`[46] Task를 설치하면 파이프라인에서도 헬름을 사용할 수 있다.

설치하려면 다음 명령을 실행한다.

```
tkn hub install task helm-upgrade-from-repo
```

이 Task는 헬름 저장소에서 헬름 차트를 내려받아 설치하는 기능을 제공한다. 실습을 위해 이 책의 예제 저장소[47]를 이용해 보자. 다음 명령을 실행하면 이 책의 예제 저장소가 헬름 차트 저장소 목록에 추가된다.

```
helm repo add gitops-cookbook https://gitops-cookbook.github.io/helm-
charts/
```

다음 메시지가 화면에 추가될 것이다.

```
"gitops-cookbook" has been added to your repositories
```

이제 다음과 같이 하면 헬름 차트를 설치할 수 있다.

```
helm install pacman gitops-cookbook/pacman
```

다음과 유사한 출력이 표시된다.

```
NAME: pacman
LAST DEPLOYED: Sun Mar 17 18:10:08 2024
NAMESPACE: default
STATUS: deployed
REVISION: 1
TEST SUITE: Non
```

앱이 배포되어 쿠버네티스에서 돌고 있어야 한다. 다음 명령을 실행하면 확인 해 볼 수 있다.

```
kubectl get pods -l=app.kubernetes.io/name=pacman
```

---

46 *https://oreil.ly/oR6GU*
47 *https://oreil.ly/lroxo*

다음과 같은 메시지가 화면에 출력될 것이다.

```
NAME                        READY  STATUS   RESTARTS  AGE
pacman-6786bb64f7-cw4m7     1/1    Running  0         45s
```

이렇게 배포된 Deployment는 다음의 TaskRun을 통해 업데이트할 수 있다. 이 TaskRun이 실행하는 helm-upgrad-from-repo는 내부적으로 helm upgrade를 실행한다.

```
apiVersion: tekton.dev/v1beta1
kind: TaskRun
metadata:
  generateName: helm-pacman-run-
spec:
  serviceAccountName: tekton-deployer-sa ❶
  taskRef:
    name: helm-upgrade-from-repo
  params:
  - name: helm_repo
    value: https://gitops-cookbook.github.io/helm-charts/
  - name: chart_name
    value: gitops-cookbook/pacman
  - name: release_version
    value: 0.1.0
  - name: release_name
    value: pacman
  - name: overwrite_values
    value: replicaCount=2 ❷
```

> ❶ helm-upgrade-from-repo Task는 작업 네임스페이스에 있는 객체 목록을 확인할 권한이 필요하므로 6.6절에서 살펴본 권한을 가진 ServiceAccount가 필요하다.
>
> ❷ 이 매개변수에 값을 추가하면 차트의 values.yaml 파일에 있는 값을 재정의(override)할 수 있다. 여기서는 팩맨 게임이 두 개 사본(replica)으로 실행되도록 설정한다.

다음 명령으로 작업을 실행한다.

```
kubectl create -f helm-pacman-taskrun.yaml
```

다음과 유사한 출력이 표시된다.

```
taskrun.tekton.dev/helm-pacman-run-qghx8 created
```

tkn CLI로 로그를 확인하고 실행 중인 작업을 선택한다.

```
tkn taskrun logs -f
```

다음과 비슷한 출력이 표시되며, 여기서 헬름 업그레이드가 성공적으로 수행
되었음을 확인할 수 있다.

```
[upgrade-from-repo] current installed helm releases
[upgrade-from-repo] NAME    NAMESPACE REVISION  UPDATED
    STATUS    CHART         APP VERSION
[upgrade-from-repo] pacman  default   1         2024-03-17 18:10:08.383487 -0700 -0700
    deployed  pacman-0.1.0  1.0.0
[upgrade-from-repo] parsing helms repo name...
[upgrade-from-repo] adding helm repo...
[upgrade-from-repo] "gitops-cookbook" has been added to your repositories
[upgrade-from-repo] adding updating repo...
[upgrade-from-repo] Hang tight while we grab the latest from your chart
    repositories...
[upgrade-from-repo] ...Successfully got an update from the "gitops-cookbook" chart
    repository
[upgrade-from-repo] Update Complete. *Happy Helming!*
[upgrade-from-repo] installing helm chart...
[upgrade-from-repo] history.go:56: [debug] getting history for release pacman
[upgrade-from-repo] upgrade.go:123: [debug] preparing upgrade for pacman
[upgrade-from-repo] upgrade.go:131: [debug] performing update for pacman
[upgrade-from-repo] upgrade.go:303: [debug] creating upgraded release for pacman
[upgrade-from-repo] client.go:203: [debug] checking 2 resources for changes
[upgrade-from-repo] client.go:466: [debug] Looks like there are no changes for Service
    "pacman"
[upgrade-from-repo] wait.go:47: [debug] beginning wait for 2 resources with timeout
    of 5m0s
[upgrade-from-repo] ready.go:277: [debug] Deployment is not ready: default/pacman.
    1 out of 2 expected pods are ready
[upgrade-from-repo] ready.go:277: [debug] Deployment is not ready: default/pacman.
    1 out of 2 expected pods are ready
[upgrade-from-repo] upgrade.go:138: [debug] updating status for upgraded release
    for pacman
[upgrade-from-repo] Release "pacman" has been upgraded. Happy Helming!
[upgrade-from-repo] NAME: pacman
[upgrade-from-repo] LAST DEPLOYED: Mon Mar 18 01:19:20 2024
[upgrade-from-repo] NAMESPACE: default
[upgrade-from-repo] STATUS: deployed
[upgrade-from-repo] REVISION: 2
[upgrade-from-repo] TEST SUITE: None
```

```
[upgrade-from-repo] USER-SUPPLIED VALUES:
[upgrade-from-repo] replicaCount: 2
[upgrade-from-repo]
[upgrade-from-repo] COMPUTED VALUES:
[upgrade-from-repo] image:
[upgrade-from-repo]   containerPort: 8080
[upgrade-from-repo]   pullPolicy: Always
[upgrade-from-repo]   repository: quay.io/gitops-cookbook/pacman-kikd
[upgrade-from-repo]   tag: 1.0.0
[upgrade-from-repo] replicaCount: 2
[upgrade-from-repo] securityContext: {}
[upgrade-from-repo]
[upgrade-from-repo] HOOKS:
[upgrade-from-repo] MANIFEST:
[upgrade-from-repo] ---
[upgrade-from-repo] # Source: pacman/templates/service.yaml
[upgrade-from-repo] apiVersion: v1
[upgrade-from-repo] kind: Service
[upgrade-from-repo] metadata:
[upgrade-from-repo]   labels:
[upgrade-from-repo]     app.kubernetes.io/name: pacman
[upgrade-from-repo]   name: pacman
[upgrade-from-repo] spec:
[upgrade-from-repo]   ports:
[upgrade-from-repo]   - name: http
[upgrade-from-repo]     port: 8080
[upgrade-from-repo]     targetPort: 8080
[upgrade-from-repo]   selector:
[upgrade-from-repo]     app.kubernetes.io/name: pacman
[upgrade-from-repo] ---
[upgrade-from-repo] # Source: pacman/templates/deployment.yaml
[upgrade-from-repo] apiVersion: apps/v1
[upgrade-from-repo] kind: Deployment
[upgrade-from-repo] metadata:
[upgrade-from-repo]   name: pacman
[upgrade-from-repo]   labels:
[upgrade-from-repo]     app.kubernetes.io/name: pacman
[upgrade-from-repo]     app.kubernetes.io/version: "1.0.0"
[upgrade-from-repo] spec:
[upgrade-from-repo]   replicas: 2
[upgrade-from-repo]   selector:
[upgrade-from-repo]     matchLabels:
[upgrade-from-repo]       app.kubernetes.io/name: pacman
[upgrade-from-repo]   template:
[upgrade-from-repo]     metadata:
[upgrade-from-repo]       labels:
```

```
[upgrade-from-repo]              app.kubernetes.io/name: pacman
[upgrade-from-repo]          spec:
[upgrade-from-repo]            containers:
[upgrade-from-repo]              - image: "quay.io/gitops-cookbook/pacman-
    kikd:1.0.0"
[upgrade-from-repo]                imagePullPolicy: Always
[upgrade-from-repo]                securityContext:
[upgrade-from-repo]                  {}
[upgrade-from-repo]                name: pacman
[upgrade-from-repo]                ports:
[upgrade-from-repo]                  - containerPort: 8080
[upgrade-from-repo]                    name: http
[upgrade-from-repo]                    protocol: TCP

[upgrade-from-repo]
```

다음 명령을 실행하면 앱의 사본이 두 개 실행되고 있음을 확인할 수 있다.

```
kubectl get deploy -l=app.kubernetes.io/name=pacman
```

다음과 같은 메시지가 화면에 출력되어야 한다.

```
NAME    READY  UP-TO-DATE  AVAILABLE  AGE
pacman  2/2    2           2          12m
```

6.11 GitHub 액션을 통한 CI 구현

과제

앱을 컴파일하고 컨테이너 이미지로 패키징하는 과정을 GitHub 액션으로 구현해 보자.

풀이

GitHub 액션[48](GitHub Actions)은 이벤트 기반의 자동화 솔루션으로서, 모든 GitHub 저장소에서 사용 가능하다. 이벤트는 자동으로 워크플로를 시작(trigger)한다. 워크플로는 작업(job)들을 실행한다. 작업은 액션의 수행 순서를 기

---

48 *https://oreil.ly/hCOUp*

술하는 단계(step)들로 구성된다. 액션은 소프트웨어를 빌드하고, 테스트하고, 배포하는 과정을 자동화하는 명령어다.

이번 절에서는 팩맨 게임의 컨테이너 이미지를 빌드하고 GitHub 컨테이너 저장소[49]에 푸시하는 GitHub 액션을 만들어 본다.

 GitHub 액션은 코드 저장소에 직접 구현한다. 따라서 실습을 위해 이 책의 예제 코드 저장소[50]를 포크(fork)하여 실습을 준비하자. 저장소 포크에 대한 좀 더 자세한 내용이 궁금하다면 공식 문서[51]를 참고하기 바란다.

GitHub 액션 워크플로는 환경[52](environment)이라는 개념 위에서 구현되고 실행된다. 환경별로 보호 규칙(protection rule)이나 시크릿(secret)을 달리 정의할 수 있으므로 환경 개념을 잘 활용하면 프로덕션 환경을 보호하는 등의 요구사항을 쉽게 달성할 수 있다.

워크플로와 작업은 필요한 YAML 파일로 정의한다. CI를 정의할 저장소의 `.github/workflows/` 아래에 YAML 파일들을 두면 된다. 다음과 같이 `pacman -ci-action.yml` 예제 워크플로를 만들어 보자.

```
name: pacman-ci-action ❶
env:                    ❷
  IMAGE_REGISTRY: ghcr.io/${{ github.repository_owner }}
  REGISTRY_USER: ${{ github.actor }}
  REGISTRY_PASSWORD: ${{ github.token }}
  APP_NAME: pacman
IMAGE_TAGS: 1.0.0 ${{ github.sha }}
# Controls when the workflow will run
on:
  # Triggers the workflow on push or pull request events but only for the
  # "main" branch
  push: ❸
    branches: [ "main" ]
  # Allows you to run this workflow manually from the Actions tab
```

---

49 *https://oreil.ly/Bzq7l*
50 *https://github.com/gitops-cookbook/pacman-kikd*
51 *https://oreil.ly/O6HtM*
52 *https://oreil.ly/uXOQ7*

```
workflow_dispatch:
# A workflow run is made up of one or more jobs that can run sequentially
  or in parallel
jobs:
  # This workflow contains a single job called "build-and-push"
  build-and-push: ❹
    # The type of runner that the job will run on
    runs-on: ubuntu-latest
    # Steps represent a sequence of tasks that will be executed as part
    # of the job
    steps: ❺
      # Checks-out your repository under $GITHUB_WORKSPACE, so your job
      # can access it
      - uses: actions/checkout@v3
      - name: Set up JDK 11
        uses: actions/setup-java@v3
        with:
          java-version: '11'
          distribution: 'adopt'
          cache: maven
      - name: Build with Maven
        run: mvn --batch-mode package
      - name: Buildah Action ❻
        id: build-image
        uses: redhat-actions/buildah-build@v2
        with:
          image: ${{ env.IMAGE_REGISTRY }}/${{ env.APP_NAME }}
          tags: ${{ env.IMAGE_TAGS }}
          containerfiles: |
            ./Dockerfile
      - name: Push to Registry ❼
        id: push-to-registry
        uses: redhat-actions/push-to-registry@v2
        with:
          image: ${{ steps.build-image.outputs.image }}
          tags: ${{ steps.build-image.outputs.tags }}
          registry: ${{ env.IMAGE_REGISTRY }}
          username: ${{ env.REGISTRY_USER }}
          password: ${{ env.REGISTRY_PASSWORD }}
```

❶ 워크플로 이름

❷ 워크플로 환경 변수. 기본 환경 변수[53]와 환경에 추가한 시크릿이 포함된다.

❸ 원하는 트리거 유형. 이 예제는 main 브랜치에 변경이 발생하면 작업을 시작한다. 사용할

---

53 *https://oreil.ly/qNE6p*

수 있는 트리거 전체 목록은 공식 문서를 참고하기 바란다.[54]

❹ 작업(job) 이름

❺ 단계 목록. 각 단계는 파이프라인에서 실행할 액션을 정의한다.

❻ 빌다 빌드.[55] 이 작업은 빌다를 사용하여 컨테이너 이미지를 빌드한다.

❼ 이미지 저장소로 푸시.[56] GitHub 저장소 소유자의 기본 제공 자격증명을 사용하여 GItHub 이미지 저장소로 이미지를 푸시한다.

이저 GitHub 저장소에 새로운 커밋이 푸시될 때마다 그림 6-10과 같이 새 작업이 실행될 것이다.

 GitHub는 자체 컨테이너 이미지 저장소를 ghcr.io에서 서비스하고 있다. 해당 저장소에 등록되는 컨테이너 이미지는 GitHub 패키지[57]로서 이용될 수 있다. GitHub 이미지 저장소에 등록되는 이미지는 기본적으로 공개(public) 이미지다.

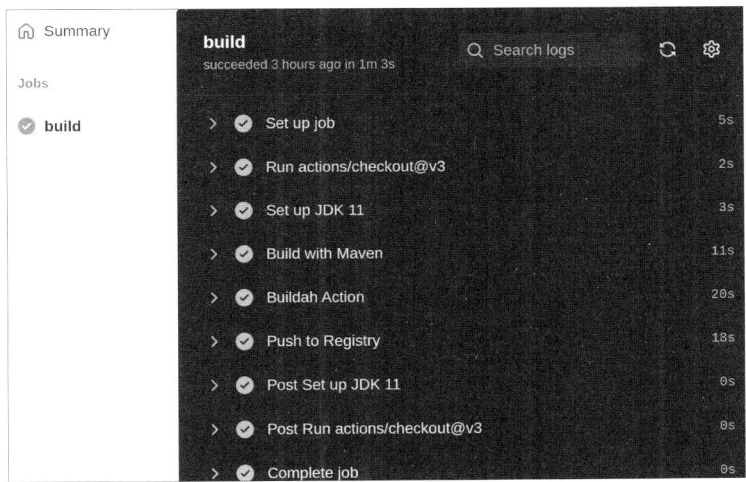

그림 6-11 GitHub 액션으로 실행된 작업

---

54 https:// oreil.ly/lGgAE
55 https://oreil.ly/IcyGC
56 https://oreil.ly/HcSUl
57 https://oreil.ly/aPNi5

참고

- GitHub 액션 작업[58]

- 레드햇 액션[59]

- 액션을 통한 쿠버네티스 클러스터 배포[60]

---

58 *https://oreil.ly/44Qt8*
59 *https://oreil.ly/hFcCd*
60 *https://oreil.ly/7Pae*

7장

Argo CD

앞 장에서는 텍톤과 GitHub 액션 등, 프로젝트 CI 구현에 이용 가능한 기술에 대해 배웠다.

CI는 애플리케이션을 빌드하고 문제가 없는지 확인하는 절차이므로 중요하지만(단위 테스트, 컴포넌트 테스트 등을 이 단계에서 수행한다), 아직도 다루지 않은 부분이 있다. kubectl나 helm 명령을 실행하는 스크립트 대신, GitOps 방법론에 따라 쿠버네티스 클러스터에 배포하는 방법에 대해서는 아직까지 설명하지 않았다.

다니엘 브라이언트(Daniel Bryant, *Mastering API Architecture*의 저자)가 말한 대로, "프로덕션 환경에 애플리케이션을 배포할 때 SSH를 사용하지 말아야 하는 것처럼, 쿠버네티스 환경에 애플리케이션을 배포할 때는 kubectl을 사용하지 말아야 한다."

이번 장에서는 쿠버네티스를 위한 선언적 GitOps CD 도구 Argo CD를 소개한다. 그 첫 번째 순서로 Argo CD를 사용하여 애플리케이션을 배포하는 방법을 살펴본다(7.1절, 7.2절).

Argo CD를 사용하여 일반 쿠버네티스 매니페스트 배포 외의 커스터마이즈 프로젝트 배포(7.3절), 헬름 프로젝트 배포(7.4절)를 처리하는 방법도 살펴본다.

쿠버네티스에서 수행하는 일반적인 작업 중 하나는, 컨테이너를 새 이미지로 롤링 업데이트(rolling update)하는 것이다. Argo CD가 이 프로세스를 돕는 도구와의 연동을 어떻게 지원하는지도 살펴볼 것이다(7.5절).

복잡한 애플리케이션은 배포 및 릴리스 시기와 방법에 있어서 일정 수준의 조율(orchestration)을 필요로 하는 경우가 있다. Argo CD가 이를 지원하는 방법도 살펴볼 것이다(7.7절, 7.8절).

특히 다음 내용을 집중적으로 설명한다.

- 애플리케이션의 설치 및 배포
- 자동 배포 및 자가 복구 애플리케이션
- 새 컨테이너 이미지로의 롤링 업데이트
- 실행에 관계된 명령

이 장에서는 GitHub 저장소[1]의 소스 코드를 예제로 사용한다. 실습 과정에서 YAML 매니페스트를 변경하는 경우가 있으므로, 이 저장소를 포크하여 만든 새로운 저장소에 포함된 YAML 파일을 실습에 사용하도록 하자.

7.1 Argo CD를 사용한 애플리케이션 배포

과제

Git 저장소에 정의된 애플리케이션을 Argo CD로 배포해 보자.

풀이

Application 리소스를 만들어 Argo CD로 하여금 배포하도록 설정하면 된다.

우선 Argo CD를 설치해보자. argocd 네임스페이스를 만들어 그 안에 설치하도록 한다.

우선 다음 명령으로 네임스페이스를 만든다.

```
kubectl create namespace argocd
```

---

1 *https://github.com/gitops-cookbook/gitops-cookbook-sc.git*

다음과 같은 메시지가 화면에 표시될 것이다.

```
namespace/argocd created
```

이제 Argo CD를 설치한다. 다음 명령을 실행하면 된다.

```
kubectl apply -n argocd -f https://raw.githubusercontent.com/argoproj/
argo-cd/v2.10.5/manifests/install.yaml
```

> ☑ **선택적 단계**
>
> Argo CD CLI 도구를 설치하거나 Argo CD 서버 서비스를 노출(expose)하여 Argo CD 대시보드를 사용할 수 있도록 설정하는 것이 필수는 아니다. 하지만 이 책에서는 매니페스트 적용 후 최종 결과를 확인할 때 대시보드를 사용한다. 따라서 다음 단계를 따를 것을 권장한다.
>
> Argo CD CLI 도구를 설치하려면 클러스터에 설치한 Argo CD 버전에 맞고, 사용자의 로컬 개발 환경에 맞는 도구를 다운받아야 한다. 방금 v2.10.5 버전을 클러스터에 설치하였으므로, 해당 버전의 릴리스 페이지[2]를 방문하여 화면 하단 Assets 절에 나열된 도구 가운데 하나를 선택하여 다운받고, 실행 가능한 경로(가령, PATH 환경 변수에 포함된 경로) 안에 두면 된다.[3]
>
> 위와 같이 argocd 도구를 설치하였다면, argocd-server 쿠버네티스 서비스를 외부에서 접근 가능하도록 설정한다. 쿠버네티스 Ingress나 LoadBalancer를 이용해서 해도 되지만 여기서는 kubectl port-forwarding 명령을 활용하여 서비스를 직접 노출하지 않고 API 서버에 연결 가능하도록 구성하겠다.
>
> ```
> kubectl port-forward svc/argocd-server -n argocd 9090:443
> ```
>
> 이제 브라우저로 *http://localhost:9090*를 열면 Argo CD 대시보드를 이용할 수 있다. HTTPS를 사용하지 않을 때 나오는 특유의 보안 경고를 무시하고 진행하면 로그인 화면을 볼 수 있을 것이다.

---

2 *https://github.com/argoproj/argo-cd/releases/tag/v2.10.5*

3 (옮긴이) 맥 운영 체제 사용자, 특히 애플 실리콘 사용자는 argocd-darwin-arm64를 다운받아 ~/bin 등의 디렉터리에 두고 alias argocd=/Users/<본인 계정 디렉터리 이름>/bin/argocd-darwin-arm64 같이 설정해주면 된다. chmod +x를 해당 바이너리에 적용하는 것을 잊지 말자. 다만 인터넷에서 다운로드한 바이너리이므로 운영 체제가 실행을 거부하는 일이 있을 수 있는데, 그럴 때는 해당 바이너리를 iTerm이나 Terminal 같은 응용 프로그램으로 1회 열어주면 된다. 그러면 정말 실행할 것인지 물어볼 것이고, 그때 '그렇다'고 대답하면 그 뒤로는 문제없이 실행 가능하다.

admin 계정의 초기 비밀번호는 argocd 네임스페이스에 있는 argocd-initial-admin
-secret이라는 이름의 쿠버네티스 시크릿에 자동으로 저장된다. 이 값을 읽어 환경변수
에 저장한 다음 argocd CLI 명령어가 서버에 로그인할 수 있도록 설정하자.

```
argoPass=$(kubectl -n argocd get secret argocd-initial-admin-secret
-o jsonpath="{.data.password}" | base64 -d)
argoURL=localhost:9090
argocd login --insecure --grpc-web $argoURL --username admin
--password $argoPass
```

다음과 같은 메시지가 화면에 출력될 것이다.

```
'admin:login' logged in successfully
Context 'localhost:9090' updated
```

동일한 자격 증명을 사용하여 Argo CD UI에도 로그인하면 된다.

색상이 지정된 상자 하나를 보여주는 간단한 웹 애플리케이션을 Argo CD로 배
포해 보자. 이 애플리케이션은 Namespace, Deployment, Service 등 세 개의 쿠
버네티스 매니페스트 파일로 구성된다.

매니페스트 파일들은 예제 저장소의 ch07/bgd[4] 폴더에 있다.

이러한 모든 파일은 Argo CD에서는 배포할 Application이다. 따라서 클러
스터에 매니페스트를 적용하려면 Application을 정의해야 한다.

Application 배포를 위한 Argo CD Application 리소스 파일(manual-bgd
-app.yaml)의 내용을 살펴보자. 이 파일은 매니페스트의 일부가 아니라 예제
저장소에는 없다. 직접 입력해야 한다.

```
apiVersion: argoproj.io/v1alpha1
kind: Application
metadata:
  name: bgd-app
  namespace: argocd ❶
spec:
  destination: ❷
    namespace: bgd
    server: https://kubernetes.default.svc
```

---

4 *https://oreil.ly/DAH50*

```
project: default ❸
source:
  repoURL: https://github.com/gitops-cookbook/gitops-cookbook-sc.git ❹
  path: ch07/bgd        ❺
  targetRevision: main  ❻
```

❶ Argo CD가 설치된 네임스페이스

❷ 대상 클러스터 및 네임스페이스

❸ Argo CD의 기본 프로젝트에 애플리케이션 설치

❹ 매니페스트 YAML 파일들이 저장된 저장소

❺ 매니페스트를 찾을 저장소 내부 경로

❻ 체크아웃(checkout)할 저장소 브랜치 이름

다음에 진행할 실습을 위해 ❹는 여러분이 포크한 저장소로 변경해 놓도록 주의하자.

터미널 창에서 다음 명령을 실행하면 Argo CD 애플리케이션이 등록된다.

```
kubectl apply -f manual-bgd-app.yaml
```

다음과 같은 메시지가 출력될 것이다. 새로운 Argo CD 애플리케이션 bgd-app이 등록되었다.

```
application.argoproj.io/bgd-app created
```

argocd CLI나 UI를 활용하여 상태를 점검해 보자. 다음 명령어를 실행하면 Argo CD에 등록된 모든 애플리케이션을 나열할 수 있다.

```
argocd app list
```

출력은 다음과 같다.

```
NAME            CLUSTER                      NAMESPACE PROJECT STATUS    HEALTH
SYNCPOLICY  CONDITIONS  REPO                                            PATH      TARGET
argocd/bgd-app https://kubernetes.default.svc bgd        default OutOfSync Missing
<none>      <none>      https://github.com/gitops-cookbook/gitops-cookbook-sc.git ch07/bgd  main
```

여기서 중요한 필드는 STATUS다. OutOfSync는 애플리케이션이 등록되어 있지만 현재 상태(이 경우 애플리케이션이 배포되지 않음)와 Git 저장소 내용(애플리케이션 매니페스트 파일) 사이에 차이가 있음을 알린다.

다음 명령으로 bgd 네임스페이스에서 모든 포드를 가져와 보면, 실행 중인
포드가 없다는 것을 알 수 있다.

```
kubectl get pods -n bgd
```

다음과 같은 메시지가 출력될 것이다.

```
No resources found in bgd namespace.
```

Argo CD는 기본적으로 애플리케이션을 자동으로 동기화하지 않는다. 차이가
생겼음을 알려줄 뿐이다. 사용자는 수동으로 동기화 작업을 게시하여 이 문제
를 해결할 수 있다.

CLI를 사용하면 터미널에서 다음 명령을 실행하여 애플리케이션을 동기화
할 수 있다.

```
argocd app sync bgd-app
```

출력되는 메시지에는 배포와 관련된 모든 중요한 정보가 담겨 있다.

```
Name:             argocd/bgd-app
Project:          default
Server:           https://kubernetes.default.svc
Namespace:        bgd
URL:              https://localhost:9090/applications/bgd-app
Repo:             https://github.com/gitops-cookbook/gitops-cookbook-sc.git
Target:           main
Path:             ch07/bgd
SyncWindow:       Sync Allowed
Sync Policy:      <none>
Sync Status:      Synced to main (3e63da1)
Health Status:    Progressing

Operation:        Sync
Sync Revision:    3e63da1e346378754db5c071be1604fcdb64c499
Phase:            Succeeded
Start:            2024-03-31 18:15:56 -0700 PDT
Finished:         2024-03-31 18:15:56 -0700 PDT
Duration:         0s
```

```
Message:        successfully synced (all tasks run)

GROUP KIND        NAMESPACE NAME STATUS  HEALTH       HOOK MESSAGE
      Namespace  bgd       bgd  Running Synced            namespace/bgd created
      Service    bgd       bgd  Synced  Healthy           service/bgd created
apps  Deployment bgd       bgd  Synced  Progressing       deployment.apps/bgd created
      Namespace            bgd  Synced
```

그림 7-1에 표시된 **SYNC** 버튼을 클릭하면 UI에서도 애플리케이션을 동기화 할
수 있다.

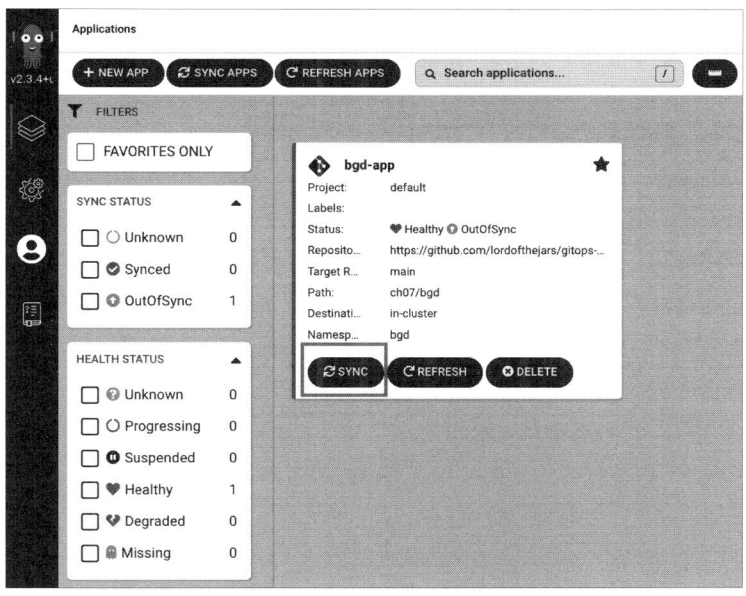

그림 7-1 Argo CD 웹 콘솔

bgd 네임스페이스에서 모든 포드를 가져오면 하나의 포드가 실행 중인 것을 확
인할 수 있을 것이다.

```
kubectl get pods -n bgd

NAME                  READY   STATUS   RESTARTS   AGE
bgd-547cbdc7-bngbq    1/1     Running  0          2m4s
```

서비스도 마찬가지다.

```
kubectl get services -n bgd
```

NAME	TYPE	CLUSTER-IP	EXTERNAL-IP	PORT(S)	AGE
bgd	ClusterIP	10.96.238.132	\<none\>	8080/TCP	2m23s ❶

❶ 노출된 포트는 8080이다.

이제 배포된 앱이 정상적으로 동작하는지 확인하자. 방금 확인한 서비스를 외부에서 사용 가능하도록 구성해야 한다. 앞서 Argo CD 서비스의 경우와 마찬가지로, 새로운 터미널 창을 하나 더 열어 포트 포워딩을 구성해 보도록 하자.

새로운 창에서 다음 명령을 실행한다.

```
kubectl port-forward svc/bgd -n bgd 8080:8080
```

그런 다음 브라우저를 열어 localhost:8080에 접속하면 그림 7-2와 같은 화면을 확인할 수 있다.

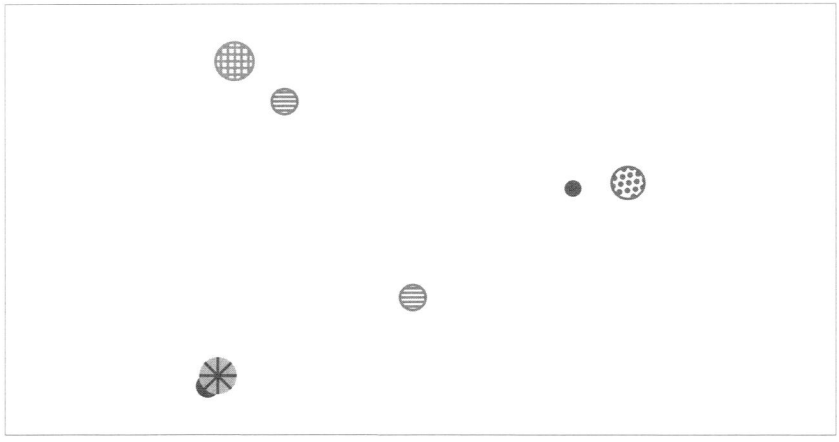

그림 7-2 배포된 애플리케이션

보충

이제 애플리케이션 배포 파일을 갱신하면 무슨 일이 생기는지 확인해 보자. bgd-deployment.yaml 파일에 정의된 환경 변수 값을 변경하겠다.

파일 편집기에서 ch07/bgd/bgd-deployment.yaml을 열고 COLOR 환경 변수 값을 blue에서 green으로 변경하자.

```
spec:
  containers:
  - image: quay.io/redhatworkshops/bgd:latest
    name: bgd
    env:
    - name: COLOR
      value: "green"
```

터미널에서 다음 명령을 실행하여 파일을 커밋하고 푸시하여 Argo CD가 변경을 감지하여 "OutOfSync"로 판단하는지 살펴보도록 하자.

```
git add .
git commit -m "Updates color"
git push origin main
```

변경 사항을 푸시한 후 애플리케이션 상태를 다시 확인해 보면 다음과 같을 것이다.

```
argocd app list
```

NAME	CLUSTER	NAMESPACE	PROJECT	STATUS	HEALTH	SYNCPOLICY	CONDITIONS
			PATH	TARGET			
REPO							
argocd/bgd-app	https://kubernetes.default.svc	bgd	default	Synced	Healthy	<none>	<none>
https://github.com/gitops-cookbook/gitops-cookbook-sc.git			ch07/bgd	main			

매니페스트와 애플리케이션 상태에 차이가 발생했는데도 상태는 여전히 Sync이다. 왜 그럴까? 이는 Argo CD가 폴링 방식을 사용하여 배포된 내용과 Git에 정의된 내용 간의 차이를 감지하기 때문이다. 일정 시간(기본값은 3분)이 지나면 애플리케이션 상태는 OutOfSync으로 바뀔 것이다.

NAME	CLUSTER	NAMESPACE	PROJECT	STATUS	HEALTH	SYNCPOLICY
				PATH	TARGET	
CONDITIONS	REPO					
argocd/bgd-app	https://kubernetes.default.svc	bgd	default	OutOfSync	Healthy	<none>
<none>	https://github.com/gitops-cookbook/gitops-cookbook-sc.git		ch07/bgd	main		

다시 상태를 동기화하려면 argocd app sync 명령을 실행한다.

```
argocd app sync bgd-app
```

몇 초 후 서비스에 액세스하여 원이 녹색으로 표시되는지 확인하자. 동기화 후에는 포트 포워딩이 중단될 수 있는데, 그런 경우에는 포트 포워딩 명령을 다시 실행해 주면 된다.

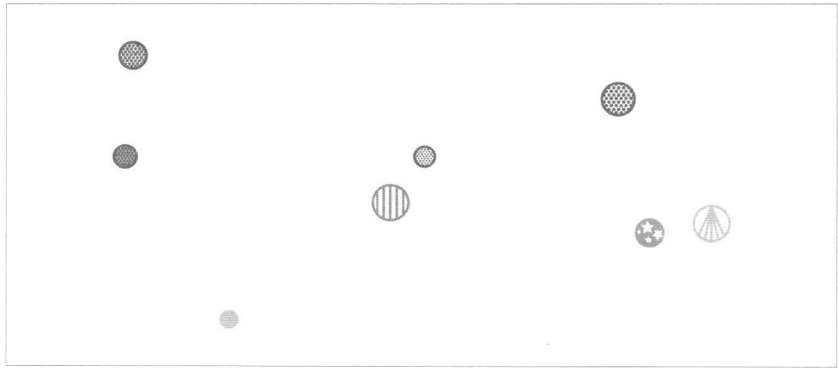

그림 7-3 색상이 변경된 애플리케이션

애플리케이션을 제거하려면 CLI 도구나 UI를 사용한다. CLI를 사용하는 경우에는 다음 명령을 실행한다.

```
argocd app delete bgd-app
```

다음 실습을 위해 저장소 내용을 원래대로 돌려놓으려면 다음과 같이 하면 된다.

```
git revert HEAD
git push origin main
```

7.2 자동 동기화

과제
변경 사항이 있을 때 Argo CD가 자동으로 리소스를 업데이트하도록 구성하자.

풀이
간단히 요약하자면 syncPolicy 절에 automated 정책을 명시하면 된다. 자세한 내용은 지금부터 살펴보자.

Argo CD는 Git과 쿠버네티스 클러스터 매니페스트 간의 차이를 감지하면 애플리케이션을 자동으로 동기화할 수 있다.

자동 동기화의 장점은 Argo CD API에 로그인 할 필요가 없다는 것이다. 로그인을 통해 동기화를 처리하려면 다양한 보안 문제를 해결해야 한다(시크릿 관리, 네트워크 보안 등등). 게다가 자동 동기화를 채택하면 argocd CLI를 사용할 필요가 없다. 추적 중인 Git 저장소에 매니페스트 변경 사항이 푸시되면 자동으로 클러스터에 적용된다.

앞서 살펴본 Argo CD `Application` 매니페스트 파일을 수정하여 `syncPolicy` 절을 추가하고 bgd-app.yaml 파일에 저장한다.

```
apiVersion: argoproj.io/v1alpha1
kind: Application
metadata:
  name: bgd-app
  namespace: argocd
spec:
  destination:
    namespace: bgd
    server: https://kubernetes.default.svc
  project: default
  source:
    repoURL: https://github.com/bjlee72/gitops-cookbook-sc.git
    path: ch07/bgd
    targetRevision: main
  syncPolicy:        ❶
    automated: {} ❷
```

❶ 동기화 정책을 정의하는 절

❷ Argo CD가 자동으로 저장소 내용과 동기화하도록 지정한다.

이제 다음 명령을 실행하여 갱신된 `Application` 파일을 클러스터에 적용한다.

```
kubectl apply -f bgd-app.yaml
```

이제 Argo CD는 매니페스트 변경을 감지하여 자동으로 애플리케이션을 배포한다.

`kubectl` 명령이나 Argo CD UI를 통해 배포가 진행 중인지 확인하자.

```
kubectl get pods -n bgd

NAME                READY   STATUS    RESTARTS   AGE
bgd-547cbdc7-dlpn9  1/1     Running   0          103
```

그리고 브라우저를 새로 고침하여 그림 7-4와 같이 원이 다시 파란색으로 바뀌었는지 확인한다. 앱이 동기화되는 과정에서 8080 포트에 대한 포트 포워딩은 해제되었을 것이다. 다시 실행해야 할 것이다.

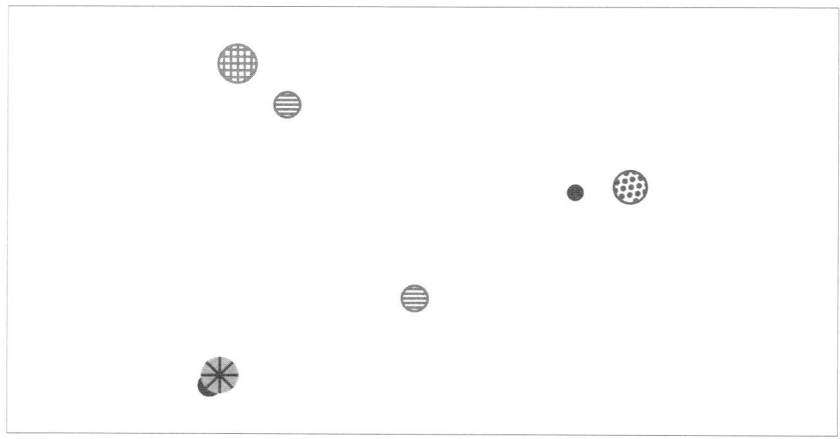

그림 7-4 배포된 애플리케이션

애플리케이션을 제거하려면 CLI 도구나 UI를 사용한다. CLI를 사용하는 경우에는 다음 명령을 실행한다.

```
argocd app delete bgd-app
```

보충

Argo CD는 애플리케이션을 자동으로 배포하지만, 안전상의 이유로 몇 가지 기본 보존 전략(conservation strategy)을 채택하고 있다.

이 중 두 가지는 삭제된 리소스를 정리(pruning)하는 전략, 그리고 Git을 통하지 않고 직접 쿠버네티스 클러스터를 변경한 애플리케이션의 자가 치유(self-healing) 전략이다.

기본적으로 Argo CD는 Git에서 더 이상 사용할 수 없게 된 리소스도 삭제/정리하지 않으며, 단순히 OutOfSync 상태로만 바꾼다. 이런 리소스를 삭제하는 방법은 두 가지다.

첫 번째는 –prune 옵션을 주고 수동으로 동기화하는 것이다.

```
argocd app sync --prune
```

두 번째 방법은 automated 섹션에서 prune 속성을 true로 설정하여 Argo CD가 해당 리소스를 자동으로 삭제하도록 하는 것이다.

```
syncPolicy:
  automated:
    prune: true ❶
```

❶ 자동 삭제 기능을 활성화한다.

애플리케이션이 자동으로 업데이트되는 방식에 영향을 미치는 또 다른 중요한 개념은 자가 치유(self-healing)다.

Argo CD는 클러스터에서 수동으로 발생한 변경을 교정하지 않는다. 예를 들어, Argo CD는 클러스터에서 직접 kubectl patch 명령을 실행하여 애플리케이션의 구성 파라미터를 변경할 수 있도록 허용한다.

실제로 확인해 보자.

예제 애플리케이션이 표시하는 원의 색상은 환경 변수(COLOR)를 통해 지정된다.

kubectl patch 명령어를 사용하여 COLOR 환경 변수의 값을 green으로 변경해 보자.

터미널에서 다음 명령을 실행한다.

```
kubectl -n bgd patch deploy/bgd --type='json' \
-p='[{"op":"replace", "path":"/spec/template/spec/containers/0/env/0/value",
    "value":"green"}]'
```

변경이 성공적으로 롤아웃 되었는지 확인하려면 다음과 같이 한다.

```
kubectl rollout status deploy/bgd -n bgd
```

다음과 같은 메시지가 표시되어야 한다.

```
deployment "bgd" successfully rolled out
```

브라우저를 새로 고치면 그림 7-5와 같이 녹색 원이 표시되어야 한다.

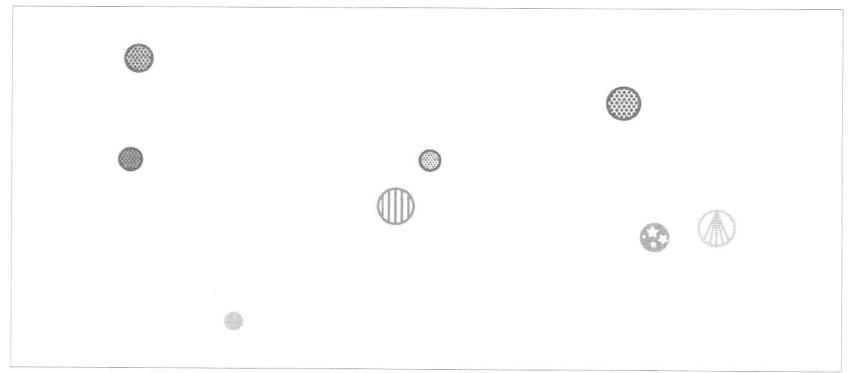

그림 7-5 배포된 애플리케이션

이제 동기화 상태를 살펴보면 애플리케이션과 Git 저장소의 내용(COLOR: blue) 이 다르므로 동기화가 깨졌다고(OutOfSync) 표시될 것이다.

selfHeal 속성의 기본값은 false이므로 Argo CD는 이 차이를 교정하기 위해 롤백을 시도하지 않을 것이다.

기존 애플리케이션을 제거하고 selfHeal을 true로 설정한 새 앱을 배포해 보자.

```
argocd app delete bgd-app
```

그런 다음 selfHealing 속성을 활성화하고 heal-bgd-app.yaml 파일에 저장 한다.

```
apiVersion: argoproj.io/v1alpha1
kind: Application
metadata:
  name: bgd-app
```

```
    namespace: argocd
spec:
  destination:
    namespace: bgd
    server: https://kubernetes.default.svc
  project: default
  source:
    repoURL: https://github.com/bjlee72/gitops-cookbook-sc.git
    path: ch07/bgd
    targetRevision: main
  syncPolicy:
    automated:
      prune: true
      selfHeal: true ❶
```

> ❶ 수동 변경을 자동 교정하기 위해 selfHeal를 true로 설정

변경한 애플리케이션 정의를 다음과 같이 적용한다.

```
kubectl apply -f heal-bgd-app.yaml
```

이제 앞서 했던 실험을 반복한다.

1. 브라우저를 열어 원이 파란색인지 확인한다.
2. kubectl -n bgd patch deploy/bgd ... 명령을 다시 실행한다.
3. 브라우저를 새로 고침하고 원이 여전히 파란색으로 표시되는지 확인한다.

Argo CD는 patch 명령으로 인해 발생한 차이를 수정하여 애플리케이션을 Git 저장소에 정의된 올바른 상태로 동기화한다.

　실습을 마친 애플리케이션은 다음 명령으로 삭제한다.

```
argocd app delete bgd-app
```

참고

- Argo CD 자동 동기화 정책[5]
- Argo CD 동기화 옵션[6]

---

5   *https://oreil.ly/mw4b2*
6   *https://oreil.ly/wIleG*

7.3 커스터마이즈 연동

과제

Argo CD를 사용하여 커스터마이즈 매니페스트를 배포해 보자.

풀이

Argo CD는 쿠버네티스 매니페스트를 정의하는 방법을 다양하게 지원한다.

- 커스터마이즈
- 헬름
- Ksonnet
- Jsonnet

커스텀 정의법도 지원할 수는 있으나 이 책에서 다룰 내용은 아니다.

Argo CD는 다음 파일 중 하나라도 있으면 커스터마이즈 프로젝트로 인식한다.

- kustomization.yaml
- kustomization.yml
- Kustomization

앞서 예제로 사용한 BGD 애플리케이션을 이번에는 커스터마이즈 매니페스트로 배포해 보겠다.

kustomize로 하여금 COLOR 환경 변수를 노란색으로 재정의하도록 만들 것이다. 깃허브 저장소(ch07/bgdk/bgdk)에 정의된 커스터마이즈 파일은 다음과 같다.

```
apiVersion: kustomize.config.k8s.io/v1beta1
kind: Kustomization
namespace: bgdk
resources:
- ../base          ❶
- bgdk-ns.yaml     ❷
patchesJson6902: ❸
  - target:         ❹
```

```
  version: v1
  group: apps
  kind: Deployment
  name: bgd
  namespace: bgdk
patch: |- ❺
  - op: replace
    path: /spec/template/spec/containers/0/env/0/value
    value: yellow
```

❶ 표준 배포 파일이 있는 디렉터리(COLOR의 값을 'blue'로 지정)

❷ 네임스페이스 생성을 위한 파일

❸ 표준 배포 파일을 패치

❹ 'Deployment' 패치

❺ 환경 변수 값을 노란색으로 재정의

 이 파일은 이미 깃허브 저장소에 있으므로 만들 필요가 없다.

애플리케이션을 배포하려면 다음 Application 파일을 만들고 bgdk-app.yaml
로 저장한다.

```
apiVersion: argoproj.io/v1alpha1
kind: Application
metadata:
  name: bgdk-app
  namespace: argocd
spec:
  destination:
    namespace: bgdk
    server: https://kubernetes.default.svc
  project: default
  source:
    path: ch07/bgdk/bgdk
    repoURL: https://github.com/gitops-cookbook/gitops-cookbook-sc.git
    targetRevision: main
  syncPolicy:
    automated: {}
```

그리고 다음 명령을 실행하여 실행 중인 클러스터에 Application 리소스를 만
든다.

```
kubectl apply -f bgdk-app.yaml
```

포트 포워딩은 다음과 같이 설정한다.

```
kubectl port-forward svc/bgd -n bgdk 8080:8080
```

이제 브라우저로 localhost:8080에 접근하면 노란색 원을 볼 수 있다.

  이 애플리케이션을 클러스터에서 제거하려면 다음과 같이 한다.

```
argocd app delete bgdk-app
```

보충

Application 파일에서 Argo CD가 사용하는 기본 알고리즘을 재정의(override)하여, 사용할 도구를 명시적으로 지정할 수 있다. 예를 들어, kustomization. yaml 파일을 찾을 때 일반 디렉터리 전략(plain directory strategy)을 사용하려면 다음과 같이 한다.

```
source:
  directory: ❶
    recurse: true
```

  ❶ 항상 일반 디렉터리 전략을 사용하도록 재정의한다.

가능한 전략으로는 `directory`, `chart`, `helm`, `kustomize`, `path`, `plugin` 등이 있다.

 커스터마이즈에 대해 살펴본 모든 내용은 Argo CD를 사용할 때도 유효하다.

참고

- 4장
- 깃허브[7]에 있는 argo-cd/application-crd.yaml
- Argo CD 도구 탐지[8]

---

7 *https://oreil.ly/EIxY1*
8 *https://oreil.ly/DJbiU*

7.4 헬름 연동

과제

Argo CD를 사용하여 헬름 매니페스트를 배포해 보자.

풀이

배포 디렉터리에 헬름 프로젝트가 있음을 감지하면(Chart.yaml 파일) 클러스터에 차트를 자동으로 배포하도록 Argo CD를 구성할 수 있다.

앞서 살펴본 예제 BGD 애플리케이션을 이번에는 헬름 매니페스트로 배포해 보겠다.

앞서 포크한 GitHub 저장소에 있는 간단한 헬름 프로젝트(ch07/bgdh)를 사용할 것이다. 레이아웃은 다음과 같다.

```
├── Chart.yaml
├── templates
│   ├── NOTES.txt
│   ├── _helpers.tpl
│   ├── deployment.yaml
│   ├── ns.yaml
│   ├── service.yaml
│   ├── serviceaccount.yaml
│   └── tests
│       └── test-connection.yaml
└── values.yaml
```

Argo CD 애플리케이션을 다음과 같이 정의하여 bgdh-app.yaml에 저장한다.

```
apiVersion: argoproj.io/v1alpha1
kind: Application
metadata:
  name: bgdh-app
  namespace: argocd
spec:
  destination:
    namespace: bgdh
    server: https://kubernetes.default.svc
  project: default
  source:
    path: ch07/bgdh
```

```
    repoURL: https://github.com/gitops-cookbook/gitops-cookbook-sc.git
    targetRevision: main
  syncPolicy:
    automated: {}
```

그런 다음 아래 명령을 실행하여 클러스터에 Application을 만든다.

```
kubectl apply -f bgdh-app.yaml
```

포드가 bgdh 네임스페이스에서 실행 중인지 확인한다.

```
kubectl get pods -n bgdh
```

```
NAME                          READY  STATUS   RESTARTS  AGE
bgdh-app-556c46fcd6-ctfkf     1/1    Running  0         5m43s
```

애플리케이션을 제거하려면 CLI 도구나 UI를 사용한다.

```
argocd app delete bgdh-app
```

보충

Argo CD는 빌드 환경 변수를 헬름 매니페스트에 채울 수 있다(커스터마이즈, Jsonnet 및 사용자 정의 도구도 지원한다).

다음과 같은 변수가 제공된다.

- ARGOCD_APP_NAME
- ARGOCD_APP_NAMESPACE
- ARGOCD_APP_REVISION
- ARGOCD_APP_SOURCE_PATH
- ARGOCD_APP_SOURCE_REPO_URL
- ARGOCD_APP_SOURCE_TARGET_REVISION
- KUBE_VERSION
- KUBE_API_VERSIONS

다음 코드에서 애플리케이션 이름이 저장되는 환경 변수를 어떻게 이용하는지 확인할 수 있다.

```
apiVersion: argoproj.io/v1alpha1
kind: Application
metadata:
  name: bgdh-app
  namespace: openshift-gitops
spec:
  destination:
  ...
  source:
    path: ch07/bgdh
    ...
    helm:            ❶
      parameters: ❷
      - name: app ❸
        value: $ARGOCD_APP_NAME ❹
```

❶ 헬름에 인자를 전달하기 위한 절

❷ 설정할 추가 매개변수. values.yaml로 전달하는 것과 같은 방식이지만 우선순위가 높음

❸ 인자 이름

❹ 인자 값. 이 경우 빌드 환경 변수에서 가져온 값이다.

Argo CD는 다른 values.yaml 파일을 사용하거나 values.yaml에 정의된 값을 재정의하는 인자를 명시적으로 지정하는 것도 지원한다.

```
argocd app set bgdh-app --values new-values.yaml
```

```
argocd app set bgdh-app -p service.type=LoadBalancer
```

값 파일은 헬름 차트와 동일한 Git 저장소에 있어야 한다는 점에 유의하자.

 Argo CD는 헬름 훅(hook)도 지원한다.

참고

- 5장
- 깃허브에 있는 argo-cd/application-crd.yaml[9]

9 *https://oreil.ly/EIxY1*

7.5 이미지 갱신

과제

컨테이너 이미지가 게시되면 자동으로 배포하도록 Argo CD를 구성하자.

풀이

Argo CD 이미지 업데이터(Image Updater)[10]를 사용하여 컨테이너 레지스트리의 변경 사항을 감지하고 배포 파일을 갱신하면 된다.

개발 과정에서 가장 반복적인 작업 중 하나는 컨테이너 이미지의 새 버전을 배포하는 것이다.

Argo CD 솔루션을 있는 그대로 사용한다면 컨테이너 이미지가 저장소에 게시된 후 새 컨테이너 이미지를 가리키도록 쿠버네티스/커스터마이즈/헬름 매니페스트 파일을 갱신하고 그 결과를 Git 저장소에 푸시해야 한다.

따라서 다음 작업이 필요할 것이다.

1. 리포지토리 복제(clone)
2. YAML 파일 파싱(parsing) 및 갱신
3. 변경 사항 커밋(commit) 및 푸시

이 절차를 모든 저장소의 지속적 통합 워크플로마다 중복하여 구현해야 한다. 그래도 되기는 하겠으나, 클러스터가 알아서 컨테이너 저장소에 푸시된 새 이미지를 감지하고 해당 버전을 가리키도록 현재 배포 파일을 수정하게 자동화하면 더 좋을 것이다.

그것이 바로 Argo CD 이미지 업데이터(IU)가 하는 일이다. 이미지 업데이터는 새로운 컨테이너 버전을 모니터링하고 Argo CD `Application` 파일에 정의된 매니페스트를 갱신하는 쿠버네티스 컨트롤러다.

Argo CD IU 생명 주기(lifecycle)와 Argo CD와의 관계를 그림 7-6에 보였다.

---

10 *https://oreil.ly/kztMq*

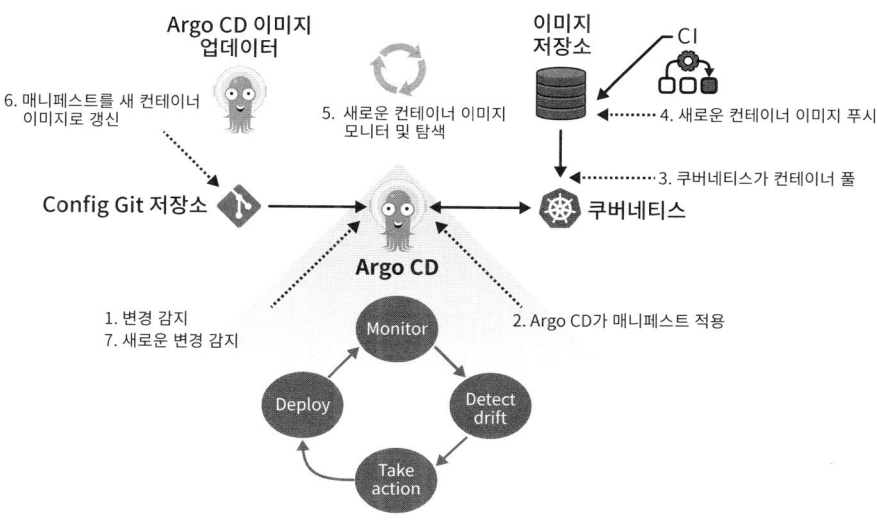

그림 7-6 Argo CD 이미지 업데이터의 생명 주기

현재 Argo CD 이미지 업데이터는 커스터마이즈 또는 헬름 매니페스트에 대해서만 동작한다. 그리고 헬름의 경우 `image.tag` 파라미터를 사용하여 이미지 태그를 지정하도록 구성되어 있어야 한다.

Argo CD와 동일한 네임스페이스에 컨트롤러를 설치해 보겠다.

```
kubectl apply -n argocd \
-f https://raw.githubusercontent.com/argoproj-labs/argocd-image-updater/
    v0.12.2/manifests/install.yamd
```

설치 프로세스의 유효성을 검사하여 컨트롤러의 포드 상태가 Running인지 확인한다.

```
kubectl get pods -n argocd
NAME                                READY   STATUS    RESTARTS   AGE
...
argocd-image-updater-59c45cbc5c-kjjtp  1/1   Running   0          40h
...
```

Argo CD IU를 사용하기 전에 업데이트된 매니페스트를 저장소에 푸시할 수 있도록 Git 크리덴셜을 나타내는 쿠버네티스 시크릿을 생성한다. 이 시크릿

은 Argo CD 네임스페이스에 있어야 하며, 이 경우 이름을 git-creds로 지정한
다.[11]

```
kubectl -n argocd create secret generic git-creds \
    --from-literal=username=<git_user> \
    --from-literal=password=<git_password_or_token>
```

마지막으로, 컨트롤러가 이미지 저장소에 대한 모니터링을 시작할 수 있도록
어플리케이션 매니페스트에 몇 가지 특별한 어노테이션을 추가한다.

image-list
업데이트할 이미지를 하나 이상 지정한다. 이미지가 여러 개일 때는 쉼표로
연결한다.

write-back-method
새 버전 이름을 반영할 때 사용할 방식. git 및 argocd 두 가지 방식이 있다.
git은 변경 사항을 Git 저장소에 커밋한다. argocd는 쿠버네티스나 Argo
CD API를 사용하여 리소스를 직접 갱신한다.

이것 말고도 다양한 구성 옵션이 있지만, 우선은 이 정도가 반드시 알아 두어
야 할 옵션들이다. 이제 Argo CD IU 어노테이션을 사용하여 Application 매니
페스트를 만들어 보자.

```
apiVersion: argoproj.io/v1alpha1
kind: Application
metadata:
  name: bgdk-app
  namespace: argocd
  annotations: ❶
    argocd-image-updater.argoproj.io/image-list: myalias=quay.io/rhdevelopers/bgd        ❷
    argocd-image-updater.argoproj.io/write-back-method: git:secret:argocd/git-creds      ❸
    argocd-image-updater.argoproj.io/git-branch: main                                    ❹
spec:
  destination:
    namespace: bgdk
```

---

11 (옮긴이) `<git_user>`의 값으로는 여러분의 GitHub 아이디를, `<git_password_or_token>`의 값으로는
GitHub PAT(Personal Access Token)을 만들어 그 값을 사용하도록 하자.

```
    server: https://kubernetes.default.svc
  project: default
  source:
    path: ch07/bgdui/bgdk
    repoURL: https://github.com/gitops-cookbook/gitops-cookbook-sc.git¹²
    targetRevision: main
  syncPolicy:
    automated: {}
```

❶ 어노테이션이 추가될 절

❷ 모니터링되는 이미지 이름

❸ write-back-method의 값 및 Git 자격 증명(credential) 위치(<namespace>/<secret-name>과 같이 명시한다)

❹ 변경 사항을 푸시할 브랜치

이제 매니페스트를 적용하여 애플리케이션의 첫 번째 버전을 배포하고 새 이미지가 컨테이너 레지스트리에 푸시될 때 Argo CD IU가 리포지토리를 업데이트하도록 설정한다.

```
kubectl apply -f bgdui-app.yaml
```

제대로 되었다면 버전 1.0.0의 애플리케이션이 **bgdk** 네임스페이스에서 실행 중이어야 한다.

---

12 (옮긴이) spec.source.repoURL의 값으로는 여러분이 포크한 깃허브 저장소를 명시하도록 하자. 변경된 내용이 커밋되어야 하기 때문이다.

그리고 ❷의 모니터링될 이미지 이름으로는 여러분의 quay.io bgd 저장소를 사용하도록 하자. 가령 역자는 실습을 위해 quay.io/bjlee72/bgd라는 이름의 공개(public) 저장소를 만들어 두었다. 이 저장소를 만든 다음에는 이미지를 업로드해 두어야 하는데, 다음과 같이 하면 된다.

```
docker pull quay.io/rhdevelopers/bgd:1.0.0
docker image tag quay.io/rhdevelopers/bgd:1.0.0 quay.io/<quay.io 아이디>/bgd:1.0.0
docker push quay.io/<quay.io 아이디>/bgd:1.0.0
```

docker push가 권한 문제로 실행이 잘 되지 않는다면 docker login quay.io를 다시 실행해 보도록 하자.

그리고 다음 실습을 진행하기 전에 여러분이 포크한 gitops-cookbook-sc 저장소의 ch07/bgdui/bgdk 디렉터리로 가서 .argocd-source-bgdk-app.yaml 파일을 삭제해 두도록 하자.

아울러 ch07/bgdui/base 아래에 있는 bgd-deployment.yaml 파일의 spec.template.spec.containers[0].image가 참조하는 이미지 이름도 여러분이 만든 quay.io bgd 이미지 1.0.0 버전을 참조하도록 업데이트해 두기 바란다.

다음 명령으로 포트 포워딩을 설정해 보자.

```
kubectl port-forward svc/bgd -n bgdk 8080:8080
```

그런 다음 브라우저로 localhost:8080를 열어보면 노란색 원이 화면에 표시되어야 한다.

이제 새 이미지를 만들면 저장소 내 매니페스트가 적절히 변경되는지 확인해 보자. 실험 절차를 간소화하기 위해, 저장소에 보관된 이미지에 새 버전 태그 1.1.0를 붙이는 방식으로 진행해 보겠다.

여러분이 실습을 위해 만든 quay.io bgd 저장소로 이동하여 태그 메뉴로 가서 기존 이미지 옆에 붙은 설정 아이콘을 누른 다음 Add New Tag를 선택하여 그림 7-7과 같이 새 이미지를 만든다.

그림 7-7 새 태그 부여

그림 7-8과 같이 태그를 1.1.0 값으로 설정한다.

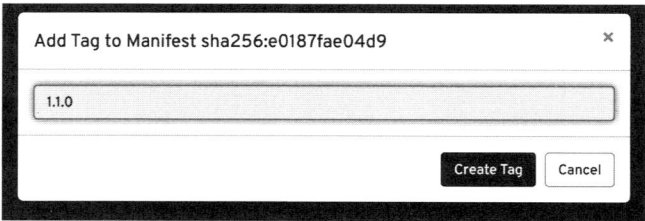

그림 7-8 새 태그 1.1.0 부여

이 단계가 끝나면 그림 7-9와 같이 새로운 태그가 붙은 이미지가 목록에 나타 난다.

이미지 업데이트가 이 변경을 감지하여 저장소 갱신을 시작할 때까지 약 2분 간 기다린다.

그림 7-9 새 태그가 부여된 결과

저장소 갱신 절차가 정상적으로 수행되는지 확인하려면 로그를 보면 된다.

```
kubectl logs argocd-image-updater-59c45cbc5c-kjjtp -f -n argocd
...
time="2022-06-20T21:19:05Z" level=info msg="Setting new image to quay.io/
    rhdevelopers/bgd:1.1.0" alias=myalias application=bgdk-app image_
    name=rhdevelopers/bgd image_tag=1.0.0 registry=quay.io
time="2022-06-20T21:19:05Z" level=info msg="Successfully updated image
    'quay.io/rhdevelopers/bgd:1.0.0' to 'quay.io/rhdevelopers/bgd:1.1.0',
    but pending spec update (dry run=false)" alias=myalias
    application=bgdk-app image_name=rhdevelopers/bgd image_tag=1.0.0
    registry=quay.io ❶
time="2022-06-20T21:19:05Z" level=info msg="Committing 1 parameter
    update(s) for application bgdk-app" application=bgdk-app
...
```

❶ 변경 사항을 감지하고 이미지를 업데이트한다.

그런 다음 깃허브 저장소에 가 보면 그림 7-10과 같이 이미지를 새 것으로 업데 이트하는 커스터마이즈 파일 .argocd-source-bgdk-app.yaml이 추가된 것을 볼 수 있다.

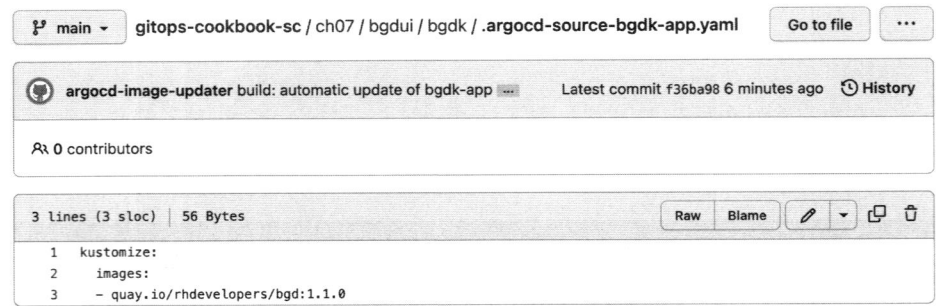

그림 7-10 새 이미지로 업데이트하는 커스터마이즈 파일

이제 Argo CD가 변경 사항을 감지하고 새 이미지로 클러스터를 올바르게 업데이트할 수 있다.

애플리케이션을 제거하려면 CLI 도구 또는 UI를 사용한다.

```
argocd app delete bgdk-app
```

보충

업데이트 전략(update strategy)은 Argo CD IU가 새 버전을 찾는 방법이다. 달리 지정하지 않으면 Argo CD IU는 시맨틱 버전(semantic version, semver)을 사용하여 최신 버전을 찾는다.

선택적으로 버전에 제약 조건을 두면 자동 업데이트를 어디까지 허용할지 제한할 수 있다. 가령 패치 버전(patch version)만 자동으로 업데이트하고 싶다면 다음과 같이 image-list 어노테이션을 변경하면 된다.

```
argocd-image-updater.argoproj.io/image-list: myalias=quay.io/rhdevelopers/bgd:1.2.x
```

가장 최근에 빌드된 이미지로 업데이트하고 싶다면 다음과 같이 한다.

```
argocd-image-updater.argoproj.io/myalias.update-strategy: latest
```

특정한 형태의 태그만 고려하고 싶다면 다음과 같이 한다. 정규 표현식을 사용할 수 있다.

```
argocd-image-updater.argoproj.io/myalias.allow-tags: regexp:^[0-9a-f]{7}$
```

`digest` 업데이트 전략은 이미지 다이제스트가 변경되면 애플리케이션의 이미지가 변경되도록 할 수 있다.

```
argocd-image-updater.argoproj.io/myalias.update-strategy: digest
```

지금까지 살펴본 예제의 이미지는 공개 저장소에 있었다. 비공개 저장소에 보관된 이미지의 변경 사항을 감지하려면 Argo CD 이미지 업데이터에 해당 저장소에 대한 읽기 권한을 주어야 한다.

먼저 이미지 저장소에 대한 자격 증명을 담은 새 시크릿을 만든다.

```
kubectl create -n argocd secret docker-registry quayio --docker-server=quay.io
    --docker-username=$QUAY_USERNAME --docker-password=$QUAY_PASSWORD
```

Argo CD 이미지 업데이터는 개인 이미지 저장소에 대한 설정을 `ConfigMap`에서 가져온다. 이미지 업데이터를 앞서 설명한 대로 설치하였다면 `argocd-image-update-config`라는 이름의 `ConfigMap` 리소스가 이미 만들어져 있을 것이다. 이 리소스에 `data` 절을 다음과 같이 추가한다.

```
apiVersion: v1
kind: ConfigMap
metadata:
  name: argocd-image-updater-config ❶
data:
  registries.conf: |
    registries:                    ❷
    - name: RedHat Quay            ❸
      api_url: https://quay.io ❹
      prefix: quay.io            ❺
      insecure: yes
      credentials: pullsecret:argocd/quayio ❻
```

❶ Argo CD IU ConfigMap 이름

❷ 모든 저장소가 등록될 장소

❸ 저장소 이름

❹ 저장소 API URL

❺ 컨테이너 이미지에 사용되는 접두사(prefix)

❻ argocd 네임스페이스에 저장된 quayio 시크릿에서 자격 증명을 가져올 것을 명시

Argo CD IU는 Git 저장소에 새로운 커밋을 다음과 같은 형식으로 만든다.

```
commit 3caf0af8b7a26de70a641c696446bbe1cd04cea8 (HEAD -> main, origin/main)
Author: argocd-image-updater <noreply@argoproj.io>
Date:   Thu Jun 23 09:41:00 2022 +0000

    build: automatic update of bgdk-app

    updates image rhdevelopers/bgd tag '1.0.0' to '1.1.0'
```

이 기본 커밋 메시지는 원하는 형태로 변경 가능하다. argocd-image-updater
-config ConfigMap에서 git.commit-message-template 키에 새로운 메시지 템
플릿을 설정하면 된다.

```
apiVersion: v1
kind: ConfigMap
metadata:
  name: argocd-image-updater-config ❶
data:
  git.user: alex                              ❷
  git.email: alex@example.com                 ❸
  git.commit-message-template: |              ❹
    build: automatic update of {{ .AppName }} ❺
    {{ range .AppChanges -}}                   ❻
    updates image {{ .Image }} tag '{{ .OldTag }}' to '{{ .NewTag }}' ❼❽❾
    {{ end -}}
```

❶ Argo CD IU ConfigMap

❷ 커밋 메시지에 남을 사용자 이름

❸ 커밋 메시지에 남을 이메일 주소

❹ Golang text/template 템플릿

❺ 애플리케이션 이름

❻ 변경 사항 목록

❼ 이미지 이름

❽ 이전 이미지 태그

❾ 새 이미지 태그

Config Map이 변경되면 Argo CD UI Deployment를 다시 시작해야 한다.

```
kubectl rollout restart deployment argocd-image-updater -n argocd
```

참고

• Argo CD 이미지 업데이터[13]

7.6 비공개 Git 저장소 배포

과제

Argo CD를 사용하여 비공개 Git 저장소 내의 매니페스트를 배포해 보라.

풀이

Argo CD CLI/UI 또는 YAML 파일을 사용하여 저장소의 자격 증명 정보(사용자이름/비밀번호/토큰/키)를 등록하면 된다.

Argo CD에서는 두 가지 방법으로 Git 저장소와 자격 증명을 등록할 수 있다. 한 가지 방법은 Argo CD CLI/Argo CD UI 툴을 사용하는 것이다. Argo CD에 비공개 저장소를 등록하려면 다음 명령을 실행하여 사용자 이름과 비밀번호를 설정하면 된다.

```
argocd repo add https://github.com/argoproj/argocd-example-apps \
    --username <username> --password <password>
```

또는 Argo CD UI를 사용하여 등록할 수도 있다. 브라우저에서 Argo CD UI를 열고 그림 7-11과 같이 설정/리포지토리 버튼(톱니바퀴가 있는 버튼)을 클릭한다.

---

13 *https://oreil.ly/kztMq*

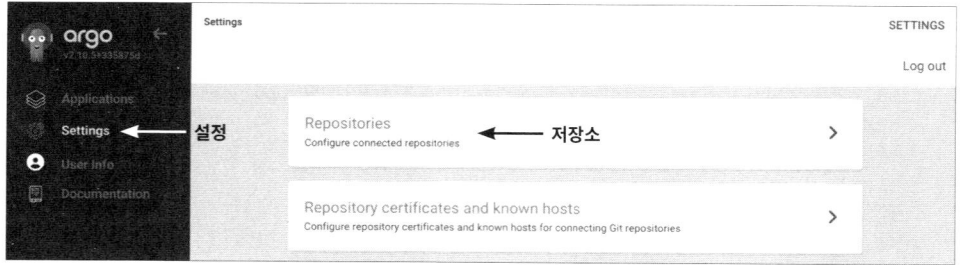

그림 7-11 설정 메뉴

그런 다음 그림 7-12과 같이 'CONNECT REPO' 버튼을 클릭하고 필요한 데이터를 양식에 입력한다.

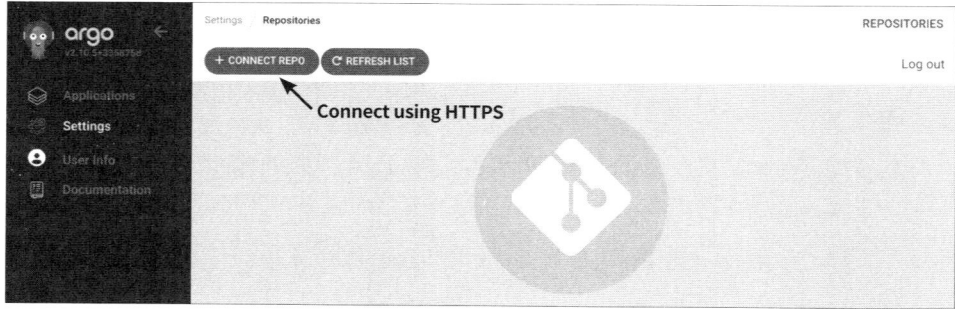

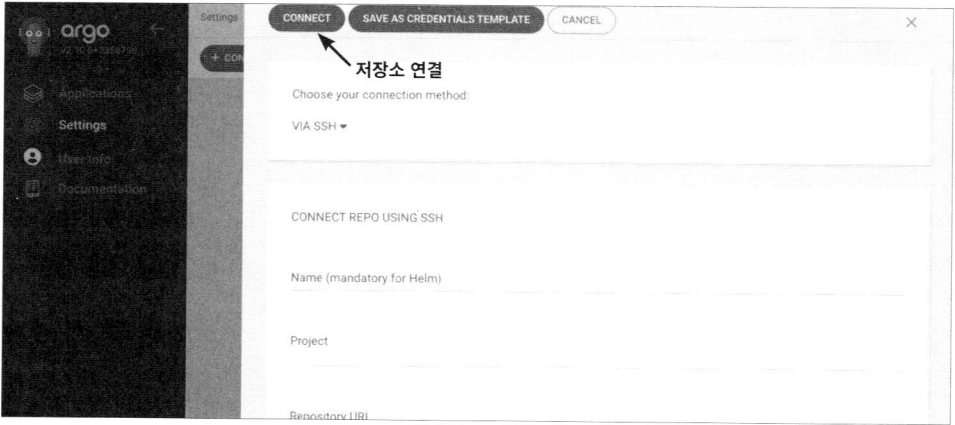

그림 7-12 저장소 연결 구성

그런 다음 'CONNECT' 버튼을 클릭하면 저장소와의 연결이 테스트되고, 이상이 없다면 저장소 목록에 추가된다.

다른 방법은 해당 저장소에 대한 자격 증명을 담은 쿠버네티스 시크릿을 만드는 것이다.

```
apiVersion: v1
kind: Secret
metadata:
  name: private-repo
  namespace: argocd ❶
  labels:
    argocd.argoproj.io/secret-type: repository ❷
stringData:
  type: git
  url: https://github.com/argoproj/private-repo ❸
  password: my-password ❹
  username: my-username ❺
```

❶ Argo CD 네임스페이스에 시크릿 생성

❷ 시크릿 유형을 repository로 설정

❸ 등록할 저장소 URL

❹ 접속 비밀번호

❺ 접속 사용자 이름

이 파일을 적용하면 수동으로 저장소를 등록하는 것과 같은 효과를 얻을 수 있다.

이렇게 하고 나면 Application 리소스의 repoURL 값이 이미 등록된 저장소를 가리키는 경우, 해당 저장소에 대한 자격 증명을 사용하여 로그인하게 된다.

보충

사용자 ID와 비밀번호를 통해 비공개 Git 저장소에 접근하는 방법 이외에도 Argo CD는 토큰, TLS 클라이언트 인증서, SSH 개인 키 또는 깃허브 앱 자격 증명 같은 방법도 지원한다.

Argo CD CLI 또는 쿠버네티스 시크릿을 통해 이런 자격 증명을 구성하는 몇 가지 사례를 살펴보도록 하자.

TLS 클라이언트 인증서를 구성하기 위해서는 다음과 같이 한다.

```
argocd repo add https://repo.example.com/repo.git \
    --tls-client-cert-path ~/mycert.crt \
    --tls-client-cert-key-path ~/mycert.key
```

SSH의 경우, SSH 개인 키 위치를 지정하기만 하면 된다.

```
argocd repo add git@github.com:argoproj/argocd-example-apps.git \
    --ssh-privatekey-path ~/.ssh/id_rsa
```

쿠버네티스 시크릿을 사용한다면 다음과 같이 한다.

```
apiVersion: v1
kind: Secret
metadata:
  name: private-repo
  namespace: argocd
  labels:
    argocd.argoproj.io/secret-type: repository
stringData:
  type: git
  url: git@github.com:argoproj/my-private-repository
  sshPrivateKey: | ❶
    -----BEGIN OPENSSH PRIVATE KEY-----
    ...
    -----END OPENSSH PRIVATE KEY-----

    ❶ SSH 개인 키의 내용
```

GitHub 앱을 자격 증명으로 사용하는 경우에는 앱 ID, 앱 설치 ID(App Installation ID) 및 개인 키를 설정해야 한다.

```
argocd repo add https://github.com/argoproj/argocd-example-apps.git \
    --github-app-id 1 \
    --github-app-installation-id 2 \
    --github-app-private-key-path test.private-key.pem
```

시크릿을 선언적으로 정의하는 방법을 사용하고 싶다면 다음과 같이 한다.

```
apiVersion: v1
kind: Secret
```

```
metadata:
  name: github-repo
  namespace: argocd
  labels:
    argocd.argoproj.io/secret-type: repository
stringData:
  type: git
  repo: https://ghe.example.com/argoproj/my-private-repository
  githubAppID: 1 ❶
  githubAppInstallationID: 2
  githubAppEnterpriseBaseUrl: https://ghe.example.com/api/v3 ❷
  githubAppPrivateKeySecret: |
    -----BEGIN OPENSSH PRIVATE KEY-----
    ...
    -----END OPENSSH PRIVATE KEY-----
```

❶ GitHub 앱/설치 ID 설정

❷ GitHub App Enterprise를 사용하는 경우에만 유효한 구성

액세스 토큰의 경우에는 계정 이름을 사용자 아이디로 주고 비밀번호 필드에는 토큰을 입력해 주면 된다.

쿠버네티스 시크릿을 관리해 본 경험에 따라 사용할 전략은 달라질 수 있다. 쿠버네티스의 시크릿은 암호화되지 않고 Base64로 인코딩되므로 기본적으로 보안은 보증되지 않는다는 점에 유의하자.

시크릿을 보호할 좋은 전략이 있다면 선언적 접근 방식만 사용할 것을 권장한다.

 아직 봉인된 시크릿(Sealed Secret)에 대해서는 논의하지 않았지만(다음 장에서 다룬다) 봉인된 시크릿을 사용할 때는 레이블이 제거된다는 점에 유의하자. 컨트롤러가 봉인되지 않은 시크릿에 담는 모든 필드가 정의되는 template 절이 포함되는 것을 피하기 위해서다.

```
spec:
  ...
  template:
    metadata:
      labels:
        "argocd.argoproj.io/secret-type": repository
```

7.7 쿠버네티스 매니페스트 배포 순서

과제

Argo CD를 사용하여 매니페스트의 배포 순서를 변경할 방법을 제시하라.

풀이

동기화 웨이브(sync wave)와 리소스 훅(resource hook)을 사용하면 매니페스트를 적용하는 기본 순서를 수정할 수 있다.

Argo CD는 다음 로직을 사용하여 특정 순서로 쿠버네티스 매니페스트(일반, 헬름, 커스터마이즈)를 적용한다.

1. 종류가 다르다면 다음 순서로 적용
   a. Namespace
   b. NetworkPolicy
   c. LimitRange
   d. ServiceAccount
   e. Secret
   f. ConfigMap
   g. StorageClass
   h. PersistentVolume
   i. ClusterRole
   j. Role
   k. Service
   l. DaemonSet
   m. Pod
   n. ReplicaSet
   o. Deployment
   p. StatefulSet
   q. Job
   r. Ingress

2. 같은 종류의 리소스에 대해서는 알파벳 이름 순서대로 적용

Argo CD는 리소스를 세 단계로 나눠 적용한다. 첫 단계는 매니페스트를 적용하기 전에 실행되는 PreSync 단계이고, 두 번째는 매니페스트가 실제로 적용되는 Sync 단계이며, 세 번째는 모든 매니페스트가 적용되고 동기화된 후에 실행되는 PostSync 단계이다.

그림 7-13은 이 내용을 요약한 것이다.

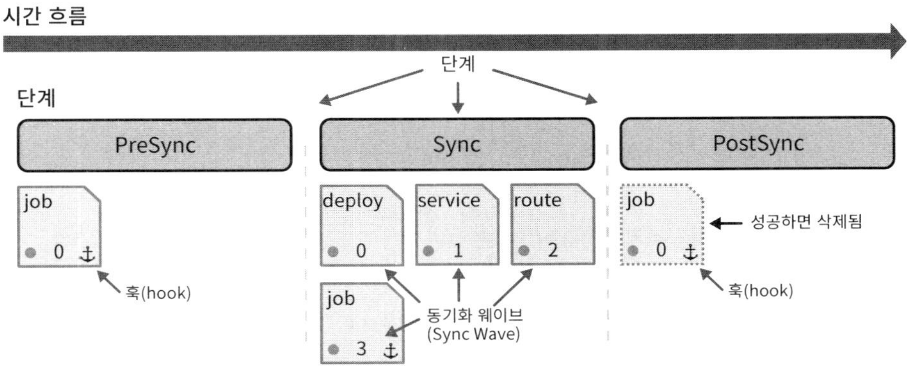

그림 7-13 훅과 동기화 웨이브

리소스 훅은 특정 단계에서 실행되는 스크립트이며, 동기화 단계가 실패한 경우에는 롤백 작업을 실행하는 데도 이용될 수 있다.

표 7-1은 사용 가능한 리소스 훅의 목록이다.

Hook	설명	용례
PreSync	매니페스트 적용 전에 실행	데이터베이스 마이그레이션
Sync	매니페스트 적용과 동시에 실행	카나리 배포(Canary Release) 또는 비공개 출시 (Dark Launch)와 같은 복잡한 롤링 업데이트 전략
PostSync	모든 Sync 훅이 성공적으로 완료된 후 실행	배포가 올바르게 수행되었는지 확인하기 위한 테스트 실행
SyncFail	동기화 작업이 실패하면 실행	실패 시 롤백 작업
Skip	매니페스트 적용 건너뛰기	애플리케이션 배포에 수동 작업이 필요한 경우 (예: 사용자 트래픽을 새 버전에 할당)

표 7-1 리소스 훅

혹은 쿠버네티스 리소스에 `argocd.argoproj.io/hook` 어노테이션으로 정의한다. 다음 코드는 PostSync 훅을 이용하는 어노테이션을 포함하고 있다.

```
apiVersion: batch/v1
kind: Job
metadata:
  name: todo-insert ❶
  annotations:
    argocd.argoproj.io/hook: PostSync ❷
```

❶ Job 이름

❷ 매니페스트가 적용될 때 설정됨

> ☑ **삭제 정책**
>
> 훅은 실행이 끝나도 삭제되지 않는다. 예를 들어 훅으로 설정된 쿠버네티스 Job은 실행이 끝나면 단순히 상태가 Completed로 바뀌기만 한다.
>
> 이 상태가 원하는 상태일 수도 있지만, `argocd.argoproj.io/hook-delete-policy` 어노테이션을 사용하여 `policy` 값을 설정하면 훅 리소스가 자동 삭제되도록 할 수 있다. 지원되는 정책은 다음과 같다.
>
> | 정책 | 설명 |
> | --- | --- |
> | HookSucceeded | 훅 실행이 성공한 후 삭제됨 |
> | HookFailed | 훅 실행이 실패한 후 삭제됨 |
> | BeforeHookCreation | 새 훅이 생성되기 전에 삭제됨 |

동기화 웨이브(sync wave)는 Argo CD가 Git에 저장된 매니페스트를 어떤 순서로 적용할지 명시하는 방법이다.

모든 매니페스트는 기본적으로 웨이브 값 0을 갖는다. 웨이브 값이 낮은 리소스가 먼저 적용된다. 웨이브 값을 다르게 지정하고 싶은 경우에는 `argocd.argoproj.io/sync-wave` 어노테이션을 사용하여 리소스에 웨이브 값을 명시적으로 할당한다.

예를 들어, 데이터베이스를 먼저 배포한 다음 데이터베이스 스키마를 만들고 싶다면 다음 코드처럼 데이터베이스 배포 파일의 `sync-wave`를 스키마 생성 작업보다 낮게 설정해야 한다.

```
apiVersion: apps/v1
kind: Deployment
metadata:
  name: postgresql ❶
  namespace: todo
  annotations:
    argocd.argoproj.io/sync-wave: "0" ❷
...
apiVersion: batch/v1
kind: Job
metadata:
  name: todo-table ❸
  namespace: todo
  annotations:
    argocd.argoproj.io/sync-wave: "1" ❹
```

❶ PostgreSQL 배포

❷ PostgreSQL 배포의 웨이브 값은 0

❸ Job 이름

❹ PostgreSQL의 정상 배포 후에 실행되도록 웨이브 값을 1로 구성

보충

Argo CD는 매니페스트 적용 순서를 다음과 같이 결정한다.

1. 단계(Phase)
2. 웨이브(낮은 값 우선)
3. 종류(Kind)
4. 이름(Name)

배포 파일, 동기화 웨이브, 훅을 사용하여 중요 애플리케이션을 배포하는 예제를 살펴보자.

이 예제 애플리케이션은 데이터베이스(PostgreSQL)에 할 일 목록을 저장하는 TODO 애플리케이션이다. 애플리케이션을 배포하려면 데이터베이스 스키마 생성 전에 데이터베이스 서버를 실행하는 등, 순서에 관한 요건 몇 가지를 충족해야 한다. 또한 전체 애플리케이션 동기화 후에 실행할 매니페스트를 위해 몇 가지 기본 TODO 항목들을 데이터베이스에 삽입해야 한다.

전체 프로세스를 그림 7-14과 같다.

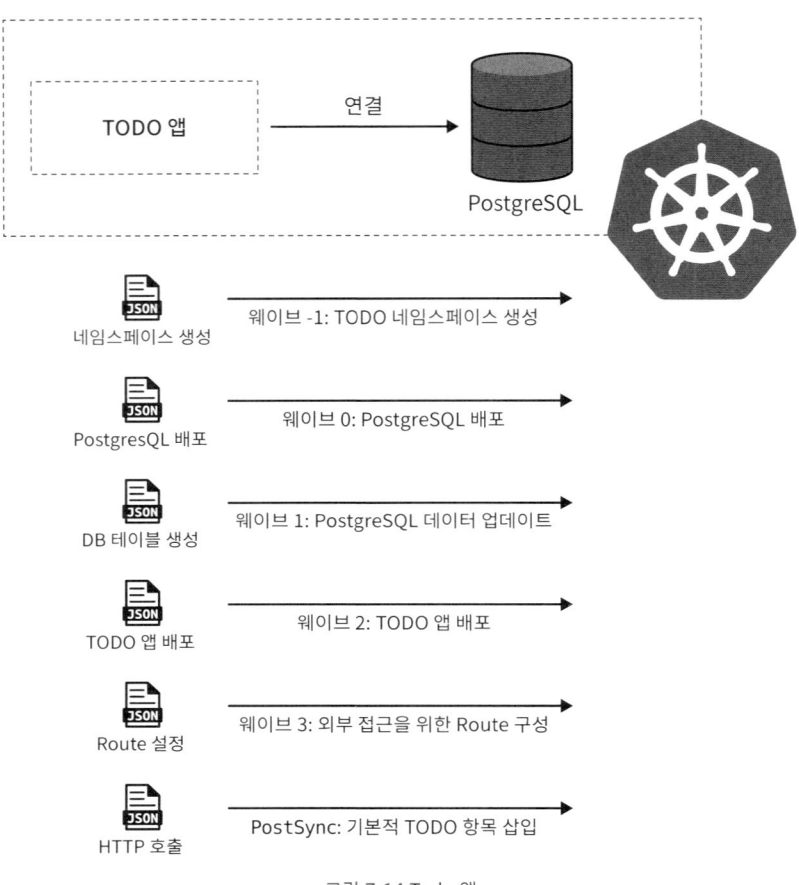

그림 7-14 Todo 앱

배포할 애플리케이션의 Application 리소스는 다음과 같이 정의한다.

```
apiVersion: argoproj.io/v1alpha1
kind: Application
metadata:
  name: todo-app
  namespace: argocd
spec:
  destination:
    namespace: todo
    server: https://kubernetes.default.svc
```

```
project: default
source:
  path: ch07/todo
  repoURL: https://github.com/gitops-cookbook/gitops-cookbook-sc.git
  targetRevision: main
syncPolicy:
  automated:
    prune: true
    selfHeal: false
  syncOptions:
  - CreateNamespace=true
```

터미널에서 이 리소스를 적용해 보면 Argo CD가 지정된 순서로 모든 애플리케이션을 배포할 것이다.

참고

- 깃허브 gitops-engine/sync_tasks.go[14]

7.8 동기화 윈도 정의

과제

시간대에 따라 애플리케이션 동기화를 차단하거나 허용하도록 Argo CD를 설정해 보자.

풀이

Argo CD는 애플리케이션 동기화(저장소에 푸시된 변경 사항 적용)를 차단하거나 허용할 시간대를 구성할 수 있도록 동기화 윈도(synchronization window)라는 개념을 지원한다.

동기화 윈도를 정의하려면 AppProject 매니페스트를 만들어 주면 된다. 이때 신경 써서 설정해야 하는 절은 allow, denay 중 한 값을 갖는 kind, 동기화 윈도의 시작 시간을 cron 형식으로 지정할 수 있도록 하는 schedule, 동기화 윈

---

14 *https://oreil.ly/NDWru*

도의 크기를 나타내는 duration, 그리고 동기화 윈도를 적용할 리소스(Application일 수도 있고 네임스페이스일 수도 있고 클러스터일 수도 있다)를 나타내는 application다.

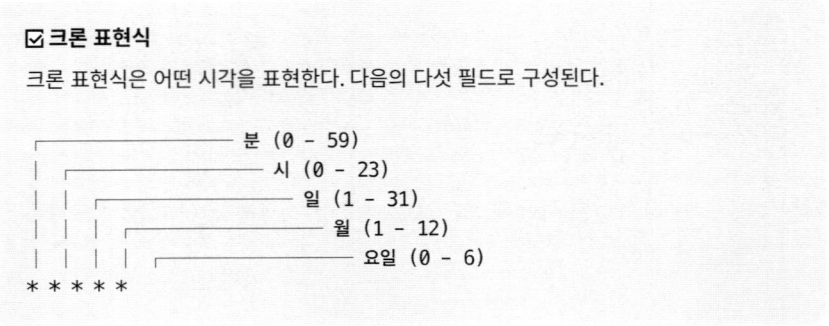

> ☑ **크론 표현식**
>
> 크론 표현식은 어떤 시각을 표현한다. 다음의 다섯 필드로 구성된다.
>
> ```
>     ┌──────────────── 분 (0 - 59)
>     │ ┌────────────── 시 (0 - 23)
>     │ │ ┌──────────── 일 (1 - 31)
>     │ │ │ ┌────────── 월 (1 - 12)
>     │ │ │ │ ┌──────── 요일 (0 - 6)
>     * * * * *
> ```

AppProject 리소스는 동기화가 허용/차단되는 윈도를 정의하는 구실을 한다.

가령 22:00부터 23:00까지 단 한 시간 동안만 이름이 –prod로 끝나는 Argo CD Applications에 대해 동기화를 허용하고 싶다면 다음과 같이 하면 된다.

```
apiVersion: argoproj.io/v1alpha1
kind: AppProject
metadata:
  name: default
spec:
  syncWindows:              ❶
  - kind: allow             ❷
    schedule: '0 22 * * *'  ❸
    duration: 1h            ❹
    applications:           ❺
    - '*-prod'              ❻
```

❶ 윈도 목록

❷ 동기화 허용

❸ 22:00에 한함

❹ 1시간 동안(23:00까지)

❺ 이 동기화 윈도에 연동되는 애플리케이션

❻ 이름이 –prod로 끝나는 모든 애플리케이션

보충

AppProject 매니페스트에 정의된 허용 시간대 이외에는 자동 또는 수동으로 애플리케이션 동기화를 수행할 수 없다. 하지만 수동 동기화는 허용하도록 윈도를 구성할 수 있다.

CLI를 통해 다음 명령을 실행하면 된다.

```
argocd proj windows enable-manual-sync <PROJECT ID>
```

YAML 파일로도 동일하게 설정할 수 있다. 다음 예제는 namespace bgd에는 22:00부터 1시간 동안 수동 동기화 이외의 동기화는 거부하고, prod-cluster 클러스터의 경우에는 23:00부터 1시간동안 동기화를 허용하는 설정이다.

```
apiVersion: argoproj.io/v1alpha1
kind: AppProject
metadata:
  name: default
  namespace: argocd
spec:
  syncWindows:
  - kind: deny ❶
    schedule: '0 22 * * *'
    duration: 1h
    manualSync: true ❷
    namespaces:     ❸
    - bgd
  - kind: allow
    schedule: '0 23 * * *'
    duration: 1h
    clusters: ❹
    - prod-cluster
```

❶ 동기화 차단

❷ bgd 네임스페이스에 수동 동기화 사용

❸ 동기화를 차단할 네임스페이스

❹ 23:00에 동기화를 허용하도록 클러스터 구성

Argo CD UI에서 Settings → Projects → default → windows 순서로 이동하거나 argocd CLI도구를 이용하면 현재 설정된 윈도 목록을 확인할 수 있다.

```
argocd proj windows list default
```

```
ID  STATUS    KIND   SCHEDULE    DURATION  APPLICATIONS  NAMESPACES  CLUSTERS  MANUALSYNC
0   Inactive  deny   0 22 * * *  1h                                            Enabled
1   Inactive  allow  0 23 * * *  1h                                            Disabled
```

8장

고급 주제

앞 장에서는 Argo CD를 활용하여 GitOps 워크플로를 구현하는 방법을 간략하게 살펴봤다. Argo CD는 간단한 용도나 고급 용도에 모두 활용 가능한 유명하고 영향력 있는 오픈 소스 프로젝트다. 이번 장에서는 여러분이 GitOps를 깊이 있게 탐구할 때, 그리고 멀티클러스터 시나리오를 위한 보안, 자동화 및 고급 배포 모델을 관리해야 할 때 알아 두어야 할 주제들을 살펴본다.

보안은 자동화와 데브옵스(DevOps)에 매우 중요한 요소다. DevSecOps는 전체 IT 수명주기에서 보안을 공동 책임으로 보는 새로운 접근법이다. DevSecOps 선언문[1]은 기존 관행과 큰 마찰 없이 운영할 수 있으며 가치 창출이 가능한 방법론으로 코드를 통한 보안(Security as Code)을 제시한다. 모든 것을 선언적으로 규정하는 GitOps 원칙과 같은 철학이다.

한편 암호화되지 않은 일반 텍스트 자격 증명은 Git에 저장하면 안 된다는 문제도 제기한다. 크리스천 헤르난데즈(Christian Hernandez)의 저서 《GitOps로의 여정(Path to GitOps)》에서도 언급된 바 있지만 다행히도 Argo CD는 GitOps 워크플로에서의 보안 관리를 위한 두 가지 패턴을 제공한다.

---

1   *https://www.devsecops.org*

- 봉인된 시크릿(Sealed Secret)처럼 암호화된 시크릿을 Git 저장소에 저장
  (8.1절).
- 외부 서비스/볼트(vault)에 저장한 시크릿에 대한 참조만 Git에 저장(8.2절).

이 두 가지 패턴을 알아본 뒤에는 고급 배포 기법으로 초점을 돌려 Argo CD로 웹훅을 관리하는 방법과(8.3절) ApplicationSet로 웹훅을 관리하는 방법(8.4절)을 살펴본다. ApplicationSet는 하나의 쿠버네티스 리소스로 수많은 애플리케이션, 저장소, 클러스터에 대한 배포를 관리할 수 있게 해주는 Argo CD 구성 요소다. GitOps 애플리케이션을 위한 템플릿 시스템은 여러 쿠버네티스 클러스터에 배포와 동기화가 가능하도록 설계되어 있다(8.5절).

마지막으로, 블루-그린(blue-green)이나 카나리(canary) 같은 고급 배포 기법 구현에 유용한, Argo 롤아웃(Rollout) 기반의 점진적 쿠버네티스 배포 기법(8.6절)을 살펴보고 이 책을 마무리할 것이다.

8.1 민감한 데이터 암호화(봉인된 시크릿)

과제

쿠버네티스 시크릿과 암호화된 오브젝트를 Git으로 관리해 보라.

풀이

봉인된 시크릿(Sealed Secrets)[2]은 쿠버네티스 시크릿을 SealedSecret 커스텀 리소스로 암호화하는 비트나미(Bitnami)의 오픈 소스 프로젝트로 이 리소스는 Git에 저장해도 안전한, 암호화된 오브젝트다.

봉인된 시크릿은 공개 키 암호화(public-key cryptography) 기법을 사용하며 두 가지 주요 구성 요소로 이루어져 있다.

- 시크릿을 복호화 및 암호화하는 사설 키와 공개 키를 알 뿐 아니라 그 재조정 과정을 총괄하는 쿠버네티스 컨트롤러. 이 컨트롤러는 시크릿의 재암호

---

2 *https://oreil.ly/MWTNB*

화를 강제하기 위한 개인 키 자동 로테이션(rotation)과 키 만료(expiration) 관리도 담당한다.

- 개발자가 Git 저장소에 커밋하기 전에 시크릿을 암호화하는데 사용하는 CLI kubeseal

SealedSecret 오브젝트는 오직 대상 쿠버네티스 클러스터에서 실행 중인 SealedSecret 컨트롤러만 암호화하고 복호화할 수 있다. 해당 컴포넌트만 독점적으로 수행하는 작업이므로 다른 누구도 해당 오브젝트를 해독할 수 없다. 개발자는 그림 8-1과 같이 kubeseal CLI를 사용하여 일반 쿠버네티스 시크릿 리소스를 SealedSecret 리소스로 변환할 수 있다.

GitHub 프로젝트의 릴리스[3] 페이지를 참고하면 각자 운영 체제에 맞는 kubeseal CLI를 설치할 수 있다. 이 책에서는 0.26.2 버전을 사용하였다.

> 맥에서는 홈브루[4]를 통해 kubeseal을 설치하고 사용할 수 있다.
>
> ```
> brew install kubeseal
> ```

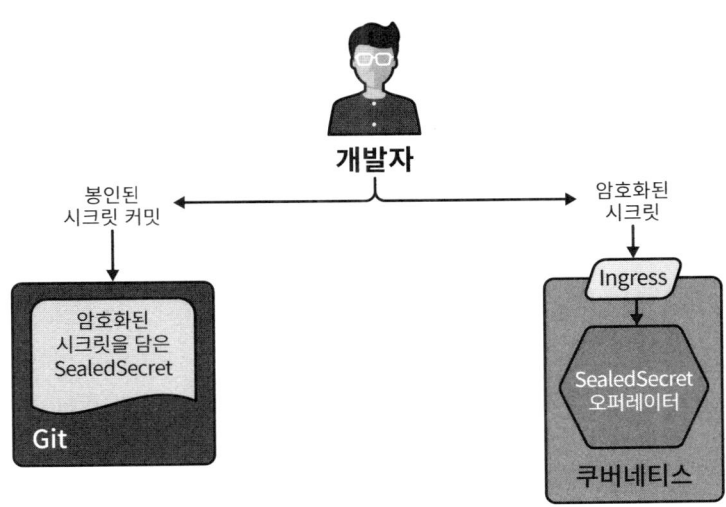

그림 8-1 GitOps와 봉인된 시크릿

---

3 *https://oreil.ly/zmEh3*
4 *https:// brew.sh*

CLI를 설치한 후에는 다음과 같이 컨트롤러를 설치한다.

```
kubectl create -f https://github.com/bitnami-labs/sealed-secrets/releases/
    download/v0.26.2/controller.yaml
```

다음과 비슷한 결과가 출력되어야 한다.

```
rolebinding.rbac.authorization.k8s.io/sealed-secrets-service-proxy created
rolebinding.rbac.authorization.k8s.io/sealed-secrets-controller created
clusterrolebinding.rbac.authorization.k8s.io/sealed-secrets-controller created
customresourcedefinition.apiextensions.k8s.io/sealedsecrets.bitnami.com created
service/sealed-secrets-controller created
role.rbac.authorization.k8s.io/sealed-secrets-service-proxy created
service/sealed-secrets-controller-metrics created
role.rbac.authorization.k8s.io/sealed-secrets-key-admin created
clusterrole.rbac.authorization.k8s.io/secrets-unsealer created
serviceaccount/sealed-secrets-controller created
deployment.apps/sealed-secrets-controller create
```

5장에서 예제로 사용했던 팩맨 게임 시크릿을 이번에도 예제로 사용해 보자. 우선 팩맨 게임을 설치할 네임스페이스 pacman에 시크릿을 만들어 둔다. 이 시크릿은 추후 봉인될 시크릿이다.

```
kubectl create secret generic pacman-secret \
    -n pacman \
    --from-literal=user=pacman \
    --from-literal=pass=pacman
```

위의 명령을 실행하면 다음 메시지가 화면에 출력될 것이다.

```
secret/pacman-secret created
```

다음 명령을 실행하여 YAML 표현을 살펴보자.

```
kubectl get secret pacman-secret -n pacman -o yaml
```

```
apiVersion: v1
data:
  pass: cGFjbWFu
  user: cGFjbWFu
kind: Secret
```

```
metadata:
  creationTimestamp: "2024-04-26T12:16:59Z"
  name: pacman-secret
  namespace: argocd
  resourceVersion: "343471"
  uid: ca65a3b5-c794-4931-933e-0828b31dd510
```

이 시크릿을 SealedSecret으로 변환하려면 다음과 같이 한다.

```
kubectl get secret pacman-secret -n pacman -o yaml | kubeseal -o yaml
    --scope=namespace-wide > pacman-sealedsecret.yaml
```

이 파일을 열어 보면 SealedSecret의 내용이 다음과 같음을 확인할 수 있다.

```
apiVersion: bitnami.com/v1alpha1
kind: SealedSecret
metadata:
  annotations:
    sealedsecrets.bitnami.com/namespace-wide: "true"
  creationTimestamp: null
  name: pacman-secret
  namespace: pacman
spec:
  encryptedData: ❶
```

```
    pass: AgANXN+/DEj8aYvcmUg8rpc6WeC7DRagpk8RAtkVww3XH0X5lE8IHoTygJai/1
hNNE-Y0NFeKx8JyHBhwisn0Lvp9uC6+W1f3++AapQ+mm1wE1nLnwm3ooqQIvims0zACiRNrH
gG9c9LLKQeAFfM0nZ/K+nAnWPHVIZZxWihCsn02IDko6a31wxMRSZlLJHnbSOFvZN++AUIDU
4B2MajGIfUvv2nvM9ST+5sIa1oBLnP4hU7mwJ5YD+ebigLBnCsiUNTqZeVcn2LYeeHq/2stP
Gxn1BC1aQ7svG8ceuk14zFr6tAt09QsjhN01JklDHuWZARtvqMlouq9sRQW1OnjfqIH2N4w/
QSd8gyCqzbEd+BWaeRp6bV1Syp1P/CPGGCnUAnIY3UwNbMO+AUYJxVQX2+EWBTKL61zWCUlLRn
F575RvAD47Fl0T4Y9oLfL1dfdccMykTwPmkK7Twim3JZYffnmoR53oIhQjoOne1+ayW3Ebw5yG
E3P3Ynu9pUv7498fJg3DnI8cMThOc6Ghu4nJotaBB00qTuyw04nPV6BiYPof+4gfcYySQVsE1z
VNe41hGjb8iQXiQRG14cwAAo9RtIkN2pzsldmHTHAKcwNfH/+eKZuobyxQcjD6zvVkYJoDBJ74
JqlG5iG2Pq01AIbqWsInCS7vC1il1czlJz0Nx9l6L4sVgSWkIwl8kzboY5r5quruZDxfk=
    user: AgBknXSUbr1AJqKLBtQP+CDmQDeBhlwpVenrXAHqAGUameC7tfSWVXVmPJOwB7n/
b1swg6SO+zEjAN4z1dt7dz059zjNUMWgBuYUJol7zWETaKrjGHh2RLRMhpKxCPnfNQtANazC5w
QkXoOPbnbJxxVw7xrn/C2BcKnGIgKqotcAGxFC/vpdpcCEb4newmJD/yoCXhUKIfNY9wKcvN+s
sCYsIsMajbwFKJOHddtM1+RaRxe8qKkwOGxHEjbRbBFFW9Gc2XQxY1A3LdbaSZj53F9AJAWL0f
EvouIwKDrFQ4JTk7U1kffUoQbISpSox+sSi+wEtA3DSOjrAqKqSB7rCf6ZfuNGPlFqtDrNbwtT
rqjiLUWZ+zFUqGT6c9QQnOGXgvEH2s/yBhJuMLQp0asnkQgLK1EIKUyApaehlSDWWdruRCWbyT
R0Mh3tF9Tl67VssQ6SoQiHw6dwWeXsq2DUZF2Xj50dc4H/B7Ez8lHocTiZ2KSIDBOcA0vPRr9v
FPnUph/Yh/bgJG6aQBVWliVtxPdahM0m9DAr6enSH2cUIlKKa2UU2QIvJ4ehI3+fFovULvOY6E
KwgP4s7id1DyBRwvsuxsVEKmBjV0p81xfFzGnI5blejGrvdJJ6JuqmGB7nJ6zne+JPsLIkylug
WsJ5cwnXlsAwNH4i5Fm0RJVZhkdp1padj6YWrea7fktPutoofz71zpjpkSk=
```

```
template:
  metadata:
    annotations:
      sealedsecrets.bitnami.com/namespace-wide: "true"
    creationTimestamp: null
    name: pacman-secret
    namespace: pacman
  type: Opaque
```

> ❶ SealedSecret 컨트롤러가 암호화한 데이터가 기록되는 부분

이제 이 시크릿을 Git 저장소에 푸시할 순서다.

역자의 예제 저장소[5]를 포크하여 새로운 저장소를 만들자. 해당 저장소의 k8s/sealedsecrets/pacman-sealedsecret.yaml 파일 내용을 위의 SealedSecret 으로 바꿔치기 한 다음에 커밋하면 된다. 나중에 보겠지만 이 봉인된 시크릿은 실제로 시스템에 반영되는 순간에 원본 시크릿 pacman-secret으로 복호화된 다. 따라서 봉인된 시크릿을 저장소에 푸시한 이후에는 네임스페이스 pacman 에 만들었던 시크릿은 삭제해야 한다.

이제 해당 저장소에 보관된 매니페스트를 클러스터에 앱으로 반영해 보자. 다음 명령을 실행한다.

```
argocd app create pacman \
    --repo https://github.com/bjlee72/pacman-kikd-manifests.git \
    --path 'k8s/sealedsecrets' \
    --dest-server https://kubernetes.default.svc \
    --dest-namespace pacman \
    --sync-policy auto
```

이때 --repo 인자의 값은 여러분이 방금 포크한 저장소로 대체하도록 하자.

이 앱이 실행 중이고 정상적으로 작동하는지는 다음 명령으로 확인할 수 있다.

```
argocd app list
```

---

5 *https://github.com/bjlee72/pacman-kikd-manifests*

다음과 같은 내용이 화면에 표시될 것이다.

```
NAME            CLUSTER                          NAMESPACE PROJECT STATUS HEALTH  SYNCPOLICY
CONDITIONS   REPO                                          PATH                   TARGET
argocd/pacman https://kubernetes.default.svc pacman   default Synced Healthy Auto
<none>          https://github.com/bjlee72/pacman-kikd-manifests.git k8s/sealedsecrets
```

네임스페이스 pacman에 시크릿이 정상적으로 복원되었는지는 다음 명령으로
확인 가능하다.

```
kubectl get secrets -n pacman -o yaml
```

다음과 같은 내용이 화면에 표시되어야 한다.

```
apiVersion: v1
items:
- apiVersion: v1
  data:
    pass: cGFjbWFu
    user: cGFjbWFu
  kind: Secret
  metadata:
    annotations:
      sealedsecrets.bitnami.com/namespace-wide: "true"
    creationTimestamp: "2024-04-27T00:34:11Z"
    name: pacman-secret
    namespace: pacman
    ownerReferences:
    - apiVersion: bitnami.com/v1alpha1
      controller: true
      kind: SealedSecret
      name: pacman-secret
      uid: 3ced9a3e-d5b9-41be-bbf5-525c614eb15d
    resourceVersion: "359280"
    uid: 5c51d563-b1e5-4a37-a53e-c19aecbeca72
  type: Opaque
kind: List
metadata:
  resourceVersion: ""
```

실습 뒤에는 다음 명령을 실행하여 앱을 삭제하자.

```
argocd app delete pacman
```

8.2 ArgoCD로 시크릿 암호화(Argo CD + 하시코프 볼트 + 외부 시크릿)

과제

자격 증명을 Git 아닌 외부 서비스나 볼트에 저장하여 관리해 보자.

풀이

8.1절에서는 GitOps가 주창하는 선언적 방법론 원칙대로 Git으로 암호화된 데이터를 관리해 보았는데, 암호화된 자격 증명마저도 저장하고 싶지 않다면 어떻게 해야 할까?

한 가지 해결책은 외부 시크릿(External Secret)[6]인데, 이 프로젝트는 외부 서비스 또는 다른 공급업체의 볼트에 시크릿을 저장한 다음 해당 시크릿에 대한 참조만 Git에 저장하는, 고대디(GoDaddy)에서 자체 개발한 오픈 소스 프로젝트다.

현재 외부 시크릿 저장소로는 AWS 시크릿 관리자(Secrets Manager), 하시코프 볼트(Hashcorp Vault), 구글 시크릿 관리자(Secret Manager), 애저 키 볼트(Azure Key Vault) 등을 지원한다. 시크릿을 저장하고 그 수명 주기를 관리하는 외부 API에 대한 사용자 친화적 추상화 계층을 제공하는 것이 핵심 아이디어다.

자세히 설명하자면, 외부 시크릿(ExternalSecret)은 외부 키 관리 시스템에 저장된 시크릿에 대한 참조를 클러스터 내 시크릿으로 변환하는 쿠버네티스 컨트롤러다. 그림 8-2에서 볼 수 있듯이 사용자 지정 리소스 `SecretStore`는 기밀 데이터가 저장된 백엔드 및 해당 기밀 데이터를 시크릿으로 변환하는 템플릿을 정의한다. 외부 시크릿 매니저에 연결하는 데 필요한 구성 정보도 포함한다.

따라서 `ExternalSecrets` 객체는 외부 서비스가 관리하는 자격 증명 정보에

---

6   *https://oreil.ly/ytBeU*

대한 참조만 포함하므로(실제 자격 증명은 포함하지 않는다) Git에 안전하게
저장할 수 있다.

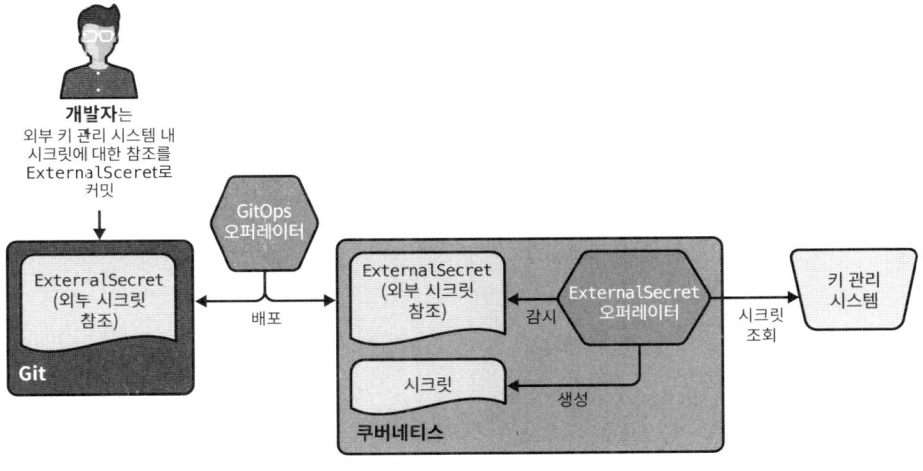

그림 8-2 Argo CD와 외부 시크릿

외부 시크릿 지원 기능은 헬름 차트를 사용해 클러스터에 설치할 수 있다. 이
책에서는 0.9.16 버전을 사용하였다.

```
helm repo add external-secrets https://charts.external-secrets.io
helm install external-secrets \
  external-secrets/external-secrets \
  -n external-secrets \
  --create-namespace
```

다음과 같은 메시지가 화면에 표시될 것이다.

```
NAME: external-secrets
LAST DEPLOYED: Sat Apr 27 10:33:58 2024
NAMESPACE: external-secrets
STATUS: deployed
REVISION: 1
TEST SUITE: None
NOTES:
external-secrets has been deployed successfully in namespace external-secrets
```

ExternalSecret을 사용하기 시작하려면, SecretStore 또는 ClusterSecretStore 리소스를 구성해야 한다(볼트 SecretStore를 만들거나 해서).

다양한 유형의 시크릿 저장소와 구성법은 깃허브 페이지[7]에서 자세히 확인할 수 있다.

 외부 시크릿 오퍼레이터는 OperatorHub.io에서 OLM을 통해서도 설치할 수 있다.[8]

하시코프 볼트[9]를 예로 들어 살펴보자.

먼저 운영 체제에 맞는 하시코프 볼트(이 책에서는 1.16.2 버전 사용)[10]를 다운로드하여 설치하고 볼트 토큰[11]을 받는다.[12]

그런 다음 다음과 같이 쿠버네티스 시크릿을 생성한다.

---

7 *https://oreil.ly/LQzEh*
8 *https://oreil.ly/w3x71*
9 *https:// oreil.ly/sg7yS*
10 *https://oreil.ly/vjGSq*
11 *https://oreil.ly/6Y5cS*
12 (옮긴이) 본 예제를 위해서는 방금 설치한 하시코프 볼트 CLI를 통해 로컬에서 개발용 볼트 서버를 실행하는 것으로 충분하다. 방금 언급한 볼트 토큰 다운로드 절차는 필요 없다. 다음 명령으로 실행할 수 있다.

```
vault server -dev
```

위의 명령이 정상적으로 실행되면 화면에는 다음과 같은 메시지가 출력된다.

```
WARNING! dev mode is enabled! In this mode, Vault runs entirely in-memory
and starts unsealed with a single unseal key. The root token is already
authenticated to the CLI, so you can immediately begin using Vault.
```

```
You may need to set the following environment variables:
```

```
    $ export VAULT_ADDR='http://127.0.0.1:8200'
```

```
The unseal key and root token are displayed below in case you want to
seal/unseal the Vault or re-authenticate.
```

```
Unseal Key: UNEbGPwngfOypx9HZvb2GOBaNho0nsOuoUMgpPp3qHM=
Root Token: hvs.kB49qbdNzHao86XllWpw3wcg
```

```
Development mode should NOT be used in production installations!
```

여기서 유의할 부분은 Root Token으로 표시된 토큰이다. 아래 예제에서 바로 이 토큰을 사용해 실습을 진행한다. 일단 서버를 실행한 터미널은 볼트 실습을 마칠 때까지 닫지 말고 그대로 두도록 하자. 다음의 실습을 진행할 터미널을 하나 더 열어 다음을 실행하자.

```
export VAULT_ADDR='http://127.0.0.1:8200'
```

그런 다음에는 아래 명령을 실행하여 로컬 볼트에 로그인하는 절차를 마무리한다.

```
vault login
```

앞서 이야기했던 Root Token이 필요할 것이다.

```
export VAULT_TOKEN=<YOUR_TOKEN>
kubectl create secret generic vault-token \
  —from-literal=token=$VAULT_TOKEN \
  -n pacman
```

external-secrets 네임스페이스에 토큰이 생성된 것을 확인했다면 이 시크릿을 참조하여 SecretStore를 생성한다.

```
apiVersion: external-secrets.io/v1beta1
kind: SecretStore
metadata:
  name: vault-secretstore
  namespace: pacman
spec:
  provider:
    vault:
      server: http://host.docker.internal:8200 ❶
      path: "secret"
      version: "v2"
      auth:
        tokenSecretRef:
          name: "vault-token" ❷
          key: "token"          ❸
```

❶ 볼트가 실행 중인 호스트 IP 주소와 포트 번호

❷ 볼트 토큰이 포함된 쿠버네티스 시크릿 이름

❸ 쿠버네티스 시크릿 안의 토큰을 찾을 때 사용할 키

```
kubectl create -f vault-secretstore.yaml
```

제대로 생성되었다면 kubectl get secretstore -n pacman 명령을 실행하면 다음과 같은 결과가 화면에 출력될 것이다. 외부 저장소와 잘 연결되었다는 뜻이다.

```
NAME                AGE   STATUS   CAPABILITIES   READY
vault-secretstore   23m   Valid    ReadWrite      True
```

이제 볼트, 즉 외부 저장소에 새로운 시크릿을 추가해 보자.

```
vault kv put secret/pacman-secrets pass=pacman
```

다음과 같은 메시지가 화면에 출력될 것이다.

```
======= Secret Path =======
secret/data/pacman-secrets

======= Metadata =======
Key                Value
---                -----
created_time       2024-04-27T07:03:42.007472Z
custom_metadata    <nil>
deletion_time      n/a
destroyed          false
version            1
```

이 시크릿을 ExternalSecret에서 참조하려면 다음과 같이 하면 된다.

```
apiVersion: external-secrets.io/v1beta1
kind: ExternalSecret
metadata:
  name: pacman-externalsecrets
  namespace: pacman
spec:
  refreshInterval: "15s"
  secretStoreRef:
    name: vault-secretstore
    kind: SecretStore
  target:
    name: pacman-externalsecrets
  data:
  - secretKey: token
    remoteRef:
      key: secret/pacman-secrets
      property: pass
```

위의 내용을 클러스터에 반영하려면 다음과 같이 하면 된다.

```
kubectl create -f pacman-externalsecrets.yaml
```

제대로 만들어졌다면 kubectl get externalsecret –n pacman 명령에 다음과 같은 결과가 출력될 것이다.

NAME	STORE	REFRESH INTERVAL	STATUS	READY
pacman-externalsecrets	vault-secretstore	15s	SecretSynced	True

참고로 ExternalSecret을 만드는 실습은 단순히 이해를 돕기 위한 것이었으며, 예제 저장소에는 이미 방금 살펴본 YAML 파일이 포함되어 있기 때문에 위 절차는 건너뛰어도 무방하다.

지금까지 과정을 이상 없이 마쳤다면 이제 다음과 같이 외부 시크릿을 사용하여 팩맨 앱을 배포할 수 있어야 한다.

```
argocd app create pacman \
    --repo https://github.com/bjlee72/pacman-kikd-manifests.git \
    --path 'k8s/externalsecrets' \
    --dest-server https://kubernetes.default.svc \
    --dest-namespace pacman \
    --sync-policy auto
```

--repo 옵션의 값은 여러분이 포크한 저장소 위치로 변경하기 바란다.

argocd app list 명령의 결과로 다음과 같은 결과가 화면에 출력되어야 한다.

NAME	CLUSTER	NAMESPACE	PROJECT	STATUS	HEALTH	SYNCPOLICY
CONDITIONS	REPO			PATH		TARGET
argocd/pacman	https://kubernetes.default.svc	pacman	default	Synced	Healthy	Auto
<none>	https://github.com/bjlee72/pacman-kikd-manifests.git			k8s/externalsecrets		

실습이 끝난 후에는 다음 명령으로 앱을 클러스터에서 삭제하자.

```
argocd app delete pacman
```

8.3 애플리케이션 자동 배포 트리거(Argo CD 웹훅)

과제

Argo CD 동기화를 기다리지 않고 Git에서 변경 사항이 발생하면 즉시 애플리케이션을 배포하도록 해 보자.

풀이

Argo CD는 3분마다 Git 저장소를 폴링하여 쿠버네티스 매니페스트의 변경 사항을 감지하지만, 깃허브, 깃랩 또는 빗버킷 같은 인기 있는 Git 서버의 웹훅 알림을 통한 이벤트 중심 접근법도 지원한다.

Argo CD 웹훅(Webhook)[13]은 Argo CD를 설치하면 활성화되며 앤드포인트 /api/webhook에서 사용할 수 있다.

미니큐브나 도커 데스크톱 등을 사용하여 Argo CD 웹훅을 테스트하려면 다음과 같이 헬름을 사용하여 Go로 작성된 오픈 소스 경량 Git 서버 Gitea[14]를 설치하면 된다.

```
helm repo add gitea-charts https://dl.gitea.io/charts/
helm install gitea gitea-charts/gitea
```

다음과 비슷한 결과가 출력되어야 한다.[15]

```
NAME: gitea
LAST DEPLOYED: Sat Apr 27 18:59:21 2024
NAMESPACE: default
STATUS: deployed
REVISION: 1
NOTES:
1. Get the application URL by running these commands:
   echo "Visit http://127.0.0.1:3000 to use your application"
   kubectl --namespace default port-forward svc/gitea-http 3000:3000
```

 Gitea UI에 로그인하기 위해서는 자격 증명이 필요하다. Gitea의 헬름 차트 values. yaml 파일[16]에 기본 자격 증명이 들어 있다. 이 자격 증명으로 Gitea 서버에 로그인하거나 새 자격 증명을 정의해야 한다.

---

13 *https://oreil.ly/3Ab46*
14 *https://docs.gitea.io*
15 (옮긴이) Gitea 서버는 미니큐브 등의 환경에서는 완벽하게 기동되는데 시간이 오래 걸린다. 기동이 완료되고 나면 위의 `kubectl --namespace default port-forward svc/gitea-http 3000:3000` 명령을 실행할 수 있을 것이고, 그 뒤에 브라우저로 *http://localhost:3000*을 열면 Gitea UI를 볼 수 있다.
16 *https://gitea.com/gitea/helm-chart/src/branch/main/values.yaml#L348*

로그인에 성공했다면 지금까지 예제로 사용했던 팩맨 매니페스트 저장소를 Gitea로 옮기자.

가장 단순한 방법은 UI 상단에 있는 "+" 버튼 아래에 있는 메뉴 "New Migration"을 이용하는 것이다. 소스 저장소 URL로는 여러분이 포크한 저장소 URL[17]을 넣어주면 되고, 토큰으로는 저장소 읽기 권한이 있는 PAT을 넣어주면 된다. Migration은 대체로 수 초 안에 끝난다.

이제 Argo CD 앱을 만들어 보자.

```
argocd app create pacman-webhook \
    --repo http://gitea-http.default.svc:3000/gitea_admin/pacman-kikd-
manifests.git \
    --dest-server https://kubernetes.default.svc \
    --dest-namespace pacman \
    --path k8s \
    --sync-policy auto
```

이제 Gitea에 웹훅을 추가하자. 저장소 오른쪽 상단 모서리로 이동하여 "Settings"를 클릭한다. "Webhooks" 탭을 선택하고 그림 8-3과 같이 구성한다.

이때 "Target URL"로는 https://argocd-server.argocd.svc:443/api/webhook 을 사용한다.

아울러 /data/gitea/conf/app.ini에 다음 내용을 추가한 후(Gitea 포드에 셸 연결을 열어 직접 고쳐주어야 한다) Gitea의 Deployment를 재시작하자. 위 설정 파일은 Persistent Volume 내에 있으므로 Deployment를 재시작해도 변경 내역은 보존된다.

```
[webhook]
ALLOWED_HOST_LIST = *
SKIP_TLS_VERIFY = true
```

 이 예제에서는 시크릿을 생략해도 괜찮지만 웹훅을 만들 때는 시크릿을 두는 것이 가장 좋다. 자세한 내용은 문서[18]에서 확인하자.

---

17 *https://github.com/bjlee72/pacman-kikd-manifests.git*
18 *https://oreil.ly/udDkS*

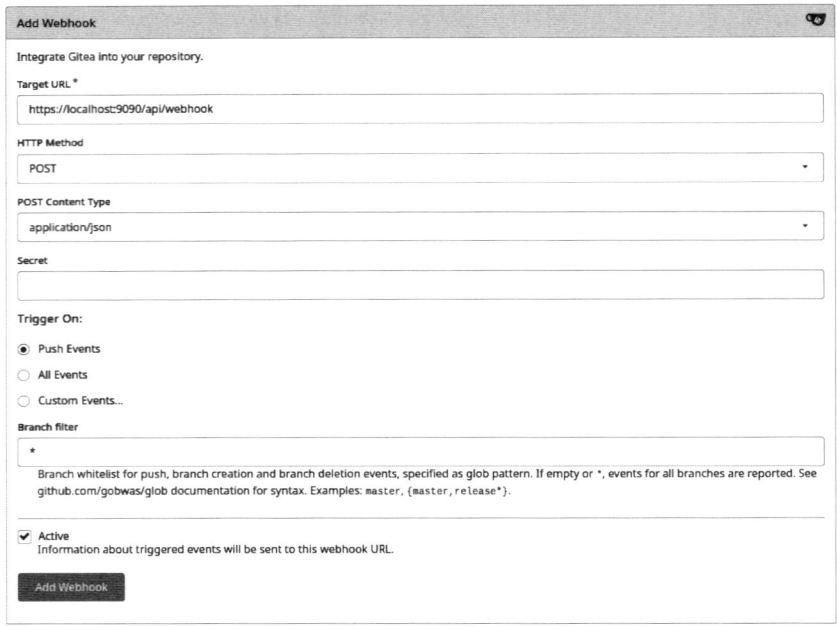

그림 8-3 Gitea 웹훅

이제 Gitea 로컬 저장소에서 새로운 커밋을 만들어 보자. README.md 파일을 갱신해 보는 것이 가장 쉬운 방법이다. 커밋 후 즉시 Argo CD 동기화가 시작될 것이다.

8.4 여러 클러스터에 배포

과제

같은 애플리케이션을 여러 다른 클러스터에 배포해 보자.

풀이

Argo CD는 ApplicationSet 리소스를 통해 Argo CD Application 리소스를 템플릿(template)처럼 쓸 수 있도록 한다. 다양한 용법을 지원하지만 가장 중요한 것들 두 가지만 들어보면 다음과 같다.

- 같은 쿠버네티스 매니페스트를 다른 여러 클러스터에 배포한다.
- 하나 또는 여러 Git 저장소에 분산된 여러 애플리케이션을 함께 배포한다.

ApplicationSet는 런타임에 실제 값들로 대체될 자리(placeholders)가 마련되어 있는 템플릿 파일이므로, 배포 전에 값을 바꿔 넣는 과정이 필요하다. 이를 위해 ApplicationSet은 생성기(generator)라는 개념을 지원한다.

생성기는 인자 생성을 담당한다. 생성된 인자는 템플릿의 빈자리를 대체하여 최종적으로 유효한 Argo CD Application을 만들어 낸다.

다음의 ApplicationSet 예제를 살펴보도록 하자.

```
apiVersion: argoproj.io/v1alpha1
kind: ApplicationSet
metadata:
  name: bgd-app
  namespace: argocd
spec:
  generators:      ❶
  - list:
      elements:    ❷
      - cluster: staging
        url: https://kubernetes.default.svc
        location: default
      - cluster: prod
        url: https://kubernetes.default.svc
        location: app
  template:                        ❸
    metadata:
      name: '{{cluster}}-app'  ❹
    spec:
      project: default
      source:
        repoURL: https://github.com/gitops-cookbook/gitops-cookbook-sc.git
        targetRevision: main
        path: ch08/bgd-gen/{{cluster}}
      destination:
        server: '{{url}}'   ❺
        namespace: '{{location}}'
      syncPolicy:
        syncOptions:
        - CreateNamespace=tru
```

❶ 생성기 목록이 정의되는 절

❷ 만들어낼 매개변수 값들의 목록

❸ Application 리소스가 템플릿 형태로 정의되는 위치

❹ cluster 인자가 대체될 위치

❺ url 인자가 대체될 위치

이 ApplicationSet을 클러스터에 배포하려면 다음과 같이 한다.

```
kubectl apply -f bgd-application-set.yaml
```

이 ApplicationSet가 클러스터에 적용되면 Argo CD는 두 개의 Application 리소스를 자동으로 생성하고 등록한다. 첫 번째 애플리케이션은 다음과 같다.

```
apiVersion: argoproj.io/v1alpha1
kind: Application
metadata:
  name: staging-app
spec:
  project: default
  source:
    path: ch08/bgd-gen/staging
    repoURL: https://github.com/example/app.git
    targetRevision: HEAD
  destination:
    namespace: default
    server: https://kubernetes.default.svc
    ...
```

두 번째 애플리케이션은 다음과 같다.

```
apiVersion: argoproj.io/v1alpha1
kind: Application
metadata:
  name: prod-app
spec:
  project: default
  source:
    path: ch08/bgd-gen/prod
    repoURL: https://github.com/example/app.git
    targetRevision: HEAD
  destination:
```

```
namespace: app
server: https://kubernetes.default.svc
...
```

다음 명령을 실행하여 두 Application 리소스가 제대로 생성되었는지 살펴보자.

```
argocd app list
```

다음과 비슷한 내용이 출력되어야 한다.

상태가 OutOfSync일 수 있는데 그럴 때는 Argo CD UI에 가서 Sync 버튼을 한 번씩 눌러주면 된다.

```
NAME                CLUSTER                        NAMESPACE PROJECT STATUS HEALTH  SYNCPOLICY
CONDITIONS  REPO                                             PATH            TARGET
argocd/prod-app     https://kubernetes.default.svc app      default Synced Healthy <none>
<none>      https://github.com/gitops-cookbook/gitops-cookbook-sc.git  ch08/bgd-gen/prod    main
argocd/staging-app  https://kubernetes.default.svc default  default Synced Healthy <none>
<none>      https://github.com/gitops-cookbook/gitops-cookbook-sc.git  ch08/bgd-gen/staging mai
```

ApplicationSet 파일을 지우면 두 애플리케이션은 전부 클러스터에서 삭제된다.

```
kubectl delete -f bgd-application-set.yaml
```

보충

지금까지 살펴본 생성기는 가장 단순한 형태의 생성기다. 이 밖에도 다양한 생성기가 있다. 이 책을 쓰는 지금, 다음의 여덟 생성기를 사용할 수 있다.

List
    고정된 클러스터 목록에서 Application 정의를 생성한다(앞서 살펴본 생성기가 바로 이것이다).

Cluster
    List와 유사하지만 Argo CD에 정의된 클러스터 목록을 기반으로 한다.

Git

    Git 저장소에 보관된 JSON/YAML 속성 파일(properties file)이나 디렉터리 구조에서 Application 정의를 자동 생성한다.

SCM Provider

    조직 내 코드 저장소에서 Application 정의를 생성한다.

Pull Request (PR)

    새로 열린 PR에서 Application 정의를 생성한다.

Cluster Decision Resource

    덕 타이핑[19]을 통해 Application 정의를 생성한다.

Matrix

    두 개의 개별 생성기가 만들어 낸 값을 조합한다.

Merge

    두 개 이상의 생성기가 만들어 낸 값을 병합한다.

앞 예제는 고정된 값 목록에서 Application 리소스들을 만들어 냈다. 구성해야 하는 환경 수가 적을 때는 이 방법도 괜찮다. 이번에 살펴볼 예제의 두 클러스터는 두 개의 Git 폴더를 통해 구성한다(ch08/bgd-gen/staging, ch08/bgd- gen/prod). 이처럼 구성할 환경이 다양한 경우, Git 생성기를 통해 디렉터리별로 Application이 하나씩 만들어지도록 할 수 있다.

    앞 예제를 Git 생성기를 사용하도록 바꿔보자. 참고로, 이번에 사용할 Git 디렉터리 레이아웃은 다음과 같다.

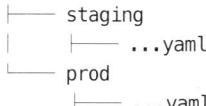

```
bgd-gen
├── staging
│   ├── ...yaml
└── prod
    ├── ...yaml
```

---

19 *https://oreil.ly/kpRkV*

입력으로 주어지는 Git 저장소의 디렉터리별로 Application을 만드는 Appli
cationSet 파일을 다음과 같이 준비한다.

```
apiVersion: argoproj.io/v1alpha1
kind: ApplicationSet
metadata:
name: bgd-app
namespace: argocd
spec:
generators:
- git: ❶
      repoURL: https://github.com/gitops-cookbook/gitops-cookbook-sc.git
      revision: main
      directories:
      - path: ch08/bgd-gen/* ❷
template:                      ❸
    metadata:
      name: '{{path[0]}}{{path[2]}}' ❹
    spec:
      project: default
      source:
        repoURL: https://github.com/gitops-cookbook/gitops-cookbook-sc.git
        targetRevision: main
        path: '{{path}}' ❺
      destination:
        server: https://kubernetes.default.svc
        namespace: '{{path.basename}}' ❻
```

❶ 애플리케이션 레이아웃을 읽을 Git 저장소 설정

❷ 디렉터리 구조를 읽을 초기 경로

❸ Application 템플릿 정의가 주어지는 절

❹ 경로 와일드카드에 일치하는 Git 저장소 내 디렉터리 경로 (staging 또는 prod)

❺ 전체 디렉터리 경로

❻ 경로 구성 요소 가운데 가장 오른쪽을 네임스페이스 이름으로 사용

위와 같이 정의한 ApplicationSet을 클러스터에 구성하려면 다음과 같이 한다.

```
kubectl apply -f bgd-git-application-set.yaml
```

두 개의 디렉터리에서 두 개의 애플리케이션이 만들어질 것이다. 확인하려면
다음 명령을 실행한다.

```
argocd app list
```

다음과 같은 메시지가 화면에 출력되어야 한다. STATUS가 OutOfSync로 출력된다면 두 애플리케이션의 포드가 실제로 설치될 네임스페이스 prod와 staging을 생성한 다음 Argo CD UI에서 애플리케이션 동기화를 해 주면 된다.

```
NAME               CLUSTER                          NAMESPACE PROJECT STATUS HEALTH   SYNCPOLICY
CONDITIONS  REPO                                              PATH                    TARGET
argocd/ch08prod    https://kubernetes.default.svc prod        default Synced Healthy <none>
<none>         https://github.com/gitops-cookbook/gitops-cookbook-sc.git ch08/bgd-gen/prod     main
argocd/ch08staging https://kubernetes.default.svc staging     default Synced Healthy <none>
<none>         https://github.com/gitops-cookbook/gitops-cookbook-sc.git ch08/bgd-gen/staging main
```

이 생성기는 애플리케이션이 많은 구성 요소(서비스, 데이터베이스, 분산 캐시, 이메일 서버 등)로 이루어져 있으며 그 각각의 배포 파일이 다른 디렉터리에 배치된 경우에도 유용하다. 모든 쿠버네티스 오퍼레이터가 담긴 저장소를 클러스터에 한 번에 배포해야 할 때도 좋다.

```
app
├── tekton-operator
│       ├── ...yaml
├── Prometheus-operator
│       ├── ...yaml
└── istio-operator
        ├── ...yaml
```

한편 Git 생성기는 JSON/YAML 파일에 담긴 인자 목록에서 Application 객체들을 만들어 낼 수도 있다.

다음은 예제 JSON 파일이다.

```
{
    "cluster": {
      "name": "staging",
      "address": "https://1.2.3.4"
    }
}
```

이 파일을 읽어 애플리케이션을 만드는 ApplicationSet은 다음과 같은 형태다.

```
apiVersion: argoproj.io/v1alpha1
kind: ApplicationSet
metadata:
name: guestbook
spec:
generators:
- git:
    repoURL: https://github.com/example/app.git
    revision: HEAD
    files:
    - path: "app/**/config.json" ❶
template:
  metadata:
    name: '{{cluster.name}}-app' ❷
...
```

> ❶ app의 모든 하위 디렉터리 내의 모든 config.json 파일 검색
>
> ❷ 각각의 config.json에 설정된 값을 주입

이 ApplicationSet은 path 표현식에 일치하는 폴더의 config.json 파일마다
Application을 하나씩 생성할 것이다.

이렇게 만들어진 애플리케이션들도 다음 명령을 실행하여 ApplicationSet을
지우면 전부 삭제된다.

```
kubectl delete -f bgd-git-application-set.yam
```

참고

- Argo CD 생성기[20]
- 덕 타입[21]

8.5 클러스터에 PR 배포

과제

PR(Pull Request)이 만들어질 때마다 미리보기(preview) 버전의 애플리케이션
을 배포해 보자.

---

20 https://oreil.ly/EnOfl
21 https://oreil.ly/tEFQW

풀이

pullRequest 생성기를 사용하면 저장소에 열린 PR에 기반하여 Application 객체를 자동으로 만들어 낼 수 있다.

지금부터 preview 레이블이 달린 모든 GitHub PR에 반응하는 Application Set을 만들어 보자.

다음 내용으로 bgd-pr-application-set.yaml이라는 새 파일을 만든다.

테스트를 위해 PR을 열어야 하므로, 역자 개인이 포크한 새 저장소를 사용하였음에 유의하자. 여러분도 마찬가지로 해 볼 것을 권장한다.

```yaml
apiVersion: argoproj.io/v1alpha1
kind: ApplicationSet
metadata:
name: bgd-app-set
namespace: argocd
spec:
generators:
- pullRequest:
    github:                             ❶
      owner: bjlee72                    ❷
      repo: gitops-cookbook-sc          ❸
      labels:                           ❹
      - preview
    requeueAfterSeconds: 60             ❺
template:
  metadata:
    name: 'bgd-{{branch}}-{{number}}'   ❻
    namespace: argocd
  spec:
    project: default
    source:
      repoURL: 'https://github.com/bjlee72/gitops-cookbook-sc.git'
      targetRevision: '{{head_sha}}'    ❼
      path: ch08/bgd-pr
    destination:
      server: https://kubernetes.default.svc
      namespace: '{{branch}}-{{number}}'
    syncPolicy:
      automated: {}
      syncOptions:
      - CreateNamespace=true
```

❶ GitHub 풀 리퀘스트 생성기

❷ GitHub 조직(organization)이나 사용자 이름

❸ 저장소 이름

❹ 대상 PR에 붙는 레이블 (선택 사항)

❺ 새 PR을 확인하는 주기 (초 단위)

❻ 브랜치 이름과 번호로 애플리케이션 이름 설정

❼ Git SHA 번호 설정

다음 명령을 실행하면 이 ApplicationSet이 클러스터에 구성된다.

```
kubectl apply -f bgd-pr-application-set.yaml
```

이 상태에서 다음 명령으로 Argo CD 애플리케이션을 나열하면 등록된 애플리케이션이 없는 것을 볼 수 있다. 그 이유는 preview 레이블이 붙은 PR이 아직 저장소에 없기 때문이다.

```
argocd app list
```

이제 저장소에 PR 하나를 만들고 preview 레이블을 지정하자. 그림 8-4와 비슷해야 한다.

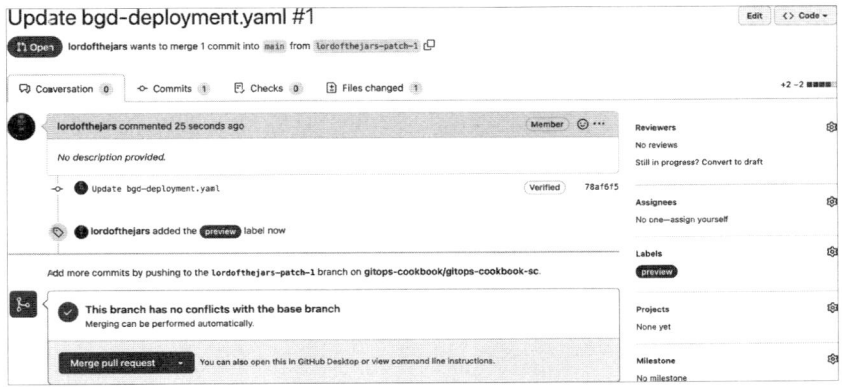

그림 8-4 GitHub PR

ApplicationSet이 변경 사항을 감지할 때까지 1분간 기다렸다가 Application이 생성되었는지 다음 명령을 실행하여 확인한다.

```
kubectl describe applicationset bgd-app-set -n argocd
```

다음과 같은 결과가 출력되어야 한다.

```
...
Events:
Type     Reason   Age     From                     Message
----     ------   ----    ----                     -------
Normal   created  4m26s   applicationset-controller  created Application "bgd-bjlee72-patch-3-1"
```

새 애플리케이션이 확실히 등록되었는지는 다음 명령으로 확인한다.

```
argocd app list
```

다음과 같은 메시지가 화면에 출력되어야 한다.

```
NAME                        CLUSTER                         NAMESPACE          PROJECT  STATUS
HEALTH    SYNCPOLICY  CONDITIONS  REPO                                         PATH
TARGET
argocd/bgd-bjlee72-patch-3-1 https://kubernetes.default.svc bjlee72-patch-3-1 default  Synced
Healthy   Auto        <none>      https://github.com/bjlee72/gitops-cookbook-sc.git  ch08/bgd-pr
34e0b36a38a00fba2b76f071e9b56f081df540e2
```

PR이 닫히면 Application 개체는 자동으로 제거된다.

보충

이 책을 쓰는 지금, PR 생성기는 다음과 같은 PR 공급자와 연동할 수 있다.

- GitHub
- Bitbucket
- Gitea
- GitLab

ApplicationSet 컨트롤러는 requeueAfterSeconds 주기로 저장소를 폴링하여 변경 사항을 감지하기도 하지만, 웹훅도 지원한다.

웹훅을 구성하려면 8.3절을 참고하되, Git 공급자 단에서 PR 이벤트 전송도 활성화하도록 하자.

8.6 고급 배포기법 사용

과제

블루-그린(blue-green)이나 카나리(canary) 등의 고급 기술을 사용하여 애플리케이션을 배포해 보라.

풀이

Argo 롤아웃[22] 프로젝트를 사용하여 배포하면 된다.

 Argo 롤아웃은 블루-그린, 카나리, 미러링(mirroring), 다크 카나리(dark canary), 트래픽 분석(traffic analysis) 등의 고급 배포 기술을 쿠버네티스에 제공하는 컨트롤러다. 트래픽 관리를 위한 앰배서더(Ambassador), 이스티오(Istio), AWS 로드밸런서 컨트롤러(Load Balancer Controller), NGNI, SMI 또는 트래픽(Traefik) 등의 쿠버네티스 프로젝트와 연동되며, 프로메테우스(Prometheus), 데이터독(Datadog), 뉴 렐릭(New Relic) 등의 제품과 연동하여 지속적 배포 상태를 모니터링 할 수 있도록 한다.

 클러스터에 Argo 롤아웃을 설치하려면 터미널 창에서 다음 명령을 실행하자.

```
kubectl create namespace argo-rollouts
kubectl apply -n argo-rollouts \
   -f https://github.com/argoproj/argo-rollouts/releases/download/
      v1.6.0/install.yaml
```

다음과 같은 메시지가 화면에 출력될 것이다.

```
...
clusterrole.rbac.authorization.k8s.io/argo-rollouts created
clusterrole.rbac.authorization.k8s.io/argo-rollouts-aggregate-to-admin created
clusterrole.rbac.authorization.k8s.io/argo-rollouts-aggregate-to-edit created
clusterrole.rbac.authorization.k8s.io/argo-rollouts-aggregate-to-view created
clusterrolebinding.rbac.authorization.k8s.io/argo-rollouts created
configmap/argo-rollouts-config created
secret/argo-rollouts-notification-secret created
```

22 *https://oreil.ly/g4mlf*

```
service/argo-rollouts-metrics created
deployment.apps/argo-rollouts created
```

필수는 아니지만, 롤아웃 시각화를 위해 Argo 롤아웃 kubectl 플러그인을 설치할 것을 권한다. 지침[23]에 따라 설치하면 되는데, 이 책에서는 롤아웃 1.6.0 버전을 설치하였으므로 같은 버전을 맞추어 설치해야 한다.

롤아웃 릴리스 페이지에서 1.6.0 버전의 바이너리를 찾도록 하자. 애플 실리콘 사용자라면 kubectl-argo-rollouts-darwin-arm64를 다운받으면 된다. 그러나 맥 사용자라면 brew install argoproj/tap/kubectl-argo-rollouts 명령으로 설치하는 것이 가장 간편하다. 정상적으로 설치되었다면 kubectl argo rollouts version 명령을 실행하였을 때 다음과 같은 메시지가 화면에 출력되어야 한다.

```
kubectl-argo-rollouts: v1.6.0+7eae71e
  BuildDate: 2023-09-06T18:41:21Z
  GitCommit: 7eae71ed89f1a3769864435bddebe3ca05384df3
  GitTreeState: clean
  GoVersion: go1.20.7
  Compiler: gc
  Platform: darwin/amd64
```

준비를 마쳤다면 이제 BGD 애플리케이션의 초기 버전을 롤아웃을 이용해 배포해 보자.

Argo 롤아웃은 표준 쿠버네티스 Deployment가 아닌 Rollout이라는 새로운 리소스를 사용한다. Deployment 객체의 모든 옵션을 지원할 뿐 아니라, 롤링 업데이트를 구성하는 필드들을 추가로 지원한다.

애플리케이션의 첫 버전을 배포해 보자. 롤링 업데이트 시 수행될 카나리 릴리스 프로세스를 정의할 것이다. 이번 예제의 경우, 카나리는 다음 절차로 수행되는 롤링 업데이트다.

1. 트래픽의 20%를 새 버전으로 전달한다.
2. 운영자가 프로세스를 계속 진행하기로 결정할 때까지 기다린다.

---

23 *https://oreil.ly/1GWsz*

3. 트래픽의 40%, 60%, 80%를 자동으로 새 버전으로 전달하고, 트래픽을 늘릴 때마다 30초씩 기다린다.

다음 내용으로 bgd-rollout.yaml이라는 새 파일을 만들자. Quay.io 저장소는 여러분이 앞서 만들었던 bgd 저장소로 대체하도록 하자.

```
apiVersion: argoproj.io/v1alpha1
kind: Rollout
metadata:
  name: bgd-rollouts
spec:
  replicas: 5
  strategy:
    canary:              ❶
      steps:             ❷
      - setWeight: 20 ❸
      - pause: {}        ❹
      - setWeight: 40
      - pause: {duration: 30s} ❺
      - setWeight: 60
      - pause: {duration: 30s}
      - setWeight: 80
      - pause: {duration: 30s}
  revisionHistoryLimit: 2
  selector:
    matchLabels:
      app: bgd-rollouts
  template: ❻
    metadata:
      labels:
        app: bgd-rollouts
    spec:
      containers:
      - image: quay.io/bjlee72/bgd:1.0.0
        name: bgd
        env:
        - name: COLOR
          value: "blue"
        resources: {}
```

❶ 카나리 릴리스

❷ 실행할 단계 목록

❸ 최초 카나리 트래픽 비율

❹ 롤아웃이 일시 중단
❺ 롤아웃을 30초 동안 일시 중단
❻ template 배포 정의

이 내용대로 배포하려면 다음과 같이 한다. 이전에 배포한 적이 없으므로, 카나리 부분은 무시될 것이다.

```
kubectl apply -f bgd-rollout.yaml
```

replicas 필드에 지정한 대로, kubectl get pods 명령으로 확인해 보면 다섯 포드가 돌고 있을 것이다.

```
NAME                            READY  STATUS    RESTARTS  AGE
bgd-rollouts-dd79cf99d-bj678    1/1    Running   0         9s
bgd-rollouts-dd79cf99d-hg59c    1/1    Running   0         9s
bgd-rollouts-dd79cf99d-khwdp    1/1    Running   0         9s
bgd-rollouts-dd79cf99d-qsh98    1/1    Running   0         9s
bgd-rollouts-dd79cf99d-w4lr6    1/1    Running   0         9s
```

그리고 Argo 롤아웃 Kubectl 플러그인을 통해 롤아웃 내역도 확인해 보자.

```
kubectl argo rollouts get rollout bgd-rollouts
```

다음과 같은 메시지가 출력될 것이다.

```
Name:           bgd-rollouts
Namespace:      default
Status:         ✔ Healthy
Strategy:       Canary
  Step:         8/8
  SetWeight:    100
  ActualWeight: 100
Images:         quay.io/bjlee72/bgd:1.0.0 (stable)
Replicas:
  Desired:      5
  Current:      5
  Updated:      5
  Ready:        5
  Available:    5
```

```
NAME                                     KIND        STATUS       AGE  INFO
↻ bgd-rollouts                           Rollout     ✔ Healthy    36s
└── # revision:1
    └──⊞ bgd-rollouts-dd79cf99d          ReplicaSet  ✔ Healthy    35s  stable
        ├──□ bgd-rollouts-dd79cf99d-bj678  Pod       ✔ Running    35s  ready:1/1
        ├──□ bgd-rollouts-dd79cf99d-hg59c  Pod       ✔ Running    35s  ready:1/1
        ├──□ bgd-rollouts-dd79cf99d-khwdp  Pod       ✔ Running    35s  ready:1/1
        ├──□ bgd-rollouts-dd79cf99d-qsh98  Pod       ✔ Running    35s  ready:1/1
        └──□ bgd-rollouts-dd79cf99d-w4lr6  Pod       ✔ Running    35s  ready:1/1
```

이저 여기에 카나리 롤아웃 업데이트를 시작하는 새 버전을 배포해 보자.

이전 파일과 정확히 동일한 내용으로 bgd-rollout-v2.yaml이라는 이름의 새 파일을 만들되, 환경 변수 COLOR 값을 green으로 변경한다.

```
...
  name: bgd
  env:
  - name: COLOR
    value: "green"
  resources: {}
```

이제 이 파일을 적용한 다음 Argo 롤아웃이 어떻게 롤링 업데이트를 수행하는지 확인하자.

kubectl get pods 명령으로 포드를 다시 나열하여 20%의 포드가 새 버전이고 나머지 80%가 이전 버전인지 확인한다.

```
NAME                             READY  STATUS    RESTARTS  AGE
bgd-rollouts-7d4f47b975-jz8pg    1/1    Running   0         48s    ❶
bgd-rollouts-dd79cf99d-bj678     1/1    Running   0         4m20s
bgd-rollouts-dd79cf99d-hg59c     1/1    Running   0         4m20s
bgd-rollouts-dd79cf99d-khwdp     1/1    Running   0         4m20s
bgd-rollouts-dd79cf99d-qsh98     1/1    Running   0         4m20s
```

❶ 새 버전 포드

그리고 Argo 롤아웃 Kubectl 플러그인을 사용하여 롤아웃 상태를 확인하자.

kubectl argo rollouts get rollout bgd-rollouts

다음과 같은 메시지가 출력되어야 한다.

```
...
NAME                                       KIND        STATUS        AGE     INFO
↻ bgd-rollouts                             Rollout     ‖ Paused      3m58s
├─# revision:2
│   └─🔲 bgd-rollouts-7d4f47b975           ReplicaSet  ✔ Healthy     25s     canary
│        └─☐ bgd-rollouts-7d4f47b975-jz8pg Pod         ✔ Running     25s     ready:1/1
└─# revision:1
    └─🔲 bgd-rollouts-dd79cf99d            ReplicaSet  ✔ Healthy     3m57s   stable
        ├─☐ bgd-rollouts-dd79cf99d-bj678   Pod         ✔ Running     3m57s   ready:1/1
        ├─☐ bgd-rollouts-dd79cf99d-hg59c   Pod         ✔ Running     3m57s   ready:1/1
        ├─☐ bgd-rollouts-dd79cf99d-khwdp   Pod         ✔ Running     3m57s   ready:1/1
        └─☐ bgd-rollouts-dd79cf99d-qsh98   Pod         ✔ Running     3m57s   ready:1/
```

운영자가 수동으로 프로세스를 계속할 때까지 롤링 업데이트는 일시 중단
된 상태다. 터미널 창에서 다음 명령을 실행하면 롤링 업데이트를 재개할 수
있다.

```
kubectl argo rollouts promote bgd-rollouts
```

kubectl get pods를 실행해 보면 30초마다 이전 버전 포드가 새 버전으로 교체
되는 것을 확인할 수 있다.

```
NAME                              READY   STATUS     RESTARTS   AGE
bgd-rollouts-7d4f47b975-jz8pg     1/1     Running    0          3m12s
bgd-rollouts-7d4f47b975-lf7bc     1/1     Running    0          17s
bgd-rollouts-dd79cf99d-bj678      1/1     Running    0          6m44s
bgd-rollouts-dd79cf99d-hg59c      1/1     Running    0          6m44s
bgd-rollouts-dd79cf99d-khwdp      1/1     Running    0          6m44s
```

롤링 업데이트는 새 버전이 클러스터에 점진적으로 배포되면서 완료된다.

```
...
NAME                                        KIND        STATUS        AGE     INFO
↻ bgd-rollouts                              Rollout     ✔ Healthy     8m25s
├─# revision:2
│   └─🔲 bgd-rollouts-7d4f47b975            ReplicaSet  ✔ Healthy     4m52s   stable
│       ├─☐ bgd-rollouts-7d4f47b975-jz8pg   Pod         ✔ Running     4m52s   ready:1/1
│       ├─☐ bgd-rollouts-7d4f47b975-lf7bc   Pod         ✔ Running     117s    ready:1/1
│       ├─☐ bgd-rollouts-7d4f47b975-ngckm   Pod         ✔ Running     86s     ready:1/1
│       ├─☐ bgd-rollouts-7d4f47b975-bj4x7   Pod         ✔ Running     55s     ready:1/1
│       └─☐ bgd-rollouts-7d4f47b975-h8lmd   Pod         ✔ Running     24s     ready:1/1
└─# revision:1
    └─🔲 bgd-rollouts-dd79cf99d             ReplicaSet  • ScaledDown  8m24s
```

보충

쿠버네티스는 기본적으로 고급 배포 기술을 구현하지 않는다. 이러한 이유로 Argo 롤아웃은 배포된 포드 수를 사용하여 카나리 릴리스를 구현한다.

앞서 언급한 바와 같이, Argo 롤아웃은 고급 트래픽 관리 기능을 제공하는 이스티오(Istio)[24] 등의 제품과도 연동한다.

이스티오를 사용하면 첫 번째 예제처럼 사본(replica) 수에 의존하는 대신에, 인프라 수준에서 트래픽을 제대로 분할한다. 카나리 릴리스를 실행하는 과정에서 자동으로 이스티오 VirtualService 객체를 업데이트하는 것이다.

이미 이스티오가 설치된 쿠버네티스 클러스터가 있다고 가정하면, Rollout 리소스의 trafficRouting 필드를 Istio로 설정하면 된다.

이스티오와 연동하는 롤아웃 파일 예제를 살펴보자.

```
apiVersion: argoproj.io/v1alpha1
kind: Rollout
metadata:
  name: bgdapp
  labels:
    app: bgdapp
spec:
  strategy:
    canary: ❶
      steps:
      - setWeight: 20
      - pause:
          duration: "1m"
      - setWeight: 50
      - pause:
          duration: "2m"
      canaryService: bgd-canary ❷
      stableService: bgd         ❸
      trafficRouting:
        istio:                   ❹
          virtualService:        ❺
            name: bgd            ❻
            routes:
            - primary            ❼
  replicas: 1
```

---

24 *https://istio.io*

```
        revisionHistoryLimit: 2
      selector:
        matchLabels:
          app: bgdapp
          version: v1
      template:
        metadata:
          labels:
            app: bgdapp
            version: v1
          annotations:
            sidecar.istio.io/inject: "true" ❽
        spec:
          containers:
          - image: quay.io/rhdevelopers/bgd:1.0.0
            name: bgd
            env:
            - name: COLOR
              value: "blue"
            resources: {}
```

❶ 카나리 구성

❷ 새 서비스 버전을 가리키는 쿠버네티스 서비스

❸ 이전 서비스 버전을 가리키는 쿠버네티스 서비스

❹ 이스티오 구성

❺ 가중치가 업데이트될 VirtualService

❻ VirtualService 이름

❼ VirtualService 내 트래픽 경로 (route)

❽ 이스티오 사이드카 컨테이너 배포

그런 다음 트래픽을 이전 배포나 새 배포로 보낼 때 사용할 두 개의 쿠버네티스 서비스를 생성한다.

다음의 쿠버네티스 서비스는 stableService 필드에 사용한다.

```
apiVersion: v1
kind: Service
metadata:
  name: bgd
  labels:
    app: bgdapp
spec:
```

```
ports:
- name: http
  port: 8080
selector:
  app: bgdapp
```

카나리 서비스는 동일한 구성이지만 이름이 다르다. 이 이름은 canaryService
필드에 사용한다.

```
apiVersion: v1
kind: Service
metadata:
  name: bgd-canary
  labels:
    app: bgdapp
spec:
  ports:
  - name: http
    port: 8080
  selector:
    app: bgdapp
```

마지막으로, Argo 롤아웃이 각 서비스에 보낼 트래픽을 변경할 때 사용할 이스
티오 가상 서비스를 생성한다.

```
apiVersion: networking.istio.io/v1alpha3
kind: VirtualService
metadata:
  name: bgd
spec:
  hosts:
  - bgd
  http:
  - route:
    - destination:
        host: bgd ❶
      weight: 100
    - destination:
        host: bgd-canary ❷
      weight: 0
    name: primary ❸
```

❶ Stable 쿠버네티스 서비스

❷ Canary 쿠버네티스 서비스

❸ 경로 이름

이 리소스들을 전부 적용하고 나면 애플리케이션의 첫 번째 버전이 실행된다.

```
kubectl apply -f bgd-virtual-service.yaml
kubectl apply -f service.yaml
kubectl apply -f service-canary.yaml
kubectl apply -f bgd-isio-rollout.yaml
```

Rollout 객체에 변경이 발생하면 풀이에 설명했던 대로 카나리 릴리스가 시작된다. 이제 Argo 롤아웃은 포드 개수 대신 bgd 가상 서비스에 대한 가중치를 자동으로 업데이트할 것이다.

참고

- Argo 롤아웃 - 쿠버네티스 점진적 배포 컨트롤러[25]
- 이스티오 - Argo 롤아웃[26]
- 이스티오[27]
- 레드햇 이스티오 튜토리얼[28]

---

25 *https://oreil.ly/ XQ64b*
26 *https://oreil.ly/lKDYH*
27 *https://istio.io*
28 *https://oreil.ly/Vzk9G*

찾아보기